学/者/文/库/系/列

U0659284

教育实践研究
——唤起学子名校梦

张云龙　著

哈尔滨工程大学出版社
Harbin Engineering University Press

内 容 简 介

本书记述了五大连池市实验中学教师张云龙在五大连池市教育东风吹拂下,带领团队教师提升五大连池市高考质量,圆五大连池市人民25年清华梦的教育历程。本书系统地记录、阐释了有关班级管理、课堂教学、团队协作和家校沟通的理论与实践经验,旨在唤起教师的教育激情、学子的名校情结、教育工作者的育人梦,对高中教育工作者、高中学生家长及学子有一定的引领和激励作用。

图书在版编目(CIP)数据

教育实践研究:唤起学子名校梦/张云龙著.——
哈尔滨:哈尔滨工程大学出版社,2024.5
ISBN 978-7-5661-4381-5

Ⅰ.①教…　Ⅱ.①张…　Ⅲ.①高中-教育工作　Ⅳ.
①G63

中国国家版本馆 CIP 数据核字(2024)第 104942 号

教育实践研究——唤起学子名校梦
JIAOYU SHIJIAN YANJIU——HUANQI XUEZI MINGXIAOMENG

选题策划　肖瑞辉
责任编辑　王丽华
封面设计　李海波

出版发行　哈尔滨工程大学出版社
社　　址　哈尔滨市南岗区南通大街 145 号
邮政编码　150001
发行电话　0451-82519328
传　　真　0451-82519699
印　　刷　哈尔滨午阳印刷有限公司
开　　本　787 mm×1 092 mm　1/16
印　　张　13.25
字　　数　260 千字
版　　次　2024 年 5 月第 1 版
印　　次　2024 年 5 月第 1 次印刷
书　　号　ISBN 978-7-5661-4381-5
定　　价　69.80 元

http://www.hrbeupress.com
E-mail:heupress@hrbeu.edu.cn

前　言

对于教师和学生的关系,我最喜欢的说法是:教育是一朵云推动另一朵云、一个灵魂唤醒另一个灵魂的艺术。一朵云温润厚重,另一朵云就正能量满满;一朵云激情四射,另一朵云就英雄气十足。教育的本质是唤醒、传递和激励,班主任始终处在教育的核心地位。曾经有一位教师问我当好班主任的秘诀是什么,我莞尔一笑地说:"说出来你可能不信,但确实是我的心里话,就是写在《中小学生守则》的第一句话——热爱祖国,热爱人民,拥护中国共产党。"我告诉她,大道至简,人世间最普遍的真理就存在最常见的守则规范里,大家对其熟视无睹,但仍掩盖不住真理的光芒。我们也应该善于发现真理,捕捉住这束光芒,照亮教育旅程。

艾青说:"为什么我的眼里常含泪水?因为我对这土地爱得深沉……"因为爱,所以伟大,对于芸芸众生,也许谈不到伟大,但崇高总能与之相配。其实那句诗里还有一层更深的含义:因为土地待我深沉,所以我的眼中常含泪水。天经地义的感恩灌满灵魂,为人民服务既需牢记心中,也需付诸行动。

一位班主任的政治方向正确、思想积极、品德高尚、学识渊博、习惯良好、意志坚定,教出的学生也不会差。有这样的教师,是学生之幸、学校之幸、社会之幸。教师的追求永远在路上,教师的光荣也永远在前方。做好经师不容易,做好人师更不容易。世间的学问唯有物和人两方面,细推物理皆是乐,引领心灵价更高。踔厉奋发、与时俱进,不仅仅是口号,更是行动指南。做有红色信仰的教育,应该是中国教师追求的最高境界。

本书记录了笔者18年的教育历程,详细记述了2013年至2019年,在五大连池市教育东风的吹拂下,笔者和团队教师圆五大连池市人民25年清华梦的教育历程,记录了一位教育工作者的朴实追求和踏实工作的经历。虽然这些经历不够宏观壮阔,但却质朴平实。校园里面故事多,桩桩件件记心窝,将其发表出来,以致敬逝去的青春,慰平生、觅同志、荡人心。教师装饰了学生的窗子,学生也装饰了教师的梦,最好的教育是相互成就,哺育和被哺育! 唤起学子的名校梦,也唤起教者的名师梦,最终成就的是英雄梦、时代梦!

要想成就一件事,投入、情怀、智慧、勇敢缺一不可,这种感悟会因人而异,对于我来说,勇敢最重要。由内而外散发出的勇气会吓跑晦气、带来运气,不经意间好运连连。有些人总羡慕做成事的人运气好,其实无须辩驳,人只管善良,无所畏惧地奉献,把自己的奋斗融入时代洪流中,生命定会熠熠生辉。

感谢大庆市祥阁学校二部的韩玉老师,五大连池市实验中学的张凤博老师、吴琼老师、胡莉娜老师,对本书进行审阅,并提出宝贵建议。

著　者

2024 年 1 月

目　录

第一篇

磨剑十年，豪迈出发

不养儿不会当老师

　　常言说，"不养儿不知父母恩"；我说，不养儿不会当老师。当了22年老师，我对这个职业的认知是逐渐加深的。年轻时努力工作是为了事业，看别人桃李满园，心中非常羡慕，暗下决心，自己也要辛勤耕耘，做太阳底下最光荣的人。那时候对待工作充满激情，感觉浑身有使不完的劲儿，和家长沟通也能侃侃而谈，自认为有讲不完的道理、献不尽的妙计。

　　随着孩子渐渐长大，自己的思想变了、教育方法也变了。孩子上小学，作为家长，希望他能遇到一个严爱有度的老师——既能帮助孩子养成良好的习惯，又能走进孩子的心灵世界。我积极配合老师，唯恐有误，那种关心与担心用语言真的很难形容。这时我和学生家长的心贴近了，交流时改为探讨、商量的语气。

　　孩子上初中后一度进入叛逆期。家长苦口婆心、软硬兼施都不奏效，把挽救孩子的希望寄托在班主任身上，和老师交流时近乎哀求。如果老师工作不尽力，家长心怀不满，但又不能表现出来，总是搜肠刮肚地想如何与这位老师进行交流，既能不得罪他，又能表达自己的意图。实在没有办法，花高价聘请家庭教师，又不能让那位任课教师知道，家长的心情可想而知。此时与自己有同样经历的学生家长交谈时，碰到无奈处发出内心的叹息，那不是安慰，而是同"病"相怜。

　　孩子上高中时一心向学，做家长的本应该宽慰一些了；但未必，孩子会评价老师，家长又怕孩子遇到不懂教育艺术和教学方法，甚者连知识都交代不清的老师。家长对这种误人子弟的老师该持怎样的态度？厌恶和仇恨。恕我直言，这是家长的心里话。因此，备过多少次的课反复设计，知识点反复核实，力求全面了解学生，我和家长交流时也诚惶诚恐，只怕耽误了孩子呀！

　　治理班级，需要思维缜密、心思灵敏、情感浓烈。学生在我的眼中都是子女，带着这种父母心进行交流，就会发现他们身上有很多连他们自己都没有发现的优点，有些以前认为是不可原谅的缺点，也都变成了"美丽的错误"。我在指导学生时挣脱了片面观点的束缚，不再是只关心成绩，而是从情感、心灵、爱好等诸多方面实施立体的教育，立足于培养全面发展的人的教育理念，为学生的终身发展负责。老师爱生如子，才会赢得学生发自心底的尊重和喜爱，对班主任的称呼也由"老班"变成了"老爸"，我知道，那不是逢场作戏，而是他们发自心底的呼唤。学生进入大学后，发来一条条让人心潮澎湃的短信，打来一个个充满关切的电话，让我的心里总会荡起幸福的涟漪。在与家长交流时，向内走进心灵产生共鸣,向外拨开迷雾指点迷津,感觉渐入佳境的美妙,体会到做老师的真正乐趣。

从事业心到良心,再到父母心,这是一个身为家长的教师的心路历程。

这么拼命为了什么

"穷冬烈风,大雪深数尺,足肤皲裂而不知。至舍,四肢僵劲不能动,媵人持汤沃灌,以衾拥覆,久而乃和。"

我们现如今的生活比宋濂当年可要好过千倍了,至少我们都吃得饱、穿得暖,所以一些人在佩服他的同时,又不禁发问:"这么拼命为了什么?"

有人可能说是为了学习,暂且可以说是为了求知。知识对于人来讲是无形的财富,掌握的知识越多,在生活中发现的快乐就越多。比如小时候,最高兴的事情莫过于知道了从前所不知道的,而求知的欲望从这个时候就开始了。古语说:"书中自有颜如玉,书中自有黄金屋。"当然,从物质客观存在的角度来讲,不论是黄金屋还是颜如玉,都不可能在书中直接找到,但是有件事是肯定的,那就是有较高知识水平的人往往会有更多机会掌握社会的稀缺资源,而这一切皆来自那些看似无用的书本。换句话说,书籍并不能带给你财富,但它却能够让你悄悄成为你自己。

在古代,考试是为了获取功名;而现在,考试对有些人来说则是可以获得体面的工作。但是不论是在古代还是在现代,考试都是我们这些寒门学子可以和那些"官二代""富二代"拼一下的资本。人活着,一半是为了生存,另一半是为了证明自己,通过求学、参加考试,我们拥有了一个可以证明自己的平台,而恰恰是这种证明,将会使我们有更多的机会更好地生活,去争取一个美好的明天。

很多人在学校中浑噩度日,萌发了想要退学去社会上打拼的念头。其实,学校与社会上的生活都一样,有作息时间,也有顺境逆境。顺境对于人来说当然是可遇而不可求的,而人生面临的更多是逆境。面临逆境,有的人迎难而上,虽然有许多的艰难险阻,但执着的人总会在跌倒中一次次爬起,而有的人选择了逃避。其实很多时候在面对困难时扛过去就柳暗花明,扛不过去就要从头再来,可是,人生有多少时间能让我们从头再来!

诚然,有些成功人士并没有受到多么完善的教育,但是我们学到的知识就是我们手中的武器,人可以白手起家,却不能手无寸铁。

十年寒窗,我们承载了太多太多,对于一个人来说,那就是生命的重要组成部分。一路走来,朋友的祝福、父母的期待、老师的期望,这一切的一切,使我们既感到温暖又感到沉重。

朋友是前行路上的伙伴，也是竞争对手。志同道合的朋友就是如此，有人的地方就有社会，自然就会有高下之分。相信任何人都希望自己被仰视，而且以后的事，绝不是现在学生时代的我们所能预料到的。友情，其实是在满足一定条件下才成立的，当从小一起长大的好兄弟的生活层次产生巨大差距时，当年的友情也会发生变化。有道是"富者不登贫者门"。当曾经"有福同享、有难同当"的誓言在各自的生活中被岁月慢慢掩埋，当曾经勾肩搭背无话不谈的两个人在街上各自有意避开对方时，这情景如何不让人感伤。不要说见利忘义，也不要说世态炎凉，因为，每个人的成功从来都不是靠怨天尤人换来的。

人需要一种责任，既然你希望在别人眼中足够成熟，那么你也应该使自己的想法不再单纯，不再自私。记得第一次听到筷子兄弟的那首《父亲》时，几年没流过泪的我霎时泣不成声，我的心仿佛被什么击中，我知道自己对父母的亏欠。可能很少有人真正为父母做过什么事，而父母最大的愿望莫过于儿女有出息，而我们从小到大的每一个愿望，父母都会想尽一切办法来满足，为什么我们不能够满足他们的愿望呢？我不知道有多少人曾对父母说要让他们过上好日子，但我想这不应该是一句空话，因为无论你是不是男子汉，说过的话都应当掷地有声。

与父母炽烈的爱不同，老师的情感相对质朴，或许是因为职业的缘故，可能他们不会记得我们每一个人，但我们有理由相信，任何一位老师都希望自己的学生学业有成，在社会上有立足之地，因为桃李满天下不仅是一位老师最大的愿望，同时也是对其教育生涯的最大肯定。我想，可能没什么比自己的付出获得回报更令人高兴的了。

当然，生活中还有一些与我们偶有交集的人，而这些人可能曾给你带来温暖，一个眼神，一个微笑，一种完全不同的快乐。而恰恰是这许多熟悉的人与陌生人才使得我们的生活丰富多彩，才使得失落的人在黑暗中能寻找光明、重拾希望，才使得迷失的人没有在歧途上越走越远，才使得原本碌碌无为的我们激发出斗志。而这种斗志来源于证明、来源于挑战、来源于感恩的心。

社会从来都是一个酒香不怕巷子深的修罗场，虽然大学生的数量逐年递增，但真正有实力的人还是一样可以立于不败之地。与其羡慕那些社会精英，不如向他们看齐。他们潇洒风光的背后往往都有不为人知的沧桑，有很多时候我们虽然暂时放弃了享受，但却可以在以后享受我们曾经因付出而取得的成果。

《血色浪漫》一书中，主人公钟跃民曾说过，大丈夫横行天下，好男儿当着眼于社会国家。作为当代青年，我们应当拿出年轻人的激情和报效祖国的豪情，用自己的努力为祖国、为社会贡献一份力量，为社会主义现代化建设付出自己的努力,为构建和谐社会而学习,因为爱国并不是一句口号,而需要我们每一个人身体力行去为之奋斗。

命运从来都不是天定的,而是掌握在有准备的人手中。生活中,大大小小的挑战给予了我们各种各样的精彩,人所做的一切努力都是在与命运抗争,只有那些有勇气、有胆魄去探索的人,才更有可能接近成功;在与命运的博弈中,全力以赴的人,虽称不上王者,亦可谓英雄。

有时候,人需要有一种狼性,需要横下心来将自己逼上绝境,在绝境中求生的姿态就叫作拼命。如果有人问这么拼命为了什么,我要说,不为什么,只是活着从来都不是一个人的事。

写作范文实践

语文科目中,作文分数的占比最大,在高考中分值为 60 分。对于语文教师而言,作文指导能力相当重要。具备良好的写作能力是对语文教师的基本要求,这不仅能为学生提供一个良好的范例,还能与学生共同进步。教师深入其中,探寻作文的一些写法,指导学生才更有针对性。我挑选出三篇范文,权当呕心沥血磨剑十年的一个证明,请读者斧正。

做心中的大侠

古往今来,仁人志士无一不在心中有一种精神,在别人危急时挺身而出,在别人困顿时倾情相助。他们可称为侠客。

走近经典,眼前浮现出一个个鲜活的面容。有人说,《水浒传》中的一百单八将个个都是好汉。我认为,真正称得上好汉、侠者的只有鲁智深一人。拳打镇关西,打的是路见不平,舍命相助;五台山出家,收拾那群小无赖,不是单凭武力使其屈服,而是劝其向善;在深山里没做过亏心事,没枉杀过好人,这样的人才是大侠风范。而武松打虎的最初目的不是保民,而是自卫;李逵则是典型的变态杀人狂;林冲则是刚猛不足、中庸有余的职场人物。

侠在不同人心中有不同的注释。金庸笔下的侠者,有古人之风,"侠之大者,为国为民";《七侠五义》中的侠,劫富济贫,为民除害。在一定程度上,侠客就是在国家体制之外的一个保护社会公平的集合体。老百姓心中的侠,来无影去无踪,武艺高强,做好事不留名。而小孩子心中的侠,无非是打架厉害,有叛逆性格。看来作为侠客必须具备以下几点:本领高,有正义感,不过分看重名利,最重要的是心怀天下、慈悲为怀。

不是每个人都能成为万古流芳的大侠,但每个人心目中都有侠义。它往往就融入我们的生活中，那些调解各种纠纷的大妈，敢于承担责任的员工，与邪恶做斗争的警察，他们每一个人的心中都充满正义。

小时候，我与大多数孩子一样，崇拜那些本领高强的人，后来发现，我们身边就有许许多多这样的人。一个人可以没有太多钱，可以不出名，可以暂时碌碌无为，但一定要时刻怀有一颗侠义的心。那种品格会将人与人的距离拉近，给需要帮助的人以温暖。我们的付出可能不会感动中国，但能够悄悄成为我们自己。不久的将来，我们会惊喜地发现，我们自己已经成为儿时憧憬的那个侠客，只要心中有爱，每个人都是自己的大侠。

张扬与内敛

生活在沙漠地区的仙人掌，将叶片进化成针刺，在大漠中安营扎寨；沙漠大黄则将叶片向四面八方伸展，吸收水分，在茫茫大漠中开出娇艳的花朵。它们或内敛或张扬，这都是生活的智慧。

内敛，是一种生活的智慧。按照中国传统的思想来说，内敛者往往是能做大事的人，这类人平时并没有什么特别之处，但绝对是不鸣则已，一鸣惊人。珍贵的玉石往往包裹在厚厚的岩石之中，它平凡的外表不会引起人们的注意，但终有一日，它会绽放出耀眼的光芒。珍珠藏在蚌壳之内，没人知道它经历了多少苦难，但终有一天它会闪耀于世。内敛的人喜欢藏起自己的锋芒，然后找准机会，一举成功。

中国画尽收古人内敛的精神，而西方的油画则反其道而行，运用绚丽的色彩画出内心所思，也别有一番韵味。其美在于张扬。

张扬，是另一种生活智慧。莫言在获得诺贝尔文学奖之后，表示想在北京买房，陈光标知道后高调宣布要赠给莫言一套房子。且不说莫言是否接受，陈光标可是借着莫言的"东风"又赢得了人们的关注，自然也提高了知名度。这种张扬是一种生活的智慧，借他人之名而让自己获得关注，这可以说是"一本万利"了。青少年大多做事张扬，他们喜欢在别人面前秀出自己的与众不同，其实这也是很好的。不张扬别人怎会知道你有什么才能？

有句俗语叫"老要张狂少要稳"，说的就是老年人不要太过内敛，青年人不要太过张扬，我认为应该将它们合二为一，这就是最好的了。

适度的张扬和内敛很重要。我曾经见过一次昙花开放的情景。昙花在未开之前可以说是相当平凡，花瓣紧闭，十分内敛；但当它开放之时便极尽张扬之能事。花瓣微启，便已香飘满室，令人沉醉；全开之时更是香甜，伴随香气而来的是一种纯洁的美、一种高傲的美，它像是倾尽自己全身的气力去开这一回，馥郁芬芳，倾国倾城。内敛，只为尽情地怒放。

年少轻狂,血气方刚,就免不了行事张扬,但我们也要记得内敛,因为只有有了足够的内涵,才能有资格张扬。这就是生活的智慧。

生命中的白菜

人到中年,常常怀旧,与其说是一种憧憬,不如说是一种寄托,毕竟那里有值得追忆的金色年华。翻开发黄的记忆相册,发现很多东西已经沉淀在身体里、灵魂里,成为挥之不去的生命乐章。怀旧是为了寻找精神家园,于是,生活中的衣食住行等点点滴滴一齐涌来。

我们这辈人是吃白菜长大的。白菜在那个时代的人的记忆中,有伤感,有苦涩,有激越,有甘甜。有的人希望这辈子与白菜绝缘,有的人则希望与白菜结下不解之缘。我属于后一种,食可无鱼肉,但不可无白菜。

白菜真是好蔬菜。"百菜不如白菜",这句话之所以有道理,是因为白菜是家常菜。汪曾祺说北京人每个人一辈子吃的白菜摞起来有北海的白塔那么高,这话我信;而老东北人一辈子吃的白菜摞起来比白塔高,这话你也得信。春夏季节,餐桌上小白菜、小葱不可缺少,兴许有吃得不过瘾的,好,夏白菜摆上餐桌。北方有一道菜叫炖四白,很受老百姓欢迎。"四白"指的是白菜、五花肉、豆腐、粉条。你看,清一色的家常菜,合在一起味道特别,口感不错,过瘾!秋白菜更受人欢迎了,它生长的时间长,脱掉夏白菜的水质,代之是清爽的口感,味道更好。深秋季节,家家户户贮藏冬菜,腌酸菜。冬菜包括白菜、卷心菜、萝卜等,以白菜为主;酸菜是由白菜腌渍而成。这些菜一直吃到来年开春,想想看,要是没有白菜,老百姓该怎样熬过漫长的冬天;再想想看,东北人一辈子得吃多少白菜呀!

秋季我家照例忙碌。父亲运回白菜,母亲指挥我们搬菜:个儿大的当冬菜,放在园子里,一排排挨着,根插在土里,天气变冷前搬进贮藏室;个儿小的用来腌酸菜,由母亲加工,砍掉菜根,修理菜叶,然后用开水焯一下挤在大缸里,上面垫上麻袋,淘气的男孩子站在上面猛踩;没卷菜心的被扔到房上做冻菜。一家人忙得不亦乐乎。

白菜,那可真是好呀!我说这话可能有人会反对我,白菜在东北到处都是,有什么好的。那你是没有体会它独有的韵味。白菜的清新味,闻起来充满田园气息,让人产生回归本真的质朴之感,善于联想的人甚至能追溯到生命的本源。白菜叶柔软而白菜帮硬爽,软硬兼备,适合与各种蔬菜搭配食用。白菜具有养胃生津、清热解毒的作用,经常食用对人大有好处。我小的时候身体健壮大概与常吃白菜有关。我母亲善于做白菜,她的切法很有讲究,横切竖切时常变换,善于切成各种花样,一家人吃起来有滋有味。简单的炖白菜,她用其他蔬菜与之搭配，让人吃起来不觉得单调。她用白菜腌制的咸菜，清新酸甜，没有辛辣味，很好吃。

记得我在黑河读书时，一位室友厌烦白菜，我很不理解。我们一起吃饭时，我总是故意把炒白菜放到他碗里，笑眯眯地望着他，他瞪着我，最后苦笑着无奈地摇头，嘟嘟囔囔把白菜放进嘴里。后来他也喜欢吃白菜了。看来好的东西最终会得到普遍认同。

结婚后，我跟母亲学习做菜，终于把她的手艺学到手，现在我已经独当一面了，所炖的白菜的味道不次于母亲，甚至"青胜于蓝"。有时在外面有应酬喝点酒，身体感到不适时，第二天炖棵白菜，菜汤下肚后汗珠马上出来，顿时感觉神清气爽。

种白菜也有讲究。农谚说"头伏萝卜二伏菜"，我真信了。有一年我想体会种菜的乐趣，早早买好了菜籽。刚到头伏，母亲便向我要菜籽，我说："还早，头伏萝卜二伏菜。"母亲一愣，接着笑了，说："二伏种就晚了。"这怎么可能。再到左邻右舍看看，那些人家确实已张罗种菜，这是怎么回事？再读文章才恍然大悟，所说的农谚指的是华北地区，东北地区节气晚一些，所以种菜应提前几天。这说明生活处处有学问。

侍弄菜很辛苦。小苗刚刚露头，农药必须跟上，耽误三两天虫子就把苗吃掉了。开始人们用布包装满农药，一手拿个小棍，一手拎布包，在每个菜墩前打一下布包，让药粉漏下，半天下来累得人腰酸背痛。一次不行，隔几天就要施一次农药，很是烦人。后来农药改进了，人们用喷壶喷药，劳动量减少了。间苗也累人，蹲下间苗腿疼进度慢，弯腰间苗头昏脑胀。不过回头看看被拔掉的菜苗横七竖八躺在田垄间，人会感到劳动的愉快。等到吃着清香的白菜时，所有的辛苦都会被抛到九霄云外。

随着生活水平的提高，白菜作为主打蔬菜的地位虽然已经下降了，但在市场上依旧随处可见。一棵棵白菜立在柜台上，等待喜欢它的顾客前来选购。这个时候，我会多看一眼，就像对待久违的老朋友一样，因为白菜可以勾起我的回忆，伴随我的成长。我深深地知道，我的生命里永远散发着白菜的清香。

新高中，新起色

五大连池市实验中学即将成立，听到这个消息，作为五大连池人的我有喜有忧。喜的是，五大连池市委、市政府、市教育局领导大刀阔斧，克服重重困难，为办好"让人民满意的教育"而锐意改革、力挽狂澜。其实五大连池市高中在校生不足2100人，规模不大，并不是非分不可，可是近几年教学成绩距离家长的期望差距较大,因此造成尖子生严重流失,尖子生的大量流失又使教职员工干劲不足,教学成绩长期徘徊不前,形成恶性循环。应该说,对于这些情况,市委、市政府、市教育局领导心里十分清楚,不到万不得已,绝对不可能再建一个高中,因为再建一所学校所需要付出的代价不言而喻。忧的是,如果再建不利,没有真正扭转教学成绩滑坡的局面,我们何以为继?难道要建第三所高中吗?与我市相邻的某县也曾有过高中"分家"的经历,那个县的做法是把学习较差的学生分出一部分,但结果不尽如人意。

对于市委、市政府、市教育局的做法,我不敢妄谈。因为现在上级领导意识到了问题的重要性,真正重视高中建设了,在政策上加以倾斜,组织上重视、财力上支持,学校迎来了前所未有的发展机遇。

从学校的管理角度,我斗胆谈几点。我到高中比较晚,2001年被借用,2005年4月被调入小学,同年7月才被正式调入高中。我没有教过高中,在这所学校没有复杂的人际关系,认识更能客观一些。我有过把孩子由五大连池市高中转到外校的痛苦经历,对学校面临的现状忧心忡忡,感情更深切一些。当然因为来这所学校较晚,看问题可能有偏颇;也因为感情深切,一定有偏激之处。

近几年制约高中发展的症结有:

(1)理念上出现失误,提出"先做大,后做强"的发展思路。初衷不错,殊不知"做大"的直接后果是"做弱""做乱"。因为一个地区的优秀学苗的比例、人数是基本固定的,"做大"的结果不是成绩好的学生把成绩差的学生拉上来,而是学习差的学生把学习好的学生拽下去。

(2)管理上过于强调人性化。关心人、关爱人并没错,但从工作角度来说应该有一定的刚性要求。泛滥化的人性管理无益于工作的有效开展。其实过于强调人性,往往是对人性的最大误读。高中应该重视高考成绩,可是我们的高考成绩在哪里?有些一线教师对本校的高考成绩并不完全了解,仅仅为照顾一些人的脸面而剥夺了大多数人的知情权,得不偿失。这样做的后果是没有多少人把高考成绩当回事。我们总是强调不能片面地追求升学成绩,可是不重视成绩的后果更为严重。

(3)教学观念滞后,教学水平低,教学质量差。教学思想不能与时俱进,只重视文化水平,特别重视解题能力,而轻视教学技能,忽视教育作用。课堂教学满堂灌,实施课改随风倒。

(4)中层领导力量薄弱,有选拔没培养,承担不起重任。后续力量培养断档,年轻教师基本处于自由成长状态。

(5)缺乏执行力。制度规章流于形式张贴在墙,检查指导没有重点关注。

(6)缺乏斗志。得过且过,随遇而安;只思生存,不想发展。

管理失策,观念滞后,束缚了高中的发展,我们在新课改的第一轮竞争中败下阵来。痛定思痛,寻找失败的原因,总结教训,我们争取在下一轮的竞争中胜出。五大连池市高中实现跨越式发展之时,遇到了前所未有的发展机遇,如果管理得法,也能像其他名校一样重拾辉煌。

五大连池市委、市政府、市教育局高度重视,决心下大力气振兴高中教育。又一轮课程改革如火如荼地进行,市内所有学校的起跑线差距缩小,挑战与机遇并存。将高中分开,移址再建。市委、市政府为高中选派了有声望、懂教育、会管理的校领导。学校保持务实肯干的优良传统,一大批创造过辉煌的教师依然战斗在教学一线,一部分年轻教师已经成熟。没有人愿意生活在"屈辱"当中,特别对于素有"太阳底下最光辉的职业"的教师而言,这种感觉让他们如芒在背、食不甘味。同样是生活,五大连池市高中的教师为什么就不能骄傲地生活,我想高中教师中的有识之士也不想裹足不前,一定会知耻后勇。

症结找到了,信心重拾,接下来就是如何解决问题。

我想,最根本的问题还是用人问题。

所任用的校领导应"看得远、唤得起、钻得进、把得牢、坐得住"。"看得远"是指应有长远规划,明确教育的方向和前进路径,还要有甘为后人铺路的奉献精神;"唤得起"是指本身具有敬业乐业的人生境界和人格魅力,能够激发教职员工的工作热情;"钻得进"是指懂教育规律,能掌握课堂教学技能、把握高考命题方向、熟悉学生心理,可以指导教职员工高屋建瓴走捷径;"把得牢"是指有创业所需要的魄力,充分行使上级交给的人事权力,不受过多的杠杆部门的架控;"坐得住"是指能以校为家,坐住板凳,全身心投入,少"取经"不折腾,先搞好内部挖潜。

做非常之事需非常之人。有人说,一个好校长就能带出一批好老师,创建一所好学校,我们五大连池市应该起用这样的专家型学校管理者。

唤起激情满校园

我在1989年黑河师范学校毕业后参加工作,先后从事过小学、初中、高中的教育教学工作,从教24年共培养12届毕业生,其中初中生8届,高中生4届,都取得了良好的教学成绩。特别是自2005年工作关系正式转入高中以来,为回报学校对我的厚爱,我更加努力进取,班级管理水平和语文教学能力不断提升。我愿把自己的一些体会分享出来,以期共同提高。

11

一、投入热情学习,多蓄"一桶水",长存"自来水"

新时代下新的教学理念不断冲击着人们的观念,与时俱进不只是口号,更是一种内化精神。我深知教师应是传授知识的能手,也应是一位知识渊博的人,实践和学习是教师的生活方式。我始终没有停止前进的脚步。语文基础知识手册常温常新,各类语文教学期刊常思常品。这些学习活动完善了我的专业知识结构,提高了我的专业文化知识水平和教育理论水平。

我还向身边的老师学习,2002 年我还在教初中时,就已经为教高中做准备。我经常向功底深厚、教学水平高超的同事请教,听课笔记已记录了厚厚一本。进修校原语文教研员唐老师见多识广,他是我的伯乐和导师,我经常向他请教和汇报。多年的学习让我的知识水平迅速提高,为高中教学打下坚实的基础。我还利用网络学习的方式,如查找优质课、说课以提升自己。

每年高考前,我都悉心研究近三年的全国各地高考语文题。2012 年初,我练习了 50 余套模拟试题,钻研 30 余本语文教学期刊。每年假期,我都把初高中的文言文复习一遍,以免遗忘。厚重的积累让我目标明确、视野开阔,指导备考驾轻就熟,课堂教学张弛有度、针对性强,这样一来,语文学科的作业量小,学生学得轻松愉快,从心里喜欢上了语文课。

学习他人长处,努力改变性格。教师的思想、性格直接影响学生,孔子说"见贤思齐焉",我还向身边优秀的人学习,为工作而完善和改变自己的性格。同事田老师正直诚实,敢于仗义执言,我从他身上学会勇敢果断;陈老师沉稳笃定,勇于坚持真理,质朴无华,我从他身上学会刚毅坚持;张老师和周老师仗义疏财,豁达大气,珍重友谊,有古代侠士之风,我从他们身上学会了不吝啬,能通达;李老师三十年如一日地解题备课,不断加强自己的知识积累,以校为家,从他身上我强化了敬业乐业的意识。有的老师品德高尚,为学校腾飞而喜,因成绩衰落而哀,他们勤勉肯干,敬业爱家,细心周全,善解人意,都是我学习的榜样。一些年轻教师也有值得我学习的地方。我想,高中不是没有人才,不是没有向上精神,如果高中能将这些人才的斗志激发出来,挖掘出这些宝贵的精神财富,加上市委、市政府的重视,学校领导班子配置得力,全体员工真抓实干,建设让人民满意的高中就大有希望。

二、倾注真情教学,勇做排头兵,专心搞科研

2009 年我承担了"导学案"的课改实验工作,实验成绩得到了好评。2010年 9 月,我执教的《陈情表》荣获高级中学"同课异构"一等奖。2010 年,我代表学校参加黑河市普通高中第三届课改现场会,所执教的《虞美人》获得听课的领

导和教师的高度评价,对实验的总结及反思受到与会的高中教师的一致好评。2010年3月,在校际交流中,风景区高中点名听我的课,我所上的题为《万方多难成就的诗圣》的课为学校争得了荣誉。2010年末,我到山东昌乐学习,所发表的体会获得领导的好评。2011年,我执教的《真情久远,歌声飞扬》获研讨课一等奖。教学中我写作范文十几篇,其中《林海飞歌》获第五届东北三省中学语文教学研讨会优秀作文一等奖;写作的散文《五大连池美从心头想起》发表在《黑河日报》上。

　　教改之路难走,坚持下来更不容易。2010年初我校强力推行的"导学案"改革,只有我们这一届的语文备课组全员全程坚持下来。改革成功自然皆大欢喜,如果没有成功,我们吸取教训再努力,改革最怕意志不坚,半途而废。

　　作文教学始终是语文教学的重点和难点,为了提高学生的作文水平,我从高一开始就下大功夫指导学生练习,和同事张老师编写了作文导学案,这个导学案结构成体系、操作性强,得到了语文组同事的高度评价。语文教研组组长特地将全部作文导学案复制过去,选择一部分用来指导2013届考生。我每学期不折不扣地完成批改8篇作文的任务,有时批改量超过8篇,写作的范文有助于学生明确前进的方向。固定作文时间,在星期六大节课专项训练作文,我将常规作文训练和快速作文训练相结合、理论与实践相结合,限定文体,一题多体,一题重写,一材多用。我精心钻研考场作文理论,形成完整的体系;布置学生背诵《感动中国》人物颁奖词,搜集优美的歌词,指导他们引用和化用,提高了学生的语言运用能力。

　　在课堂教学方面,我深入钻研,大胆创新,将音乐纳入语文教学之中。我的课堂真情荡漾、歌声飞扬,让学生在收获知识、培养能力的同时,受到审美教育,提高审美情趣。

　　我特别加大指导优生的工作力度。张同学是学校培养的重点,可是语文成绩总不尽如人意,始终在110分左右徘徊,和她所制定120分的目标还有一段差距。我把她历次考试的语文试卷调来,细心琢磨,找出她的欠缺点,制订出提高计划。课堂教学中,我特地为她印刷了近3年语文高考试题中的文言文语段,对她强化训练。针对她文采不足的劣势,我明确指出她作文冲刺高分的方向在丰富材料上。张同学的语文成绩快速提升,到最后一次模拟考试时已经达到126分。高考时以130分的成绩取得黑河市文科语文单科第一名。指导始终坚持协同合作的原则,为学生综合成绩的提高要敢于割舍。有一个学生,理综和数学是其强项,但英语成绩偏低,我安排他在语文晚自习时间补习英语,语文作业可以不完成,仅要求他保证语文课堂听课时间。该生高考语文成绩仅为98分,距离原定的105分目标相差7分,但是其他三科进步很大,整体提高至少40

分,该生最终总分名列全校第二名。

我是高三语文备课组组长,用事业心和责任感团结同组语文教师。我们把集体备课落到实处,从不走过场。进行导学案实验,做到备课职责分明,上课指导得力,批阅检查及时,经常进行反馈和反思。指导 2012 年高考生时,我们善于发挥个人特长,集思广益。我把搜集不同题型的任务指定到人,让他们在高考真题和模拟题中精选,我本人严格把关,精中选精,从近 3 年的 50 余道高考真题中选出 8 道科技文,实施第一轮集中训练。同事郭老师选出 30 道科技文语段,考虑到第二轮复习时间紧张,只能选出 4 道题供学生练习,我用 3 天时间做完了这 30 道题,从中精选 4 道。我负责的诗歌鉴赏和文言文阅读题,基本上从五倍以上的题中选取,然后征求其他老师的意见,再选再取。2012 年 5 月末,我第三次搜集作文材料,对 2012 年高考作文的命题方向把握不准,有些迷茫,于是请教了连续指导三届高考生的郭老师,真诚邀请他发表对高考作文的看法。郭老师拿出他积累的素材,有十几个话题,含金量很高。我立即召集本组成员集体备课,把郭老师和我积累的素材打印出来供大家选择,我们从十几个话题中精心选出 4 个,我又用一节课时间将材料缩成 2 个八开纸,印刷后发给学生,我特别建议用正课时间指导学生阅读这些素材。结果当年的高考作文题目恰恰就是我们所印发材料中的一个。我校考生欢欣鼓舞,我们也心花怒放,凭借集体的力量,我们取得了胜利。

我认为教师应具备四种能力,即解题能力、教学能力、教育能力和协调能力。解题能力主要来自知识水平,教师如果有一桶水才可能传授给学生一杯水,它是教师做好教学工作的前提和基础。教学能力主要指教师在课堂教学上的组织编排能力,它是提高学生文化成绩的关键。教育能力是教师特别是班主任的最高能力,它的核心目标就是育人。郭建民教授曾经说过,一个班主任的教学能力可以差一些,但教育能力绝对不能差,这里重点指班级管理能力。协调能力指教师之间、教师和家长之间、教师和社会之间的沟通协作能力。教育能力是评价教师是否优秀的硬性标准,只会教书不会育人的教师是典型的教书匠,真正的教师要既能教书又能育人,没有对学生健全心灵的塑造和良好品德的培养,教育只会走向死胡同。协调能力虽然没有其他能力那么重要,但能够拓宽渠道,本身也是极具良性引导的教育方法。

评价教师也要看全面、分轻重,一所高中学校如果评价教师仅仅停留在解题能力和协调能力两方面的业绩上,只能说这所学校的评价体系处于初级阶段。能关注教学方面,特别是关注高考成绩,而不是把它放在主管领导的邮箱里,这所学校就能促进教师进步。对学校而言,三年的评价基本客观,只要重视,就足以激励教师了。教育能力是评价教师是否优秀的硬性标准,一流的教师一定具有一流的教育能力，优秀的教师应该是德艺双馨，教育家都是因教育能力出众、教学成绩突出而被人认可。从目前看，高中评价偏重教学成绩无可厚非，但过于强调解题能力属于整体跑偏。

对过程和结果的思考：先看结果，再看过程；重视结果，参考过程；结果不同，不看过程。教育教学是极具创造性的劳动，带有极其鲜明的个性色彩，它的结果直接体现了教师的劳动投入和劳动特色。对教育教学能力的评价应该客观公允，这样对教师的劳动有一个总结性的评价，提高能力出众教师的工作积极性，有助于推动教育教学改革向更深层次拓展。对高中教师评价，应该把高考成绩展示出来，放在"阳光"下"晒一晒"，所谓真刀真枪比一比，才具有最强的可信度和说服力。当然，比较的方法因班而异，普通班有普通班的比法，实验班有实验班的比法，艺术班有艺术班的比法，体育班有体育班的比法。横向类比在班级之间比较，纵向类比可以参照往届的成绩，甚至搬出其他大校成绩进行对比。工作上要比，成绩上更要比，比较才能见真成绩，也才能让人口服心服。

三、荡起激情管理，凭正气立德，用英气治班

（一）丰富学生进步思想，用健康的思想引领人

一流的班主任抓思想抓心灵，二流的班主任抓成绩抓学习，三流的班主任抓纪律抓卫生。没有对学生健康思想的引导和健全心灵的塑造，教育终会走向死胡同。

引导学生尊重人。一次班会课上，我问学生一个问题："在学校里你最尊重谁？"大多数学生回答"班主任"，还有说"主任""校长"的。我肯定之余引导他们："其实咱们学校有一类人，他们起早贪黑为我们打扫卫生，为我们提供饮食，保障我们安全，他们最辛苦、最可爱，也最值得人尊敬。"学生恍然大悟地说："是校工。"我点点头，顺势要求学生在尊重领导和老师的同时，也要尊重校工，如果他们布置什么任务，学生必须保质保量完成。我的教育收到很好的效果。一次一名校工找到我，夸赞我班学生听话，任务干得又好又快。年组有什么临时性工作，领导也愿意找我班学生完成。

抢抓教育契机，把不利事件变为有力教材，对学生进行积极引导。班级管理的对象是学生，他们处在成长变化之中，总会出现这样或那样的问题。一个不出问题的班级是不正常的，关键在于班主任能否正确地教育和引导。即使在高考备考关键时期，教育工作也不能放松。

凡事多几个考虑，坚持"四个站在"：站在班级管理者的角度考虑；站在教育者的角度考虑；站在家长的角度考虑；站在学生的角度考虑。班主任多角度考虑，耳聪目明，心明眼亮，教育的学生也能全面发展。这四种思考侧重点不同。

班主任是管理者,从班级的角度考虑是大多数班主任最惯常的方式,关注整体,面向集体,但仅仅为管理而思考未免片面,缺少对个体的心理关怀和人文关照,难以置换出学生的心理感应和情感共鸣;从教育者的角度考虑,站在更高的层面,立足于教育的培养目标,从人性和未来方面给学生以关心,会给学生理性的指引和精神的鼓舞;站在家长的角度考虑,就会以心换心、以情换情,看到孩子身上美丽的"错误",增强教育时的耐心、信心和责任感;而俯下身来平视学生最为可贵,一代人有一代人的成长环境、思维习惯、性格特征,教师力争了解学生,进入学生的生活和内心,所说的话语更容易引起学生的共鸣,思想一通,一通百通。

丰富思想,激荡英气,培养"亮剑"精神。我经常用名言鼓舞学生,常说"狭路相逢勇者胜",用以培养其勇敢的品质。我在早会上写道:"事业高追求,生活低要求,事业上不知足,生活上常知足。只有培养勇敢品质,才具有战胜一切艰难险阻的英雄气概。成长的道路越曲折越锤炼人,但前提是你必须是个强者。"

对于男孩,我更重视培养其男子汉精神,增强其责任感和勇敢品质,告诉他们遇险不惧,遇败不馁。当代中国的校园阴柔过盛,阳刚缺失;校园应该摒弃男生嗲声嗲气,唤起男子汉精神。我常说:"一个国家和民族,如果女人顶不起来,天就塌一半了;如果男人顶不起来,整个天就塌了。"听到前半句时女生欢欣鼓舞,听到后半句时,男生欢呼雷动。我接着说:"男儿当自强,女孩应自重,咱们才能无往不胜。"后来劳动时,男生主动承担了所有室外劳动的任务,脏活、累活抢着干;女生把室内布置得井井有条。

进行忆苦思甜教育,激发学生热爱今天的幸福生活。学生不珍惜幸福生活,缺乏感恩之心,责任之一在于班主任教育不到位。有一次语文课上,我回忆了过去的艰苦生活,同学们兴趣很高,强烈要求老师详细讲述。我抓住了这个教育契机,利用班会开展一次专题讲座。我从自身经历,讲述到抗美援朝战争,同学们了解了旧中国的屈辱历史后,感受到新中国成立后人民当家作主的地位转变,增进了对祖国的情感,激发了对中国共产党的热爱之情。

拓宽联系渠道,用短信的方式积极引领。2012年春节前后,我的家人忙于过年,我抓紧时间编写短信,仅腊月二十九日和初一这两天,给两个班级的学生共发出了76条短信,再加上发给团队教师的,有80多条。根据学生特点编写短信,实施有效教育。王同学学习态度不端正,总以为学习是为了家长,我编发的短信是:"大雪压青松,青松挺且直。愿龙年能带给你龙的精神,能明方向承重载,回报父母师长养育期待情。许下心愿,你成功则我儿子成功。班任兼高三家长。"

某学生发给我的短信:"不计辛勤一砚寒,桃熟流丹,李熟技残,种花容易树人难。幽谷飞香不一般,诗满人间,画满人间,英才济济笑开颜。龙年将至,祝您龙马精神更上云霄,腾云驾雾尽显(云龙)本色!"

我回复:"诗满人间,歌满人间,亦诗亦歌总关情,不枉此生。你独出机杼,飞传华章,浓浓情意无限。此等才子,龙年定当金榜独步,飞龙在天!"

短信扩展了教育方式,拉近师生之间的距离,起到了良好的教育作用。

(二)打造班级特色文化,用先进的文化滋养人

用歌声教育人是我国古代就很重视的教育教学方法,孔子重视音乐教育,曾听韶韵而三月不知肉味,明确提出"礼乐治国"的主张。文学艺术相容相通,向上的音乐能丰富学生的情感,加深学生对人生的理解,帮助学生陶冶情操,激发斗志。高一时我指导学生歌唱《橘颂》《歌唱祖国》《中国人民解放军军歌》《天路》《朋友》等歌曲,对其进行历史文化和爱国主义教育,确立班歌为《团结就是力量》,教学生精准歌唱。2010年7月1日的活动课上我用20分钟教唱《社会主义好》,同学们学得非常投入,加深了对中国共产党的热爱之情。高二时我充分发挥所教的语文学科的优势,教唱《虞美人》《苏武牧羊》《满江红》《精忠报国》,再次对其进行历史文化和爱国主义教育。高三时我曾尝试把语文和音乐结合起来,上了一节题为"真情久远,歌声飞扬"的课,展示学生作品,振奋人心,有些内容曾使部分听课教师流下眼泪。歌声让我的课堂激情澎湃,也使班级同学之间互帮互助,亲如一家。

进入高三学年,我仿照军歌,编写班歌,歌词是:"高三七班像太阳,脚踏着五大连池的大地,凝聚着人民的目光,我们是一支不可战胜的力量。我们是父母的好儿女,我们是老师的希望,执着、沉稳、刚毅、通达、自强不息,青春的激情尽情燃烧,胜利的旗帜高高飘扬。听,风在呼啸书声朗,听,胜利歌声多么嘹亮。同学们脚踏实地奔向神圣的考场,同学们斗志昂扬奔向祖国的四方。向前向前,我们的队伍向太阳,向最后的胜利,向理想的地方。"冬季跑操时,我们用歌声代替口号,步调一致,驱逐疲劳;大型集会时,我们唱歌凝聚人心,鼓舞士气;在高三备考时,我们用歌声调节身心,缓解压力。唱歌已经成了我们七班生活的一部分,歌声让我的班级高歌猛进,豪气冲天。歌唱的教育方式便于操作,还能凝聚人心,学生乐于接受,能起到了潜移默化的教育效果,使学生快乐成长。

以文化人、环境育人。我用自强不息、厚德载物的精神教育学生,确立的班训是"执着、沉稳、刚毅、通达"。注重班级的环境建设,张贴对联激励学生。黑板两侧有"不抛弃,不放弃,自强不息,争创奇迹""心若在,梦就在,天地之间还有豪迈"。北墙悬挂"锁定凌云志,三更灯火五更鸡,大鹏展翅,会当水击九万里,读破万卷书,一片丹心三年功,潜龙腾空,不负天赐百度秋"。东面张贴"高瞻远瞩巧索妙思细节见成败,脚踏实地勤学苦读习惯定未来"。"不抛弃,不放

弃,自强不息,争创奇迹",不抛弃的是人,主要指老师不抛弃学生,永远为学生谋发展;不放弃的是事,主要指学生瞄准高考,精心准备,绝不认输;自强不息乃中华文明的核心精神之一,生无所息,生生不息,张扬个体的绚丽色彩,活出生命的崇高和庄严;争创奇迹是美好的理想,也是不懈进取的不竭动力。

班风"心若在,梦就在,天地之间还有豪迈",激励学生永远怀揣理想,高歌猛进,即便失败也不虚此行;豪迈既应该是学习状态,也应该是生命状态。

班训"执着沉稳、刚毅、通达"。现在有的学生胸无大志、随遇而安,有的学生有志向但不能坚持,常立志而不立长志,因此我提出"执着"的班训,教育学生咬定青山不放松,坚定理想不动摇。多数学生做事浮躁,总渴望一口吃个胖子,一夜成名,不肯脚踏实地,遇硬就回,拉花架子做表面文章,我提出的"沉稳"就是帮助他们纠正这种时弊,给学生以正确的引导,让女生懂得自爱自重,让男生形成如大山一样的性格。有的学生性格软弱,见硬就回,有的学生崇尚含蓄和缠绵,却失掉了直率和热情,丢掉了性格中的坚强,因此我提出"刚毅"的班训,培养学生勇敢的品质。我曾经在班会课上写下一段话:勇敢是宝贵的品质,我们一生会遇到很多关隘,经受考验乃生命的常态,过关斩将最绚丽。以善良做圆心,以目标做半径,以刚毅做圆规,能画出最完美的弧线,可能结果不尽如人意,但只要倾心完成运行过程,我们就无怨无悔。因为成功垂青勇敢者。

"通达"的班训是后加上的,是我从一件事受到的启示。我班有名女生违反班规要受罚,在此之前有多名学生接受过惩罚,并没有产生不良后果,但在惩罚该生时遇到一点阻力,考虑她的内向性格,我一让再让,把惩罚的时间一推再推。那名女生的母亲来到学校找到我,对我说出了一个细节:她的女儿早晨梳妆时对着镜子挥舞手掌,愤愤地说"拿大砍刀砍了你",家长担心出事,赶紧和我沟通。这番话引起了我的深思,我想找该生谈话,但因为我说话直白,唯恐交流不好,适得其反。为难之际,恰巧有一位班级干部违反了班纪,经调查核实后,我快速处理了这件事。看到班干部同样接受处罚,那名同学的对抗情绪减弱很多,我找她谈话,让她自己选择惩罚的时间和方式,她同意了。在同桌的帮助下,该生承认了错误,接受了处罚。这名学生性格孤僻,思想偏激,教师应特别注意教育的方式方法。考虑到现在不少学生娇生惯养,考虑问题狭隘偏激,一切以自我为中心,不善于与他人合作,做事不计后果,所以我提出"通达"的班训。

我利用主题班会详细讲解班训,编在班歌里大力宣传,在活动中以班训为原则贯彻执行,就是在学生毕业联欢会上我也帮学生强化记忆。我班的班训已经根植于学生心中。

2013年3月,我接任高三艺术班班主任。这个班有45人,为历届艺术班人数之最，其中只有少数学生在艺术上有天赋，多数学生因为成绩不理想，才抓住艺术这棵稻草，殊不知艺术这条路格外难走。他们学习成绩低、学习习惯差，又缺少家长的管理，生活习惯也是一塌糊涂，管理起来难度很大。针对这些情况，我确立了管理目标——建设正常班级；班训——尊师、守纪、律己、向上；道德底线——绝不影响他人。班级建设应该因时而异、因地制宜，既紧跟时代步伐，又符合班级实际情况。

重视审美教育，身体力行。高中生轻视艺术课，这是不争的事实。怎样引导学生重视美育，提高鉴赏水平，我做了一点尝试。我在中师时学过音乐，略懂皮毛，还能对学生指导一二，但对美术可是一窍不通。为了带动学生，也为了提高我个人对艺术的鉴赏水平，更为了指导高三学生在科技文上打好基础，我利用一个学期的时间听了 7 节美术课，参加了美术课间周 1 次，我几乎坚持了一个学期，这给学生起到了良好的示范带头作用。

（三）强力规范学生行为，用严格的纪律约束人

束人先束己，正人先正己。学生最烦唠叨，代沟因唠叨而增大。我以前犯过这类错误，苦口婆心，掏心掏肺，学生却不以为然，有时还会嗤之以鼻，甚至反其道而行之，起到反作用。这种教育没有任何积极意义，是不理智的教育、失败的教育。我教这一届时为了避免唠叨，在班会和早会时限时发言，尽可能用最短的时间布置任务，进行政治思想品德教育。班会课大多限时 8 分钟，时间一到，闭口不说话，万不得已，使用肢体语言强调纪律。经常会出现这种情况：学生精神亢奋，意犹未尽，我却神色淡定，默不作声。找学生谈心也不用太长时间，基本都是短平快，这种严格要求自己、避免唠叨的做法，消除了学生的反感情绪，提高了工作效率，起到遵规守纪的示范作用。

树正气，办实事。高中班级管理特别敏感的事情，莫过于确立享受捐资助学学生的资格。捐资助学名额有限，不少学生都在争取这个名额。我先在班级公布评选标准，在指标下发后，严格按照标准评选。评选标准为：

1. 家庭贫困；

2. 学习努力；

3. 成绩在全班排名 20 名以内；

4. 无违纪记录；

5. 艺体生评选标准适当放宽。

这时内外矛盾频繁发生，班主任秉公处理，借此树立正气。有的学生找到班主任和班级干部，反复陈述家庭的困难情况，有的学生甚至搬动各种社会关系，应该说秉公处理着实不易。对家庭确实困难、学习努力，而成绩不达标的学生要多鼓励，设定其成绩提升的目标，激发其潜能；对妄图肇事的学生严正警

告;对搬动各种关系的进行妥善处理,杜绝不正之风。正道直行,让我的班级事事讲章法、有条理。

强力执行制度。为严格校园内对学生的手机管理,我逐层尝试,最后加大力度,无情封杀。为教育一名拒不交出违规携带手机的学生,我将自己价值700余元的手机摔碎,代替该生受罚。再加上之后的强力执行,我们班杜绝了携带通信工具的现象,受到校领导的表扬。为此,我还在2011年4月学校组织的班主任论坛中作了题为"对学生使用手机的管理描述和思考"的核心发言。刚上高一两个月,班长吴某为班级买备品迟到,我做好其思想工作,按制度对其进行处罚。学生集体求情,但我仍坚持原则,并顺势评论坚守规则的重要性,给学生留下遵规守纪的典型范例。调座也按规则执行,每次月考结束,我征求学生的建议,制定调座原则,下次月考严格按照原则执行,个人感情绝不融入其中。其实有的时候不是缺少科学的制度,而是缺少执行力,没有强有力的执行,再好的制度也是一纸空文,反而对学生的思想产生消极的影响,不利于他们的健康成长。

加强常规,规范用人。在班级组织方面,根据岗位的特点,培养和选拔班级干部。管理之道,重在用人,我所任用的班长一定是思想纯洁、品德高尚、作风稳健的学生。黄同学在取得优异成绩之后曾自我推荐当班长,我没有同意,他问原因,我说:"你思维开阔,性格开朗,做事灵活,但不够沉稳、笃正、刚毅,而班长是全班学生的定盘星和主心骨,在处理很多事情上要坚持原则,所以你不适合班长的职位。"他有些失望,我接着说:"但你很适合团支书的岗位,共青团工作繁多,要求具备一定的热情和灵活度,还要有创意,你很适合。"后来,黄同学的团支书工作开展得有声有色,深得校团总支的好评。刘同学酷爱体育,乐于为班级服务,在学生中有一定的威信,他的体育工作开展得如火如荼,甚至在班费有限的情况下,他自己出资购买小食品,奖励在运动会获奖的同学。还有些同学在劳动中善于动脑,并且善于调动学生,任务完成得又好又快,校领导很放心把劳动任务分给我的班级。

卫生方面,坚持"三扫"制度,早中晚各扫一次,老师和卫生委员及时检查。实行卫生不合格惩罚制度,本周检查不合格,下一周继续值日,直到合格为止。高一时有不少组接受过惩罚,高二、高三基本没有不合格的了。

劳动之前我引导学生多动脑筋,做好准备工作和人员调配。在进行一次扫雪劳动时,我班学生中午就借来两个木质和一个钢制铲雪工具,我询问来由,学生告诉我,中午他们来得早,帮助市政工人铲雪,工人投桃报李,主动借给他们工具。那次劳动中我班完成得出奇快,结束后还把学校下发的工具借给其他班级使用。

对一般违纪生的管理,追查要严,查清细节;分析要透,摆清危害;处理要宽,网开一面;跟踪要紧,"治病救人"。"追查要严",调查过程中班主任不要轻易下结论,更不能给学生难看的脸色,要保持平和的面容,给学生留下冷静、理智的心理感受。因为在事情没有查清之前,真实情况怎样,全然未知,老师不能给学生留下轻率盲目的印象,不能给学生留下阴影,甚至授学生以柄,造成尴尬被动的局面。这方面的错误我年轻时候犯过,我武断地以为学生是逃课撒谎,向该生大发雷霆,得知实际情况是见义勇为,之后还得赔礼道歉,弄得好不尴尬。近几年情况好些,沉稳扎实了,未犯过此类错误。查清每个细节,把事情连成一片。"分析要透",教师应掌握一定的教育理论,最好有较丰富的生活积累,能就事论事、就事论理。"处理要宽",应针对事情本身,特别要查清细节,有理有力有节,纠大放小。"纠大"针对原则问题,处理要适当;"放小"针对非原则问题,给学生留一些余地,使其认清错误又心存感激。"跟踪要紧",指及时关注学生,不疏漏。学生是有生命的个体,成长中必然会犯错误,一次根除错误只是愿景,并不现实;教师勤关心、勤"修理",学生才会向好的方向发展。有一天将近下午上课时间,张同学打来电话说正在诊所静脉注射,我联想到该生前几天连续请过病假,过后观察其手臂上确实有针眼,但从脸色判断并无异常,于是迅速穿上外衣下楼,打车赶往那个诊所,并没有发现他,问明前几天该生也没有在这里就医。我就在他家大门里侧等候,把刚从出租车上下来慌慌张张的学生堵个正着。我没有马上处理,到学校后让学生解释,他又编织谎言,我笑眯眯地给予戳穿,张同学低下了头。我向他讲明后果,当他的面打了电话,把这件事通知家长,该生接受处分,对老师也佩服得五体投地,以后再也没有犯过此类错误。

对特殊干坐生的非常规管理。2005年以来我校招生额扩大,高中入学率大幅上升,参加中考的学生几乎都能入校读书,再加上尖子生流失严重,普通班干坐生激增。对他们的管理成为普通班班主任的重要工作内容。从对学生负责及学校管理的角度,这些学生必须在班级静坐,这是最起码的要求,似乎无可争议。

当然大多数班主任用尽浑身解数,苦口婆心,累得精疲力竭,苦不堪言。那么,对于这些学生应该怎样区分和教育,能不能探寻更有效的方式解决?我做了一些尝试,陈述出来供同行们探讨。

(1)区别开来。静坐分为老老实实静坐、不违反班级学校纪律的、确实经受不了干坐折磨的、影响同学学习且违反班级纪律等情况。

(2)思想引导。讲明高中阶段的培养任务,高中生应具有的思想知识能力水平,高三时的特殊目标,班主任对高三管理的意向。

(3)多与家长沟通达成共识,多与学生谈话了解情况,多与干坐生交流形成共鸣。

(4)真情交流,大力推行。

(5)勤于沟通,定期交流。

我班刘同学学习成绩差,但能力强、有头脑,酷爱体育,理想是做个教练员。可是体质特异,连体育老师要求的最基本的预热训练都坚持不下来;家长因望子成龙心切而焦躁,该生也因理想难以实现而烦闷,母子关系紧张。我和该生感情较深,他服从我的管理,能勉强在班级干坐。我也用让他练练字、读读文章的方法对其进行疏导,但成效甚微。高二第二学期看到他消瘦的面颊、呆滞的目光,我的心在流血。该生闲极无聊,在课桌下摆弄手,竟然也能玩一节大课。无奈之下我与家长联系,让这个学生在住处调整状态,每隔一段时间我就与学生沟通,该生胖了,人也乐观了,尽管并不想考体育专业,但是仍然参加了体育考试。徐同学不捣乱,可是他眯起眼睛静坐的姿势让任课教师和周围的同学发困,我帮助他改正,但成效为零。我给他一周假令其调整,家长打来电话表示不满,回来后他依然如故。我考虑到该生家长那里很难做通工作,就着重做该生工作,在班级同学的协助下,该生外出打工,家长也接受了这个事实,我把与家长的所有通话录了下来。我极力主张他参加高考,但他没能及时体检,我请示学校专门带着他补充体检,后来他打电话表示感谢。班级减少了这些干坐生,学习氛围很浓,为绝大多数学生的积极备考创造了良好的条件。当然我的压力很大,如果这些学生有点闪失,我可能要承担部分责任,好在有家长的支持,有学生良好的品德习惯养成,也有我及时的沟通跟踪,没有出现任何事情。

教育过程中也要接受别人的劝告。以前对男女生交往过密问题我不太在意,有一次和孙校长交流,她直接说"你的教育思想有问题"。我反思这句话,感受到她批评的分量和建议的正确。如果班主任立场不明、导向不清,校园岂不成了伊甸园?于是在处理这方面问题上我用心思了,基本正确处理该项问题,没有造成不良后果。用象征的语言展示以下话语:世间万物各有时节,过早地成熟就会过早地凋谢,我们既然是在春天,就不要去做秋天的事。不要以为我细小的手指可以抹平你心中的创伤,不,它能承受的只是拿书握笔的力量,我脆弱的心灵承载不动你的款款深情。我不想让自己的小船过早地搁浅,所以请收回你热情的目光,请原谅我的沉默,失去我你并不等于失去一切,如果真的如此不幸,只能说你太幼稚,把你连同你青春的心事一块尘封进那粉红色的记忆吧。那时,你会发觉阳光依旧灿烂,所有的日子依旧美好。

非常之时行非常之策,行非常之策关键在人的操作。2012届高三第一学期的一次月考中,我班的成绩全面下降,教师心急如焚,学生萎靡低沉。我冷静地找出成绩下滑的原因,在班会课分析,统一认识,公布"特殊时期班级管理制度",加大惩罚力度,严格宣讲一次性退学规定。因惩罚较重,有的家长不理解,到学校沟通时准备了不少辩解理由。我向他们讲明班级的实际情况、高考的意义,晓之以理,动之以情,得到了家长的理解。2013年5月临近高考,艺术班出现了波动,为严明班纪,我加大了对自己的约束力度,实行每天8次查班的签名制度,少查一次自罚100元充当班费,我故意违反制度并当场上交了100元罚款,给学生做出了表率,再对学生实行此类管理时阻力就小很多。完全的按套路出牌解决问题有时滞后低效,我们不妨放手一试,该项管理体现了政策的灵活性,体现了不断创新的管理理念。

(四)点燃学生进取激情,用澎湃的感情鼓舞人

激情是吹动船帆的风,没有风,船就不能行驶;激情是火箭的推进剂,没有推进剂,火箭就难以飞向蓝天。有了激情,工作才能轰轰烈烈地进行。衡水中学迅速崛起的原因之一就是激情文化。在学生的成长过程中,班主任老师对学生的影响极大,老师有激情,学生才能光芒四射。我在学生面前总是展示积极昂扬的一面,教育学生小事讲风格,大事讲原则,用励志话语激励学生。一次家长会后,我写道:"热情如火地生活,真情似水地交流,激情百倍地学习,豪情万丈地冲锋,每天只做两件事——学习和锻炼;只考虑两件事情——提高效率和调整心态。"同时不忘对学生做道德教育,我写道:"'人活一口气,佛争一炷香'。积极的进取心、与人为善的爱心和淡泊的生活心态合而为一,应该是最好的心理;进取心是前提,善心是底线,平常心是安慰。"2012年4月,我满怀激情地写道:"最重要的冲顶时段已经来临,它应该是人的生命中最波澜壮阔、最激荡炽烈、最血脉偾张的日日夜夜之一,我们应该理智尽情享受。用理智设计,任豪情纵横,让毅力做主,邀时间证明,让休息最大化、状态最佳化,走过无悔的轨迹。"

身教重于言教,老师敬业乐业,学生才可能好学爱学。我投入激情上课管理,学生也投入激情学习生活。高三时教学节奏快,知识密度大,能力培训任务重,大量的训练卷铺天盖地,学生累教师也累。对测试卷子的批改,我向学生承诺,前一天的试卷,下一节语文课前一定批改出来,把自己"逼"到绝地;有时前一天收上来的考试卷,第二天第一节课就得讲评,批改只能挑灯夜战,最晚的一次我批到了凌晨3点。所有的星期六和高三时的星期日上午,没有极特殊情况我都是在学校度过的。老师的敬业精神和高效率直接感动和教育了学生。2012年6月11日高考估分期间,学生张某的一个短信让我潸然泪下。"老师,我不去估分了,我自己估完了,以后照顾好自己,别和学生操太多的心,三年,您老了很多!我们都看到了您的付出,祝愿您永远健康、平安。学生张某。"

劳动时身先士卒,激情引导。高一时参加过几次劳动,我要么不干,要么干就干净利索。2011年8月初早晨6点多,王主任打电话说派几个学生搬运床

垫,那时班级才来了四五个男生,这几个人建议等等其他学生。我却建议马上行动,"学校有紧急任务,领导信任咱班,才把任务交给咱们。咱班学生一个顶两个,这次劳动一定尽全力"。告诉一名女生及时通知后到的男生。那次卸载半大挂车床垫,人少、量大,货物又脏,我全身都湿透了,那几个学生也气喘吁吁、大汗淋漓,后到的几名同学也参加了劳动。班主任劳动时投入其中,学生也会积极模仿。

倾注感情分析,关心学生身体健康,组织学生锻炼身体,为学习生活打好健康的基础。我班学生体质差,一遇流行感冒,请假治病的最多达到9人,高二时我就有组织学生晨练的想法,但只是宣传并没有实施。2011年8月22日开学,我就把学生组织起来晨练,约定好6点40分到校,第一天出席30多人,第二天出席20多人,第三天出席不足20人,参加锻炼的人数锐减。我冥思苦想解决办法,既要激发学生的积极性,又要制定约束措施。课间我和学生闲聊,提到了400米短跑,向学生黄某发起挑战,以差距60米作为输赢的标准,黄某到终点时我俩距离超过60米,黄某胜利;不足60米,我胜利。彩注是如果我胜,我给全班学生每人买一根0.5元的冰棍;如果我败,我给全班学生每人买一根1元的雪糕,前提是全班学生必须到场观战。比赛结果是我俩相差距离不足50米,我胜出。下午上课前我拿出50元钱买了55根雪糕,并趁热打铁与学生签订晨练协议,除了体育特长生、家住市区离校较远的和几个特殊情况的学生外,30多名学生签字,之后我每天都坚持锻炼并手持协议检查监督,对睡懒觉耍滑的学生耐心教育惩罚监管,我班晨练坚持到11月初。这项活动增强了学生锻炼身体的意识,提高了学生的身体素质,培养了学生坚毅的品格,增进了师生之间、生生之间的团结。

通过文章激励,树立标杆。《学子》期刊发表了逊克县第一中学学生家长衣春凤教育孩子的文章——《玉不琢,不成器》,她的孩子外出学习艺术半年,2011年一模考试仅取得298分,后来经过各方调整,该生成绩节节上升,二模取得了399分,最后以484分的高考成绩考入浙江传媒学院。2012年4月,我让班级艺术生刘某阅读这篇文章,拂去了她心头的焦躁和迷惘,使其看到曙光,这名艺术生冲劲十足,最后,刘某考入景德镇陶瓷艺术学院。

常规方面激情投入,对自己严格要求。高一高二时我班在一楼,我的办公室在五楼,我给自己制定了硬性指标,每天在非我授课时间至少到班级四次,听从郭老师的建议,推门进班级,掌握班级情况的第一手资料。很多老师都对我旺盛的精力深表敬佩,问我有什么秘诀。其实勤往班级跑确实很累,但我们从另外两个角度思考就觉得付出值得,勤到班级既可以监管学生、亲近学生,又可以锻炼身体,一举两得,何乐而不为?这样一想,疲劳就烟消云散了。

制定目标,激发斗志。高三时启动目标管理机制。2011年9月26日,我出示工作目标,也让学生制定目标,细化为学习、心理和身体三个目标。学生亲笔书写并上交,我给予保存并适时提醒激励。2012年3月我又对目标做了小调整。我按目标全力以赴,学生大多也全力冲刺,教师的引领极大地激发了学生的斗志。

墙报也有讲究。如果学生状态亢奋,墙报应以蓝色调为主,线条简约,能拂去学生心中的燥热,给他们以清爽和恬静;如果学生精神萎靡,墙报应以红色调为主,内容充实,给学生以振奋和昂扬。

投入亲情沟通,多用心琢磨,多用情合作。感情的共鸣是相互的,班主任爱生如子,学生就爱师如父。我的儿子也在高中同年级组就读,不过因为他受成长中的逆反心理的牵绊,不在本校就读,我练就的一些本领本准备教我儿子的,但事难遂人愿;不过爱屋及乌,我对这届学生除了责任心外,又多了一层父亲对儿女的情怀。从这个情感出发,从心里喜欢这些孩子们,因此我和他们多了一层理解和默契。黄某在2006年至2009年已经在高中就读3年,成绩一般。2009年他调入我班,我与他进行了推心置腹的交谈,包容他的过失,帮助他改正错误,挖掘和发扬他的优点。后来他担任班团支书、校团委委员,积极为班级服务,最终他以476分的高考成绩考入齐齐哈尔医学院。张同学的中考成绩在全市排名428名,高一时上升到200多名。该生品德高尚、理性思维能力强,我们团队教师评价他是可塑之才,齐抓共管大力培养,我经常与该生家长沟通,倾心指导交流,加以鼓励,明确培养方向。高二时他受情感牵绊,一度迷失自己,我和团队教师制定和实施了教育策略,使张某找回自己。该生在高三模考中成绩直线上升,我指导他复习时可以抛开某些试题,给他单独印题,把目标锁定在重点本科。他冲劲很足。最后四次的模拟考试他分别名列全校第二十名、第十三名、第十名和第五名,高考时总分名列全校第二名。张同学视我如父,就是与他从未谋面的我的儿子每次提起张同学必称小哥,亲近之情不言而喻。到了大学后,他给我发的短信也充满了健朗之气、感激之情。

张同学的成长经历在一定程度上否定了生源决定论,他的中考成绩仅为428名,说明他的基础很一般,但只要我们倾力培养,一样可以创造奇迹。实际上很多学校在成为名校之前都有过低谷经历,他们统一思想,创新管理,把三流的学生培养成二流的学生,把二流的学生培养成一流的学生,学校蒸蒸日上。这对于我们学校而言具有极大的启示意义。

胜利的根本在于团队形成合力,这里我特别强调团队的力量。这个团队的核心就是班主任,他鼓舞团队的士气,协调教育措施,调控教学进度,平衡学生的作业量。我常常跟团队教师说,单打独斗突出单科未必一枝独秀,有可能整体惨败;协同作战,共同进退,一赢全赢。我们定期安排一些场合碰头聚会。团体协作让学生学习张弛有度,成绩稳步提高。这里我特别提一提同事尹老师。高三上学期张同学的成绩不断上升时,我们就把他锁定为重本培养对象,但他的英语成绩低,我打算给他联系家教补课,家长认为费用高难以承受。尹老师了解情况后主动要求牺牲休息时间,无偿指导张同学。尹老师当时还负责教务处干事工作,且家中孩子小,我当时考虑她困难太大,所以之前没有劳烦尹老师。在这之后,尹老师每周指导他两次,每次近两个小时,整整指导了一个学期,张同学的英语成绩大幅提升,在高考中取得了较高的分数,原来的弱科并没有扯后腿。同时,理综老师和数学老师有时也会单独辅导张同学。团队的力量是无穷的,团队取得的成绩也是骄人的。2012 年理科 7 班教育教学团队,在所有教师没有兼任理科实验班课程的情况下,学生们均取得良好的成绩。

这里面涉及如何协调的问题。以前我当班主任时,在处理师生矛盾上坚持"不作为"的原则,我想如果科任教师水平高,无须班主任协调;如果科任教师水平低,班主任帮助教师就是坑害学生,有悖教师职业道德规范,帮助学生也有违公正原则。毕竟教师之间长期共事,得罪科任老师有伤和气。我只对刚参加工作且事业心极强的教师略施援手。高一时我还恪守这个原则,但后来发现这样做的效果欠佳,班主任还是要有作为。生物学科教师张某非常负责,对生物干坐生也严格管理,勤加提问,引起两名学生的不满,导致师生关系僵化。我出面协调,最终达成这样无可奈何的协议:张老师在生物学科课堂上不再提问这两名学生,他们也不得扰乱课堂秩序。生物课堂恢复了安静,后来一名学生对生物分数有追求,找家教补课时方有悔意,理解了老师的良苦用心;刘同学也认识到了错误,与老师的关系得到缓和。在 2009 年的一次班会上,我发表了题为"点燃飞翔激情,享受无悔青春"的演讲。我说:"老师的谆谆教导,父母的叮咛嘱托,有时如春风一样动人心弦,但我们感觉就像夏天的蝉鸣令人烦躁。其实我们换一个角度想一想,老师见一个学生就告诫一次吗?你的父母见一个高中生就叮咛一番吗?不会的,绝对不会的。最好的话是说给最亲近的人,最热诚的心是交给最亲爱的人,老师是你做人和学习的领航员,父母是你生命中最厚重的依托,你永远生活在老师和父母的心灵大地的中央,他们将几十年的人生积淀浓缩为富有深情的话语,其心至真其情至切。我们不要用青春的叛逆之心违背师长的良苦用心,甚至用尖酸刻薄的话语刺伤至亲;如果那样,留给他们的是彻骨的寒冷,留给你们自己的是永远无法抹平的伤痕,守着血淋淋的悔恨度日,那种日子惨不忍睹。"经过近半年的磨合,我班学生喜欢上了化学课和化学老师,化学成绩直线上升,成绩始终在年组名列前茅,为高考理综成绩的高分奠定基础。有学生的几句话道出赵老师教学特点和成绩高的原因:"赵老师长于思想工作,你必须让她说完,之后所讲的化学知识都是精华,所讲的课都出彩。"师生心有灵犀,才能达到教育和教学的佳境。

在带好 7 班之外我还协助刘老师带好 12 班,我对 12 班学生的强制教育远远超过刘老师,如果这个班有调皮捣蛋的学生,我都冲在前面,进行正面教育,所以 12 班的学生敬畏我。这种做法正好和刘老师的耐心说服教育方式形成互补,相得益彰,我们合作得很愉快。2012 年 5 月离高考仅剩 1 个月,侯同学做阑尾炎手术,我给她发了短信:"正常是正常,异常有可能转换为超常。把不利转变为有利,有可能创造奇迹。孩子,你有这份情商。"她在回信中完全没有沮丧和低迷,这个孩子在高考中以 543 分的成绩考入大连民族大学。肖同学身体状态不好,但他自尊心极强,有时低迷,有时亢奋,亢奋时影响其他同学学习。在他低迷时我给予鼓励,在他亢奋时我会压制他,甚至批评他,他接受我的教育,及时认识并改正错误,逐渐走向稳定和成熟。我还结合学科优势做好学生工作。高二第二学期时张同学被编入 12 班,由于该生成绩极高,老师格外重视,引起一些学生的抵触情绪,有名学生表现得很过格。我和刘老师安排教育策略,打了一套组合拳,单独谈心暗示,语文课上借题发挥渗透,班会课上公开宣讲引导。一次那名学生课间问张同学"你感冒还没好啊",小小细节表明该生心态开朗了很多,接纳了张同学。我特意打电话向刘老师汇报,我们都收获了育人的乐趣。

四、扬起豪情冲锋,勤心育桃李,金秋收硕果

2008 届高考时,我指导的学生有 7 人语文成绩超过 120 分,理科普通班 3 班的语文平均分为 103 分,排名第一。2009 届高考,我担任理补班的班主任,这个班完成普本指标 19 人,超出原定指标 7 人,所执教的文科普通班语文平均分名列全校第一名,教务处启用一个公式对高三教师评价,我排在第一位。

2012 届高考中我和我的团队创造了十个"第一"。

与 7 班教育团队创造三个"第一"。我担任班主任的 7 班是个理科普通班,除了 2 名后转入成绩欠佳的学生外,班级学生都是高一分班时的原班学生。我班高考文化课普本上线 20 人,创历史最高。有 1 人高考总分名列全校第二名,这在有两个理科实验班分班体制的高级中学是空前的。这个班所有学科的平均分和及格率均居年组第一名,并且遥遥领先。普通班各科前几名大多在这个班级。

我和语文组教学团队创造了一个"第一"。高考语文科目全校有 21 人超过 120 分,为近几年高考的最好成绩。我了解过周边学校的高考语文成绩,北安一中超过 120 分不到 30 人,黑河一中 24 人,嫩江高中 18 人。北安一中和黑河一

中具有绝对的学苗优势和地缘优势,我校的语文相对成绩也高于黑河市的这3所学校。我是本届语文备课组组长,取得这样的成绩应该有我的一份功劳。我市有一批优秀学生没有在我校就读,选择哈尔滨、大庆、北安等地,高考时回到户籍所在地报名,他们的高考成绩非常优秀,但是语文成绩和我校相比分数低很多,理科仅一人排在第十二名,其他学生没有排进前二十名的,如果只有少数人,那么对比有偶然性,但是这些考生至少有80人,对比有可信度。可以这样理解,我校2012届高考语文成绩不比同类学校差。

我加盟的文科12班教育教学团队也创造了历史上最好的成绩。张同学名列黑河市高考文科成绩第八名,是近几年来我校的最好成绩。重本上线6人,创造历史新高。

我个人创造了四个"第一"。我所指导的张同学语文取得130分,名列黑河市文科语文成绩第一名。我所教的理科普通班120分以上达到5人,而文科和理科实验班分别为3人。我所指导的文科实验班语文平均分达109分,为本校历史最高分数。普通班7班语文平均分为105分,比平理科二类实验班,创造我校高考普通班语文平均分最高分。

2013年,我所带的高三(14)班共有45名学生,文化成绩上线人数41人,文化课过关率高达91%,大大超出了领导预计的人数,该班是我校本届取得成绩最好的班级之一。高三(13)班重本上线人数6人,创近几年的最高值。高三(9)班语文及格率和平均分均列全校第一名,该班高二升高三时成绩均列全校第八名,由第八名飞跃到第一名,跨度很大。

付出之后收获的是幸福,那种精神的愉悦让我们感受到当教师的真谛。

2012年春节我收到赵老师的短信:对你管理班级的行为感动! 对你教育我儿子苦口婆心感动! 对你为爱班级请各科老师吃饭谈心感动! 对你为爱学生发来的信息感动……爱自己的孩子是人,爱别人的孩子是圣人。以前觉得自己对学生还是比较有爱心和责任心的,但做比较后还是要向你学习了! 为咱们班这些学生的进步替你高兴。他们现在越来越好。相信功夫不负有心人,咱们共同努力,愿六月的收获属于我们! 祝你和家人龙年心想事成! 万事顺意! 健康快乐每一天!

2012年7月张同学发给我的短信:亲爱的语文老师,您以您的热情和昂扬向上的斗志深深感染了我,您放心,我会一直保持这种精神走完我的一生,奋斗不息。我不仅会努力学习、提升自己,也会学习为人处世,外圆内方。不管到何时,我都会记着您的谆谆教诲,想着这一年来您对我的好,您给我的支持和鼓励。

我回复的短信内容是:家有贴心的女儿实在不枉为父,校有薪火相传的爱徒的确不枉为师;愿你永远高昂理想的头颅走出最绚丽的人生轨迹。老师遥望你的精彩,也感受你的乐观。愿你执着、沉稳、刚毅、通达、自强不息。

2012年8月5日21点我在黑河接到学生的电话,他说20多名同学在讷谟尔乡聚会,之后举办篝火晚会,大家都想念我,要给我唱一首歌。手机里传来《团结就是力量》的歌声,那一刻我无比幸福,作为教师,还有什么比得到学生的尊敬更宝贵的精神财富呢?我们教师勤洒滴滴汗水诚滋桃李满天下,就指望收获颗颗硕果,笑看英才满神州,虽苦虽累,不枉为师,不虚此行。

有首歌唱得好,"一个情字活一生",我们教师只要倾情付出,就能收获温情华年。珍惜有事干的年年岁岁,实实在在地劳作,让我们的激情永远在校园焕发出勃勃生机。

五大连池市实验中学大门

五大连池市实验中学全景

—— 第二篇 ——

春冶夏炼,道阻且长

开学第一事

2013 年 8 月 26 日

　　2013 年 8 月 26 日,新学期第一节早课,我询问学生的第一个问题:"吃早餐了吗?"第二个问题:"早餐吃的什么?"戈同学回答只食用了半袋方便面,其他四名同学回答早餐量正常。我发表对用早餐的看法。早餐可以提供一上午的能量,并且上午是学生学习的黄金时段,应该吃饱吃好。建议早餐的最低量:女生至少吃一碗米饭或一碗流食,最好再补充一个鸡蛋;男生最少吃两碗米饭。

　　我中午早到班级几十分钟,调查午休情况,发表对午休的看法,建议中午挤出半个小时午睡。午休能恢复体力,缓解一上午的疲劳,为下午的活动积攒能量。适当的午休能让学生耳聪目明,精力充沛。

　　第二天,我询问了蒲同学的早餐情况,因为该生身体瘦弱,体重太轻。蒲同学只食用了一袋牛奶,第二节课下课就到食堂购买了炒饭,我让其到收发室用餐。

　　我的同事武老师有自己独特的教育方法,我请他协助我做学生的工作,他欣然应允。形成合力的教育一定会有良好的效果。

　　开学第一事,就是关注早餐和午休,从细节做起。爱在细节。

　　第八节课,我提出"三不怕",即不怕订资料,不怕饮食费用过度,不怕压力大。又初步提出"三坏":"坏"老师,"坏"同学,"坏"自己。

　　早餐可以提供一上午的营养和能量,保证学生上课充满精力。家长和学生应该关注主副食齐备、干稀搭配以及盐分的摄取,当然也要适量。中国人认为"早餐要吃好,午餐要吃饱"是很有道理的。

2013 年高一新生军训现场

女生要自立，男儿当自强

2013 年 9 月 8 日

　　在庆祝教师节联欢活动中，我们年级部全体男教师合唱歌曲《团结就是力量》，我设计了如下串联词：一个国家和民族，如果女人顶不起来，天就塌一半了；如果男人挺不起来，天就全塌了。因此，女人要自立，男儿当自强。今天我们八个男人来了。我们深知，一根筷子易折断，十根筷子抱成团，团结起来力量大。教育是系统工程，需要群策群力，同心协力。我们高一全体教师愿精诚合作，把学生送入最理想的大学。

　　我布置学生把这段话的第一句写在东侧的黑板上，一班男生多，看到后欢欣鼓舞，女生暗中攒劲。四班女生多，看到后愤愤不平："老师，您蔑视女生。""女权主义者对你说'不'"。一位女生说："老师，原来您在我心中很高大，但我现在认为您显得不太高大了。"我说："多谢，显得不太高大，说明也还高大。事已至此，如何挽救，就看咱们班级学生的智慧了。"女生们面面相觑，王同学喊了一句"我有办法"，快步走到黑板前，在"挺"字前加了个"也"字，变成"一个国家和民族，如果女人顶不起来，天就塌一半了；如果男人也挺不起来，天就全塌了。因此，女人要自立，男儿当自强"。女生们看到后欢呼雀跃，掌声雷动，男生也暗自叫好。这既维护了彼此的自尊，又很励志，难题解决了。

　　想方设法，尺内兴波，校园里面故事多。

改变不良习惯

2013 年 9 月 11 日

　　我曾经辅导过一个学生，她聪明乖巧，但却很懒惰，不愿动笔。背课文时大多用眼睛扫一下，因此也是一知半解。她对"l"音发不出来，只能发"n"音。有一次她做语文阅读题，只写下几个词，我批评她："你这做的什么题呀，让人云里雾里的。"她笑着说："我不懒吗？"我反问道："你凭什么懒？人说一勤天下无难事，要是懒，咱们干脆懒得呼吸，收拾收拾去世算了。"她又笑道："老师呀，人家不就懒点吗，你老说人家，人家不理你了。"

　　我一听，借机会打趣，说："是的，你说话懒到连'l'音都发不出来。跟我学，说刘姥姥遛溜溜。"她又大笑说："老师，人家不理你了。"

我多次做她的思想工作，可是效果不明显，很聪明的一个孩子，高考才考了400多分，挺可惜的！

有的学生爱转笔，这不是好习惯。我们看到在大场合，双方谈判签字，有哪一方的领导人转笔？转笔分散自己的注意力，也分散周围人的注意力，有时笔掉下来发出声响，更影响他人。有的学生习惯成自然了，不转笔就不会思考，这个习惯实在应该改掉。

在"九一八"事变纪念日上的讲话

2013 年 9 月 18 日

1931 年 9 月 18 日，"九一八"事变爆发，东北沦陷，落入日本的魔爪长达 14 年。这是一段不堪回首的历史，东北大地，狼烟四起，民不聊生，生灵涂炭。从道义上评判，战争的责任完全在日方，但在世界的舞台，道义所占的分量是那么渺小，发出的声音又是如此微弱。

落后就要挨打，无能就要受气。

为避免挨打，或者有效反击，只有一条路可走——让自己强大起来。一个国家和民族就要有这种自强不息的精神。作为我们个人也一样。不想受气，只能选择吃苦。苦学知识，苦练本领，把自己武装到牙齿，让自己从里到外散发出凛然不可犯的强者气息，让想侵犯我们的人心有余悸，让蔑视我们的人刮目相看，让冒犯我们的人损兵折将。

修养无小事，就拿开学半个月以来我班频发的迟到现象来说，也不是一件小事。试想，一支部队在指定时间内没有到达预定位置，仗还能打赢吗？你首次应聘晚到几分钟，考官还会给你应试的机会吗？从小处看大德，一个不能严格要求自己的人，他的责任感会让人怀疑，这样的人有几个能成为人才呢？所以我们应防微杜渐，严格要求自己，小处不随便，久而久之，就能培养出良好的习惯。

同学们，我们是幸运的，我们是实验中学培养的第一届毕业生，承担着让母校腾飞、让家乡教育腾飞的神圣使命，我们一定要严格要求自己，做高素质的人。让自己的品德、行为、心灵、身体站立起来，把自己培养成栋梁之材，把我们的班级打造成知识的净土、永远的精神家园。我们要永远保持一颗骄傲的心，为民族的振兴贡献出一份力量。

落实"三坏"

2013 年 9 月 26 日

开学初我提出"三坏"的主张,一个月内陆续对其阐释,"坏"老师就是亲近教师、鼓励教师,调动他们工作的积极性。"坏"同学就是严格执行校规班规,改变同学的不良习惯,检举同学的不良行为,为同学美好的未来负责。"坏"自己就是严格要求自己,对自己下手要狠,逼迫自己进步。

对于"第一坏",学生们做得很到位,视老师如父母,调动了他们的智商、情商,让老师开心,使老师每天都能热情饱满地上课、批作业。

对于"第二坏",学生们做得也不错,数学老师检查作业,学生积极检举揭发未完成的同学,最后学生们的数学作业都能认真完成。语文课提问颁奖词,两个学生要求同时背诵,互相干扰,以此增强记忆和熟练度。英语课背单词短语,学生们激励背诵者到讲台接受检查,有时还加以误导,借以提高背诵者的定力,鞭策其他同学熟练掌握。英语老师讲,有一天她检查英语作业,李同学惊讶地说:"留英语作业了吗?啥时候布置的?我怎么不知道呢?"学生们哄堂大笑,准备观看英语老师如何惩罚他,结果他的作业完成得很好。老师顺便检查他的同桌壮壮的作业,结果壮壮偷工减料,被抓到现行。这些都是帮助同学善意的举动,希望大家保持和发扬。

对于"第三坏",学生们做得如何呢?学生只有扪心自问,自我挖掘。但是有一个前提,一定要保证睡眠时间,保障身体健康。用力过猛,走不太远!

纠正学生跑偏的思维习惯

2013 年 10 月 3 日

任课老师反映:学生思维过于活跃,上课不停地说话,问问题千奇百怪,思考问题天马行空,解答问题的思路五花八门,严重影响上课秩序,耽误课堂进度。我连续听了几节课,发现苗头不妙。

初中教学推崇"自主合作探究"的课堂模式,采用分组讨论的教学方法。操作程序上,自主被压缩,合作走过场,探究随风倒,讨论徒有其表,只求能说乱表达,不求说对说精练。这种课堂模式和教学方法本身没错,但使用上有严格的流程。自主是基础,是前提,只有经过呕心沥血、精钻细研,发现问题、解决问题才有意义，在此之上的合作探究，才有价值，才能精彩。而不少教师在自主环节给学生思考的时间过少，或者组织不力，导致合作讨论热热闹闹，探究蜻蜓点水。结果上课秩序不能保证，进度不能完成。更大的危害是，有些学生把"脑筋急转弯"带入课堂，老师不加以纠正，反而赞赏有加，致使学生思想跑偏。

特别在英语和语文学科上，学生思考问题脱离语境，追求新奇怪异非主流，有时七嘴八舌地插话，让老师也钻进牛角尖，无从解答。英语老师多次遭到学生的"围攻"，苦不堪言。也许因为我是班主任，年纪偏大，学生一般不敢和我"理论"。

9月23日班会课上，我提醒学生在课堂上要问好的问题，问有价值的问题，而非琐碎的问题；不要在上课期间问枝叶性的、无关紧要的问题，以免冲淡重点，转移注意力，影响课堂效率。我特意提到英语和语文学科，没料想，理科也出问题了。25日第四节课上，数学老师无法进入教室正常上课，因为不少学生在向物理老师问物理题，他们根本就不听物理老师的讲解，总是按自己的思路断章取义，让老师啼笑皆非。

我走到讲台前，严肃提示那几个学生，从大方向、正方向切入问题，不要钻牛角尖，把满头大汗的物理老师带了出来。

10月3日，班长郭同学在作文中提到了关于学生上课问问题的情况，学生并不知道哪些重要，哪些不重要，有疑就问很正常，课间问问题更正常。言外之意，指责我管得不得法。我认为郭同学的看法很正确，代表了大多数学生的心声，肯定了她敢于提出自己的意见、为班级负责的精神，也肯定了学生追求新知、积极进取的学习精神。看来我要从深层入手，要在思维习惯上纠正，而不仅限于在形式上解决问题。

我和任课教师交流，说明学生能提问，说明他们有强烈的求知欲望，我们要改变学生读书不深不透的习惯，强化文本意识。语文学科主要是强化语境意识，深挖词语内涵，勾画中心句段，厘清作者思路，析清篇章结构，明确文章主旨，鉴赏写法技巧。各科按照学科特点，一定做好思维引导，把学生引导到正常的轨道上。掌控课堂的关键在于老师，老师应突出重点，突破难点，控制好课堂节奏。

我又做学生的工作，肯定他们的优点，表扬了他们求知欲强，具有可贵的质疑精神和创新意识，能深刻地思考问题，不随波逐流。又指出其不足，就是同学们的思维有问题，老师们正在想办法纠正。对于上课时有的问题，老师不予解答，并不是老师的态度问题，而是其不是课堂重点问题。回答问题一定要按照思维规律解析，注意逻辑性和前后一致性。有疑问可以在课下提出，但一定要深思熟虑，多看教科书和经典试题解析，一定让思维步入正轨。

一届学生有一届学生的特点，这个特点印刻时代的记忆，呈现普遍性；每个班级又有每个班级的特点，表现为各自的特殊性。班主任教师要发现这个特点，分析这个特点的优点和缺点，发扬优点，改正缺点。对不同届的学生，一定要细心观察，善于发现。发现得准确，分析才能准确；分析得准确，教育管理才能到位。去不去发现属于意识，能不能发现属于眼光，分析透不透属于水平，整改到不到位属于能力。班主任工作的魅力之一在于面对不断变化的学生，采取不同的管理和教育方法。要因材施教，更要与时俱进。

常在河边走，哪能不湿鞋？

2013 年 10 月 4 日

开学一个月，班级频发迟到现象，迟到次数最多的是壮壮。听学生说，在初中时，壮壮所在的班级规定，迟到一次罚买一瓶矿泉水，最终壮壮攒了几箱，让老师哭笑不得。上个月在早会、班会课上都有提及，但迟到现象仍屡禁不止。9 月 16 日班会上，我征求学生意见：怎样做到不迟到。同学们你看我，我看你，都不说话，大有法不责众之势。"老师认为理科实验班的学生都是精英，精英哪有迟到的！"大家仍然不说话。"过去我带普通班的时候，有治理迟到的绝招，但是老师不想用，你们想听听是什么绝招吗？"学生看看我，有小声说话的，有笑而不语的，我说"罚款"。"老师罚一次可不是 10 元 8 元的，一次 100 元"。有学生疑惑地看着我，言外之意：数额这么大，你不怕出事儿？我解释："那都是很久很久以前的事儿了，况且杀敌一百，自损一百，我罚学生 100 元，自己陪罚 100 元，纳入班费。"学生都惊呼起来，"那我们就天天迟到"，班级里一片喧哗。我做了几个手势："老师也不想采用这个办法，伤害太大了，我一个小老师，挣点工资，还要买大米呢。但是咱班的这种风气，不制止是不行的，所以逼迫老师痛下狠手，采用新的办法。我已经在家长群里与家长沟通好，征得了他们的同意。学生迟到一次，到办公室接受四节班主任耐心的思想教育课，家长到校和老师深入交流，力争为班级服务。"学生都瞪大眼睛，他们害怕这半天的思想教育，更害怕家长到学校来与老师深入交流，一个个面面相觑。

我走到壮壮面前，告诫他迟到次数最多，以后可要注意，他满不在乎地说："常在河边走，就是不湿鞋。"我点点头："常在河边走，哪有不湿鞋？如果你迟到，你的父母就都要到学校来。"他同意了。

壮壮还真有记性，连续几天居然没迟到。过了几天，年级部抓到的几个迟到的同学，唯独没有壮壮。

今天下午,上课铃声最后一个音符敲响之后,壮壮还没有踏入教室,同学们一片欢呼:"常在河边走,看你不湿鞋!"

晚上,壮壮的父母来到学校,我们约好一起做壮壮的工作,制止迟到的现象发生,应该能获得成功。

治理顽疾需双管齐下,做思想工作和出重拳齐头并进,最重要的是要取得家长的支持。只有家校合力,才能培养学生良好的习惯。

大树下的本事

2013 年 10 月 8 日

有位习武者在自家房后的大树下练武,冬练三九夏练三伏,练出独门绝技。于是他发出请帖,遍请天下武林高手切磋,结果这个练武者场场获胜。他自以为独霸天下,就仗剑远游,到处挑战,不料却场场败北。百思后得其解,原来他已经习惯了在自家大树下施展功力,离开那个环境,他的功力就施展不出。从此以后,每遇到挑战者,他就说:"到我家大树下比试。"

我们应该练就能适应天下所有环境的本领,只局限在自家大树下,练成的本领是真本领吗？能从大树下走到天下各处,才是成才之道。

组 建 小 组

2013 年 10 月 21 日

小组建设的原则是遵循"组内异质""组间同质",小组成员在性别、学业成绩、智力水平、个性特征、家庭背景等方面存在合理的差异,每个小组都是全班的缩影。"组内异质"为互助合作奠定了基础,而"组间同质"又为在全班各小组间展开公平竞争创造了条件。

小组建设的过程和要求如下:

1.民主选举小组长。小组长是一组之魂,起到"火车头"的作用。兵能能一个,将能能一军。

2.搞好组织协调。

3.有强烈的责任心和荣誉感。

4.有创新意识和发现问题、解决问题的能力。

5.有服务同学的意识。

6. 给小组起一个响亮的名字。

7. 编一个相应的代号。

8. 有一个简单的组规章程,甚至可有组歌,也可自行设计组旗。

9. 制定共同的奋斗目标。

10. 建成小组内的监督机制。进行小组评价,实行小组奖励。

关于课改的想法

2013 年 10 月 24 日

尊敬的王校长:

今天给您写的这封信,内容是有关课改的事情。

写信的动机,是发自心底地为了实验中学的发展。我校刚刚成立,很多事情都在草创之中;社会各界拭目以待,等待他们期盼已久的骄人的高考成绩;我校的内部建设方兴未艾,良好声誉还没有传播出去。实验中学就像一棵幼苗,急需得到有益的灌溉与呵护,经不起较大的风浪与挫败。

我对您也有一个逐渐了解的过程,已经离开教育局领导岗位,敢于毅然接受新建中学校长一职,可见您的魄力和信心。这个职位受到全市瞩目,搞得好功德无量,搞得不好,您以前所有的荣誉将被掩盖,特别对于您这样一个起点很低、完全经过个人奋斗,才取得今天辉煌成就的教育工作者来说,挑战大于机遇,风险大于保险。嫩江之行让我和您有了近距离接触,感受到您要办好让人民满意的教育的决心,感受到了作为五大连池人的赤子情怀。"沧海横流方显英雄本色",在办好高中教育的呼声日益高涨的今天,五大连池应该有您这样的人站出来力挽狂澜。

进行教学改革是人所共识,我总认为有时与其说是改革不如说成改良,因为改革是根本性的、革命性的,是对原来的事物的否定;而改良是在对原来事物某些方面认可、继承的同时,因时因事做一些符合事物发展规律的调整。就教育发展方向而言,说成改革未尝不可,它能给人以信心,激发斗志;但对于教学规律而言,说成改革未免言过其实,因为有些东西不需要改变,一些已经流传千年被时间证明的教学方法,比如说"因材施教""讲练结合""学思结合"等就不需要改变。教学既要有前瞻性,适当吸纳其他国家和地区的成功经验,也要兼顾传统,考虑到民族和地区的特点。

我市高中进行过"导学案"课改实验,2010 年 3 月 1 日,当时的高级中学校长在对商丘学校和伊春友好三中考察学习的基础上,强力在高一全面推行"导学案"教学改革，具体执行机构就是当时的科研信息处。课改由一把手大张旗鼓地强力推行，可谓力度不小。但是接下来的问题接踵而至，弄得领导精疲力竭。在当年的4月1日，也就是课改刚刚推行1个月的时候，学校宣布不再对课改做强制要求，各学科可以自愿参加。当时我担任高一语文备课组组长，也参加了课改，但我没有退出。我认为既然要进行实验，千难万难也要坚持到底，只要能抓住激发学生积极性这个教学的牛鼻子，瞄准高考，教师根据实践经验灵活调整，不但不会有什么太大的闪失，还会积累宝贵的财富，为以后的继续课改奠定基础。由于我的力挺，也由于主抓课改的科研信息处主任是语文老师的缘故，2009级语文备课组全员坚持下来，这是唯一全组坚持下来的备课组。后来，该处的两个主任多次提起这件事，一致认为课改没有完全失败和我的支持有一定关系。在支持的过程中我也遇到了各种各样的阻力，但是我咬牙坚持了下来。那次实验给我留下了极其深刻的印象，教学实验，只有一把手的权力还不够，还要有大部分一线教师发自心底的支持，至少应该有骨干教师的积极参与，调动人的积极性永远是成功的不二法则。

我校课改实验有一些困难。制作导学案需要较多的人参与，我们以前6名教师制作，还有些焦头烂额，而现在每个年段的备课组仅有2名教师；当然，加上原来的基础和从嫩江带回的资料能缓解我校老师的一些压力。执行层的研究能力和指导能力还有待加强。一线教师的思想工作还有待做通。教改需要的配套制度和设施有待完善，这里面的核心问题是小组建设，而小组建设是"导学案"实验的精髓之一，我校的小组建设尚在摸索阶段，很不成型，如果边尝试边调整，会让实验成绩受到很大影响。课时调配也不容忽视，有些名校有明确的自习课表，如果我校微观上不细化，极有可能造成进行实验的学科和暂时没有实验的学科抢夺学习时间的现象，这种抢夺会降低学习效率，造成学生过重的心理压力，继而会让刚刚进行的实验承受过重的社会舆论负担。

从我个人的实验经历看，可以鼓励教师做一些尝试，探索更能与学科特点接轨的教学模式。在进行课改实验到近一学期时，也就是2010年6月，我们发现导学案在语文教学上的一些不足，它注重工具性，弱化人文性，语文老师大多变成一个模样，经典文章的美丽被破坏，语文的魅力荡然无存。我在"五校联谊"中上过一节课改课，结果有一位联谊教师的评价是"你到我们学校可别这么讲课"。王校长，您也知道，不谦虚地说，讲课是我的强项，我主要是通过课堂教学才教到高中，怎么就不能到他们学校讲课了呢？语文课讲得好不好，很大程度上在于老师的人格魅力，以及对语文教学独特的操作。后来我做了调整，推出了课改现场会，风景区点名要听我教授的《万方多难成就的诗圣》和风格独特的《让歌声飞扬》。这既发挥导学案的优点，又让传统教学发扬光大。文言文教学应该先由教师翻译,然后再使用导学案;经典美文适于用传统的教法,慎用导学案。这是我的一点体会,或者说是教训。

我们也有搞好实验的有利条件。您对课改有非常清醒的认识,绝不是为改而改。昨天您说的要适应我校的实际情况、教学贵在得法的讲话是金玉之言,分"三步走"的战略指挥也切中肯綮。中年教师长期受低迷不振的高考成绩的折磨,走出低谷的心情异常强烈;我校年轻教师较多,他们受传统思维束缚较少,能够锐意进取;一批教师进行过"导学案"改革,熟悉路径,积累了一定的经验;学苗质量较高,能积极配合教师从事各种研究,他们在初中或多或少地接受过这些方面的训练。

对您说过的一句话我印象尤深:"我啥都不看,说别的没用,我就要成绩。"您的话是实话,也是治校理念,我到高中 12 年,没有一任领导说过这样的话。其实仔细想一想,这句话直来直去,抓住了根本,本应该就是理念的理念、要害的要害。人民群众渴盼优异的高考成绩日益迫切,可是我们理想的高考成绩在哪里?真理往往是最朴实的话,真的希望我校能明确方向,振奋有志之人的士气,这样至少给我们一个积极的引导,呼唤有能力的教师抖擞精神。

我曾经在嫩江表过态,那不是虚与委蛇,而是发自心底的呼声,把教学实验进行下去,无论是现在还是将来。我这二十几年工作之路弯道多直道少,但在教改之路上走得比较顺利,深受教育界一些领导的抬爱,让我一个中师生有展示自己才华的舞台。您昨天最后说的意思,我的理解是"校兴我荣""成功的团队没有失败者,失败的团队没有成功者",我深有同感。其实这几年我带的学生的高考成绩不错,能得到来自同行的好评,我个人也得到他们实足的尊重。虽然以前没有谁给我宣传,但我想是金子总会发光,一旦遇到懂行的领导和势在必行的形势,我的成绩不是谁想压就压得住的。秉承这种感恩之心和坚信正义必胜的信念,我才一步一步走过来。

希望有机会向您请教,在工作上向您汇报。

期盼在王校长的带领下,我们五大连池实验中学的教育能早日腾飞。

家长会主题:托举灿烂的太阳

2013 年 11 月 17 日

家长会上,我向家长介绍的主要内容有以下几点。

一、班级基本情况

全班共有学生 43 人,男生 21 人,女生 22 人,男女比例大体平衡。城镇户籍和农村户籍比例为 12∶31。这些学生中考成绩都在全市前 100 名,学习习惯良好,成绩优秀。其中住宿生 14 人,本校教师子女 1 人。10 月考试前班级共有 42 人,均是中考成绩前 45 名的学生;10 月考试后文理分班,4 人选择学文,最终进入 8 人,成为现在班级模样。家庭困难的学生大约占一半比例。本届高一学生将成为我校成立以来全程由自己培养的第一批毕业生。

二、培养目标

2016 年高考,该班重本上线 100%,600 分以上 8 人。

三、管理理念

打造一流的班级教育教学团队;
一抓思想心灵,二抓学习身体,三抓纪律卫生;
人人有事做,事事有人管,处处责任田。

四、建设高效课堂学习小组

激发潜能,为学生的终身发展奠基。

五、明确班风

班风——"不抛弃,不放弃,自强不息,争创奇迹"。不抛弃的是人,主要指老师不抛弃学生,永远为学生谋发展;不放弃的是事,主要指学生瞄准高考,精心准备,绝不认输;自强不息乃中华文明的核心精神之一,生无所息,生生不息,张扬个体的绚丽色彩,活出生命的崇高和庄严;争创奇迹是美好的理想,也是不懈进取的不竭动力。

班风——"心若在,梦就在,天地之间,还有豪迈"。激励学生永远怀揣理想,高歌猛进,即便失败也不虚此行,豪迈应该是学习状态也应该是生命状态。

六、进入高中三个月以来我做的主要工作

1.利用军训激发斗志。在职教中心上课时进行校情介绍,明确本届学生的历史责任。与初中班主任联系,了解学生情况。

2. 专题讲座:高中生应该树立的"六个意识"、高中生要防范的"三个低级错误"。

3. 在早会、班会课和语文课上开展感恩教育、励志教育。

4. 建议课时安排,调整教师工作情绪,协调作业量。

5. 成立班委会、团支部,组建高效课堂学习小组,设立"封神榜"。

6. 深入宿舍,关心住宿生身心健康。

7. 分别确立阶段性班级工作重点。

8. 组织学生锻炼身体。

9. 教唱歌曲,鼓舞士气,凝聚人心。

10. 指导学生制定目标。

11. 总结期中考试成绩。

七、下一步的工作重点

1. 激发学生更大的学习热情,争分夺秒高效学习。

2. 找个别学生谈话:"把脉诊断",对症下药;张扬有益的个性,高歌猛进。

3. 激励各科教师工作积极性,统一思想,同荣共辱。严格限定作业量,力争达到新的平衡。

4. 做好安全教育宣传工作。

5. 推行半月考制度。

八、给家长的建议

1. 多呵护学生心灵,多关心学生身体;少谈学习,不问成绩。

2. 多问班级的事,多谈同学交往的事,多说家庭的光荣历史。

3. 做好早餐,看好午餐;荤素搭配,两菜一汤。

4. 积极工作,改掉陋习,树立良好的正面形象,为孩子提供正能量。

5. 适时与老师沟通,配合老师工作。遇事多询问,不能偏信一面之词。

6. 支持学习方面的事,在物资上确保供应。

老师绝不唠叨

2013 年 11 月 24 日

大王捉住了唐僧,本想吃掉,又想还没有捉住孙猴子、猪八戒等,怕吃不安稳,决定等捉住了孙猴子、猪八戒等之后再一起吃,就命令两个小妖"好生看管唐僧，若有差池唯你们是问"。两个小妖很高兴，暗自庆幸这个差事轻巧。没想到唐僧动用了最具心理摧毁力的武器——唠叨，把两个小妖折磨得生不如死。他们想杀了唐僧，但大王不允许，这是不忠；想一逃了之，但大王对他们不薄，这是不义。想来想去只有一条路可走，他们彼此望望，流下了眼泪，拔刀自杀。以上是电影中的情节。

唠叨杀人，它是摧残人的有力武器。我们当老师的总以为苦口婆心、掏心掏肺地向学生讲道理，殊不知，学生的耳朵早已听出了茧子。所以，若想为学生好，老师不要唠叨。

高一语文"导学案"教学实验阶段性总结

2013 年 12 月 19 日

本学期期中考试以后，我们进行了"导学案"教学实验，现在已经实施了一个半月，总结如下。

一、实验内容

1. 教学内容方面。在作文教学上采用"导学案"方式，作文教学坚持"先实践后理论"的快速作文教学，因为快速作文教学已经经过实践证明，是高效的作文教学方式。高一上学期主要练习写作记叙文，学生在初中阶段已经掌握了这种文体，高中阶段的重点是强化训练。

2. 教学模式方面。我校的教学实验是在嫩江高级中学的教学模式基础上做了改动，嫩江的"导学案"是学生利用前一天的自习时间完成，第二天在语文课讨论五分钟后展示。我校的"导学案"当堂做完当堂展示。该步骤贯彻"当堂训练，当堂完成""堂堂清"的教学理念，能有效地解决各科争抢时间的问题。

3. 实施步骤方面。建设课堂学习小组，实行小组积分制，做好阶段性总结，调动学生的积极性。

4. 舆论宣传方面。我们在实行"导学案"实验之初，就对学生做了正面宣传，认识清楚"导学案"的优势，也指明了其不足，明确改进的方向，帮助学生克服畏难情绪和恐慌心理。

5. 集体备课方面。做好备课安排，制定好进度，一人备课，一人审核。

二、实验效果

我们高一语文教师坚定不移地按照以上实验内容实施，看到了一些良好的学习态势,也发现了一些问题。

学生的学习自主性增强了,特别是在讨论环节中能各抒己见,一些内容不需要老师的讲解,学生就能自行解决。课堂教学气氛活跃,无须教师激发,学生在一些问题上自己就能够讨论。学生答题条理性清晰了,能分点作答。至于考试成绩,因为缺少与其他学校的对比,暂时还无法衡量。

课堂容量小。因为当堂学习、当堂讨论、当堂展示,问题难度低,且数量不宜过多。基础知识掌握不牢靠,缺乏系统性。学生也有为分而争的现象,重分数轻学习,重结果轻过程。

备课量大。11月期间,两名实验教师几乎牺牲了所有的休息日,争分夺秒地备课,确实很累,毕竟两个人需完成六个人的工作量。

三、调整措施

布置学生完成"晨读晚记",帮助学生解决基础知识积累不足的问题。我们曾经协调过各科作业量,高一时语文学习的时间为至少30分钟,完成一套"晨读晚记"的时间为30分钟,未超作业时间。文言文重翻译,"导学案"只完成课文分析部分,我们在完成"导学案"之前要翻译课文;文言文资料需利用课堂时间完成,以此增加学生的文言文积累量。

四、新发现的问题和解决办法

对于课堂容量过小的问题,原来我们尝试小组分题,一组只完成一道题,课堂容量和难度加大,但是往往造成小组同学只关注本组所分到的试题的现象。我们的思路是要坚持这样实验,期末考试后用成绩检测其效果。

备课量大的问题很难解决,只能缩小实验范围,主体上引领"导学案"限定在分析课的课型上,把语文练习册的部分内容移植到课堂中。

其他实验学科争抢时间的问题突出,如果只有语文学科坚持让学生当堂完成,而其他学科提前下发"导学案",势必造成学生对语文学科的轻视,久而久之,学生学习语文的时间大打折扣,提高成绩也很难做到。

千改万改,能提高成绩才算真改。我们坚信,有多年的教学实践特别是课改实践,只要抓住高考的考点,抓住提高课堂效率这个牛鼻子,高一语文课改不会败下阵来。

解决学生间的冲突

2013 年 12 月 24 日

有两个同学在第一节课上发生摩擦,课间两个人扭打到一起,被同学劝开。我了解情况后得知,一个同学总认为另一个同学爱唠叨,影响他学习。在班会课上,我重点解决两个人之间的问题。

班会主题词:能团结人,求同存异,控制自己,心中有规章。做心灵的主人,不做眼的奴隶、耳的过客、手的工具、嘴的传声筒。

不良影响:

1. 违反班规校规;
2. 破坏班级安定团结的局面;
3. 显露劣根性;
4. 目无师长。

处理办法:二人写明事情的经过,进行自我分析和自我批评,在班级朗读;学唱《众人划桨开大船》。

经过调解后,二人重归于好。后来,学校布置制作雪雕作品,他们一起积极设计制作,雕刻了"航空母舰"。

说服校长执行实验班滚动方案

2014 年 3 月 3 日

建校伊始,我校采用扁平化管理体制。高一年级部借鉴其他年级的管理办法和北安一中的管理经验,征求教师意见,出台了《实验班滚动方案》,得到学校批准。

高一上学期结束,按照"实验班学生只出不进"的原则,计划调出两名学生,取得校长同意。

今天早上上班,兰主任找到我说,"校长打来电话,调出学生方案暂停执行",我懵了,心想:之前最怕执行这项方案受阻,已经在任课教师会议、班级开班式和家长群里公布,在开学初年级部教师会议上也公布了,怎么突然暂停了?我对兰主任说:"昨天已经沟通过了,今天怎么能改变,我不能执行。"看到兰主任很为难,于是,我直接找到校长。

校长解释"各方面的压力太大,本次停止执行"。我问什么时候调出,校长说等下学期期中考试时根据成绩调出。

我拿出自己准备好的提纲,阐述看法,提出意见。

"我们实施的'实验班学生只出不进'的原则实际上是滚动管理的一种。滚动管理顺应人才培养体制改革的需要,遵循教育规律和人才成长的规律,按照因材施教的原则,推进分层教学,正视学生成长的差异,有利于同等智力、同等层次学生的健康成长,有利于促进学校的发展。

"滚动管理是实践证明过的成型的经验,周边市县如北安一中、黑河一中和嫩江高级中学,都采用过这种管理方式,效果良好。

"这一届是我校全程自己培养的一届,只有高考考出好成绩,我校才能生存,否则,成立实验中学就失去了意义,我们输不起。有些力量阻挡学校前进,应该想办法排除。管理之初会遇到阻力,但能够克服。高级中学实施滚动管理体制,也曾遇到过阻力,但我在高中工作 12 年,没有任何力量能够阻挡这种管理体制的实施。

"本次调出学生引起全校关注,中途夭折,影响太坏,不利于以后政策的执行。本次调整正处于期末考试的节点,时机恰当,如果调整暂停,以后的期中考试调整阻力会更大。"

校长频频点头、思索,最后说:"你先回去吧,我再想想。"

当我回到办公室时,兰主任高兴地告诉我:"校长刚刚打来电话,按原方案执行。"

指导团干部筹划主题班会

2014 年 3 月 17 日

学校团总支部署各班团支部召开"理想点亮人生"的主题班会,班级团支书壮壮找到我,请教组织活动的路径和方法。

我对他说,集体活动不是一个人能独立完成的,应该想方设法调动众人的智慧和力量,完成活动任务。壮壮是团支部书记,团支部的三位成员作为一个整体,形成组织中心;团支部和班委会构成班级学生自我管理的两条主线,二者应相互协作;壮壮在"二炮部队"小组,大概率会取得小组成员的帮助;他还是班足球队的主力队员,发出"求援"信号,足球伙伴不会坐视不管。这样看来,班级绝大多数同学都是可以调动的力量。

3 月 14 日早会,我又从三个方面做学生的工作,要求同学们团结一致,开好班会。从班级集体建设角度而言，开好班会能展示我班精神风貌，彰显集体的凝聚力和战斗力；作为高一(1)班的成员，有责任也有义务开好班会。从个人发展角度而言，积极参加类似活动，能提高能力，展示才艺。人生的过程就是不断地锻炼自己适应环境的过程，在学生时代应该珍惜有限的锻炼机会，提升自己。从人与人的交往的角度而言，积极参加活动能加强同学之间的关系，增进同学之间的感情。本次你支持组织活动同学的工作，以后其他同学也会尽力帮助你，在相互支持中共同发展。人要帮人，也要人帮，以此在社会中立足。助人也是自助。

今天的班会全程由学生设计、组织、实施，我只负责录像。有很多创意超出我的想象，同学们积极参与，热情高涨，在真诚的合作中体会到了集体的智慧和力量。观摩的学生羡慕不已。学校团总支书记对此很满意。

笨鸟先飞

2014 年 4 月 1 日

4 月 1 日，生物学科老师用 2013 届试题对我班学生做了测试，结果对比：2013 届最高分 97 分，90 分以上 19 人；本届最高分 93 分，90 分以上 9 人。这个结果让人沮丧，成绩相差不小，至少说明本届学生没有上一届的学生强，而上一届高考最高分为 613 分，并且只有 1 个。我们面临的压力很大啊！

我可以运用这组数据大做文章，实施我拿手的激将教育法。

晚自习上，我将生物成绩公布，学生很惊讶。我先分析了中考形势，指出现在的中考成绩排名和以前可比性不大，因为五大连池市优秀学苗严重流失，一类学优生流失殆尽，二类学优生名次前移。我市基础教育的质量严重下滑，中考成绩缩水。由于前几年我市自行批卷，降低评分标准，致使中考成绩直线上升，号称"黑河第一"，但实际上并没有传说的那么高，相反严重误导初中教学，初中教育急功近利，指导存在严重偏差。我市一中前几名的学生到大庆实验中学、北安一中参加升学考试，考入正式指标的不多；2012 届市一中成绩最好的同学在初二时进入大庆实验中学，考试成绩在班级进入不了前几名，该生在大庆就读初三，最后在中考时的成绩名列大庆考区第二名。

因此，我建议同学们要有清醒的认识，消除自大的心理，认识到不足，奋起直追，将差距找回来。我提出"笨鸟先飞，先天不足后天补；滴水穿石，千锤百炼始成钢"的口号。

把班级建设成一方净土

2014 年 4 月 2 日

4 月 2 日早会,主题为"把班级建设成一方净土",并提出"静、净、敬、竞"的班级管理目标。

静:安静,肃静,寂静

除了上课外,班级要静悄悄,自习、课间寂然无声,只能听到呼吸声和笔与纸的摩擦声;同学的交流用手势语,问问题、讲问题到走廊的角落或教师办公室;走廊也是静悄悄的,把说笑跑跳留给操场。

净:干净,洁净,纯净

个人扫清门前雪,值日生负责公共区域卫生,坚持每天"三扫"制,组长可把任务落实到人。搞好个人卫生,勤洗头、洗澡、洗衣服,不戴首饰。

净化心灵,做一个目标高远、品德高尚、纪律严明、作风优良的高中生。

敬:尊敬,敬爱,敬畏

学生要尊敬师长,敬爱同学,敬畏规章制度、国家法律,按时作息,在规定的时间做规定的事。

竞:竞技,竞赛,竞争

竞技,积极参加文体活动,提高艺术修养和身体素质,坚持每日一练、适度训练。

竞赛,比成绩,比贡献;组与组比,个人与个人比。

竞争,遵循自然法则,优胜劣汰,争取成为胜利的一方,能适应将来的社会。

听人劝,吃饱饭

2014 年 4 月 4 日

2014 年 3 月,武老师反映学生课间过于活跃,搞活动成风,我并不认同。课间本来就是学生的活动时间,要求过严达不到劳逸结合的教育效果。甜甜同学也反映课间过于嘈杂,学生不能有效地休息和学习,看来课间管理应该加强。后来武老师在办公室又提到过,当时张主任在场,他也对武老师的提法有异议。2014 年 4 月 5 日,星期六,我向武老师请教。因为他曾经带过 2013 届理科二类实验班,成绩优秀,能带出优秀的班级必有成熟的见解。他说,这个班的成功在

50

于课间有良好的学习氛围。学生利用课间努力背英语单词。课间时教室里充满研究氛围，就是间操时间学生手里也拿着小册子。班主任在班级灌输"没预习好就没有资格搞活动"的观念。他也提到了适用惩罚和团队惩罚的措施。我认为他说的有道理，决定采用。

第三节刚下课，王同学最先冲出教室，我让赵同学将其叫回，我在班级故意喊道"成绩不高，有什么资格玩，赵同学，把王同学叫回来"，同学们都愣住了。王同学蔫头蔫脑地回来了，那些考得不好的同学也没敢动。后来，我又对第二节课间和第三节课间身体锻炼做要求，只建议学生在第二节课间活动。这样做既营造紧张的学习氛围，又关注学生身体健康。班级学生也渐渐适应了。学生学习压力确实不小，但没有达到忍受不了的程度，与要求严格的学校相比，我校学习时间控制不太严，在高考竞争激烈的时代，没有学习时间的积累，抓得不紧势必败下阵来。学生的自控力有限，学校和教师就应该严格要求。

教 育 壮 壮

2014 年 4 月 4 日

赏识教育不是万能的教育方式，有时应该结合别的方法。今天禹老师和我谈起教育壮壮的问题。该生性格执拗、主意很正，用我的话说就是"绵里藏针，内部开钢铁公司"，很难做通工作。老师越关注他，他越和老师较劲；莫不如和他保持距离，晾一晾他，该生反而会步入正轨。我对此深信不疑。

前几天我已经有了一些举措：壮壮没有认真完成假期作业，致使在重做试题的测试中失误极多，我在他的卷子上写了好多话，有不满的，有批评的，红红的一大片；语文课上，该生脚踏足球，我又批评几句，借题发挥又影射一些事情；单独谈话时，指出他的不足。这一系列组合拳够这小子受的，家长对此也绝对支持。

上课时壮壮只走了一会儿神，这种刺激教育应该收到效果了。

老吾老以及人之老

2014 年 5 月 5 日

这几天在北面的实验室上课，同学们开始还感到挺新鲜，到晚自习时，有些学生紧锁眉头，因为相距实验中学100多米有个老年活动中心，老人们晚间扭秧歌,播放的音乐声音挺大。学生们紧闭窗户,但是声音还是能够钻进教室。有的学生满脸不高兴,嘴唇还做着各种口型。

我听着秧歌曲,脸上露出美美的表情,甚至头还略微地随着乐曲晃动。学生们有不理解的,有的愣愣地看我,还有的笑嘻嘻。

我问大家:"这个声音很大吗?"学生们做着各种面部表情,异口同声回答:"是的。"我又问:"很刺耳吗?"有人小声说:"有点儿。"我笑了:"声音确实大,我们能不能把它当作悦耳的音乐欣赏呢,让我们陶醉。"嗫嚅的声音传来:"未必。"

我走到讲台上,一字一顿地说:"如果我们的爷爷奶奶、姥姥姥爷此时就在秧歌队伍中,尽情地驱散疲劳,尽情地欢乐,我们还认为音乐声刺耳吗?他们辛苦了将近一辈子,终于能够安度晚年了,我们作为晚辈不应该为他们高兴吗?再说老年活动中心的老人大多没有子女照看,他们的经历更艰辛,晚年能有个颐养天年的场所,尽情享受夕阳红,我们应该为他们高兴啊!老吾老以及人之老,我们爱自己的长辈,也应该爱其他人的长辈,爱应该传递。以后听到秧歌曲,就当爷爷奶奶们为我们伴奏吧。"

之后再也看不到学生皱眉头,教室外飘荡着悦耳的秧歌曲,班级里只有写字声。

目标管理方法

2014 年 5 月 26 日

开学初我采用了目标管理方法,学生确立期末的成绩目标。期中考试后,为了使学生加深印象,我再次在班级张贴成绩目标,并且将分数差距写明。

5 月 24 日,我用另外方式加压。学生确立名次目标,参照系有所不同。前 4 名以八校为准,确立与八校第一名的分数相差最低值,俊俊不超过 572 分,李同学进八校前 80 名;8~16 名的以八校 100 名作为参照系,分数差不超过一定的数值;其余的学生大多确定本校排名。我让学生将其写在纸上,作为检查依据。

5 月 26 日,学校部署近期工作,计划 6 月 6 日下午、7 日、8 日放假,因为这两天半适逢高考,住宿生离开宿舍,为高三考生营造安静的氛围。我向学生公布了学校的决定,他们没有欢呼雀跃,听到我所做的"7 日和 8 日我班非住宿生到校自主自习时",大多数学生表现出喜悦的神色,看来目标管理已见成效,学生已进入学习的良性状态。

习惯成自然

2014 年 6 月 26 日

我布置语文作业:把小说阅读的答案完整地抄写下来,并且用有色笔画出关键词。高一(1)班2人未交,5人未画关键词,1人偷工减料。我讲了德国扳道工的故事。一名扳道工在班上,看到火车从两侧相向而来,正当他跑向扳道杆时,发现他的儿子在一侧的铁轨中间玩石子,如果他去救儿子再扳道岔,一定来不及。强烈的责任感驱使他奔向道岔,只向儿子的方向扔下一句话:"快趴下!"两列火车呼啸而过,这名扳道工不敢睁眼,不想看到他的儿子被火车碾成肉泥的惨状。没料到,他的儿子竟然从铁轨中间站了起来,毫发无损。原来他听到父亲的喊声,立刻原地卧倒。后来该工人被授予荣誉勋章,理由是"你培养出了一个听话的下一代"。有些事看似小,实际能检测出一个人的习惯。老师布置作业,学生应该努力完成。布置画出关键词绝非多此一举,它能帮助学生提高语文悟性,培养良好语感。如果养成良好习惯,在细节上就可能取胜,要做好学习上乃至其他方面的事情,有时竞争力强在于习惯好。

垫付修锁的钱

2014 年 7 月 14 日

高一要交出一楼教室,搬到二楼,原教室破损之处由各班自行负责修理。年级部布置修三把锁,其中高一(1)班修两把。我很尴尬,我带的实验班,对公物的损坏程度超过了普通班,说明我还有需要改进的地方。再回想自己班的学生在走廊跑动、大声喧哗、跨级上台阶等不良表现,我要抓住这次教育契机,帮助学生养成良好的习惯。

实际上,大多数人有不良习惯,要不断地自查、改正。就我本人而言,曾经有过从窗台向外倒水的经历,而没有意识到不妥之处,后来经一位教师提醒:"窗台不是倒水的地方",我意识到自己这一不良习惯。我的不良习惯还包括激动时出言不逊、坐姿不正,我一定要改正。

我在班级开展自我批评,再指出班级的欠缺之处,提出改变不良习惯的倡议:"由于我的工作失误,这次修锁钱由我垫付;如果再有破坏公物的,由破坏者赔偿。"

对实验中学教学管理的建议

2014 年 8 月 18 日

我是一线任课教师,认为当前我校教学管理需要解决 10 个问题,因此向校长呈报材料。这样做是为了将学校管理得更好,对事不对人,仅供领导参考。

1. 晚自习不讲课。晚自习讲课为我市高中的弊端之一,是我市高考成绩长期低下的重要原因。学生大都有自己的计划安排,查缺补漏,巩固提高,教师讲课打乱学生的既定安排,不利于学生综合成绩的提高。绝大多数学生对老师在晚自习讲课极为反感,还不能不听,因为有对教师劳动的尊重,还有对教师强烈责任心的敬重,不好意思不听,有时也不敢不听;况且讲课声音对学生学习有干扰,学习其他学科效果大打折扣,无可奈何下只能勉强听完。那么,为什么有些教师要在晚自习讲课呢? 这里有教育思想的问题,更有教学能力的问题。教育思想的问题是个别教师总怕单科落后,总想突出单科成绩,于是只顾个体不管集体,岂不知"一朵花开不是春,万紫千红春满园"。我们可以以具体分数比照,推测出成败得失,一节晚课能提高该科平均分 0.1 分,有可能影响其他学科提高 0.5 分。教学能力有所欠缺,白天正课应该完成的内容,因为安排失误没能完成;教学效率低下,与素质教育的要求背道而驰,说到底还是教学能力的问题。从我个人经历得出经验,凡是高考成绩高的班级,一定是晚自习控制讲课的班级,但仅凭班主任管理毕竟难度太大。因此强烈要求学校下大力度检查阻止,万不得已也可以象征性罚款,坚决杜绝晚自习讲课现象。当然该措施的长远意义,在于逼迫教师只能在高效课堂上下功夫,在一定程度上改变我校教风。

2. 平衡作业量。现在我校有些教师不布置作业,欠缺最常规性意识,实在令人啼笑皆非;而有些教师布置作业量过大,导致学生疲于应付,从而冲击其他学科。有些教师有布置作业,但是没检查、没批改,敷衍了事。我校对作业的检查流于形式,空有对教师常规性要求,却缺乏执行力。平衡作业量应该得到重视,该项工作应该依靠有关部门协调检查,由校方负责执行。

3. 考试仅提前 3 分钟发卷。该建议从教训经验中来。2008 届是我辅导的第一届高考生,据跟踪调查,学生反馈答卷时间紧张,导致有些学生惶恐,甚至影响整体发挥。我很疑惑,我们平时也进行时间方面的适应训练,高考中时间怎么就不够用了呢? 一思索恍然大悟,平时考试时提前 10 分钟发卷,有的教师很"勤劳",提前发卷的时间更长,学生见卷就答题,而高考提前发的卷子只允许看不允许答,时间相差将近 10 分钟。再者学生克服紧张情绪有时也需要时间,这样与平时考试相差的时间更多，难怪时间不够用。我也从经验中受益，对于 2009 届、2012 届和 2013 届，我指导学生平时考试按时答卷，并加强检查，对违规者适当惩罚，因为平时训练有素，所以学生在这方面没有惶恐，减少了损失。从 2008 年秋季开始，我监考的考场最多提前 3 分钟发卷，从 2013 年开始在实验中学高一年段凭借我的影响实行，效果很好。但个体扭转、个人影响远远不如领导管理和制度要求效果明显。

4. 考试后杜绝学生议论答题情况。我校学生在考试后有讨论答题的习惯，有些教师也主动询问，这是考试之大忌。我在这方面有切肤之痛。2012 年我的儿子参加高考，我多次明示他考后不要和同学讨论。他考完数学后，因为那一年的数学题很难，考生普遍反映答得吃力，再加上他已经养成了试后议论的习惯，结果以散步为由背着我和同学议论，在两道他认为答得圆满的大题上找到了失误，回到住所后唉声叹气，情绪一落千丈。我和我爱人叫苦不迭，预感到第二天考试的学科会受到不良影响。结果他的强项学科理综才得了 210 多分（平时大都在 250 分左右），英语得了 95 分（平时最少 110 分）。平时在学校排名百名左右，高考降到了 230 名，老师预测会走重本的苗子最终走了普本。考试后讨论，答案不太确定，越议论发现的问题越多，直接影响考生情绪。因此教师平时就要严格禁止，使学生养成良好的习惯。学校在宏观上加强宣传指导，会增强认识，辨清是非，形成风气，让学生受益。

5. 避免盲目跟风，高考指导难易试题全都练习，有备无患；教师适当组卷。对高考题的预测，专家的话不可全信，在高考题的难度上没有专家；高考命题人绝不会跟着专家转。2009 年高考，众多"专家"预测题的难度不会大，因为要实现教材和考纲向新课标的平稳过渡，不应该产生较大的波动。结果那一年的高考题难度陡然加大，弄得大部分考生措手不及。受绝大多数"专家"的影响，大多数名校编创的模拟题难度不大，市面上很难找到难题，像我们这类学校也只能用这类"成题"，高考损失很大。今年我们的损失也挺大，按照习惯思维，三模、四模考试题难度应该不大，为帮助学生巩固知识系统，树立信心；实际上这两次考试题接近二模的难度，给我们造成了"今年高考题会很难"的错觉，难题训练受到格外重视。最终考题很浅，为近六年之最。我们训练中低难度试题量不足，导致最终没能考出期望的好成绩。

因此，在以后的高考指导上，避免盲目跟风，各种档次的题都要练到，无论高考试题深浅，我们都能应对。

6. 科学安排休息日。月假增长的做法不可取，因为我市地域呈圆形，学生在一天之内可以往返校与家一次。上届高三最多一次放了三天假，引起很多家长和学生的不满。学生在一周之内有半天假就足够蓄积精力、搞好个人卫生。

月假可以放一天。其实以前我们已经积累了成型的做法,星期六下午到星期日上午休息。住宿生乘坐下午的汽车回家,在家美美地睡上一宿,攒足体力,第二天返校,下午上课。

7. 掀起大做高考试题之风。我校教师高考指导水平有待提高,咱们基本不缺知识储备,但欠缺瞄准高考试题的感悟力。说实话,一名高三教师如果近三年没有上百套高考题的练习,指导高三储备不够,也不能与时俱进。只有做到一定数量的试题,才能找到指导高考的奇妙感觉。

8. 召开高考总结大会,公布高考成绩。我校最好能够找到嫩江高级中学的高考成绩,把各个类型班级各种学科的数据做出来,横向对比,把高考成绩放到阳光下晒一晒,鼓舞高分者的士气,警醒低分者的神经,鞭策所有教师前进。用事实说话,用数据说事,以后的管理,"不用扬鞭自奋蹄"。

9. 争分夺秒,抢抓时间。高分一定来自严格执行作息时间,这是名校崛起的不二法门。衡水中学把学生的时间安排到分钟,北安一中无论冬夏早晨都在6点30分上晨读课,即使学校按照上级规定执行作息时间,但是学生依旧按照习惯安排。我在高级中学时做过统计,高一高二的学生每天比北安一中的学生少学习150分钟,两年下来我们少学多少小时,难怪该校迅速崛起。报刊上有过学生轻松学习,高考取得高分的宣传,但那些只是个例。名牌大学之路是用考试卷子铺出来的,没有时间保证,提高成绩是痴心妄想。

10. 实行半月考制度。"考考考,老师的法宝",这句话放到现在依旧有用。高考的形式是考,训练当然离不开考试。前几年大庆实行周考制,成绩快速提升。考虑到周考过勤,影响教学进度,所以可以考虑半月考制度。考后必判,判后必讲。学校可以出台制度检查奖励,效果会很好。

语言过于直白,只为我校能腾飞,说的有过分的地方,请校长包涵。

巧力推行晚自习不讲课制度

2014 年 8 月 28 日

以前我建议推行晚自习不讲课制度,也曾引起某届领导的注意,但高中教师在晚自习讲课积习已久,改变传统难度太大,再加上我人微言轻,所以无果而终。

实验中学成立后,我利用自己的班主任身份在高一理科实验班推行这项制度,初见成效。高一一年,我反复向兰主任阐述,论证其可行性,得到了兰主任的认可和支持。在这个团队中,只有武老师的年龄比我大,再取得他的支持,就可以在年级部推行。武老师经验丰富,再加上高一(1)班数学成绩节节上升,他也同意在年级部推行晚自习不讲课制度。

高一期末质量分析会在二楼的西侧会议室召开，轮到我发言，我系统地阐述了晚自习不讲课制度的必要性、可行性和紧迫性，等我的话音刚落，武老师快步走到圆桌前，涨红了脸，大声地说："晚自习不能讲课，晚自习你讲什么课！"兰主任举双手赞成，再征求其他同志的意见，大家都表示同意，这一提议通过。

然后兰主任公布了上晚自习规则，以及发现讲课的惩罚措施：如果发现某位教师在晚自习讲课，上交200元，给年级部的同志们买糖。我插话："如果同志们发现我犯规，我自罚2000元，请同志们吃大餐。"大家纷纷鼓掌。

散会时，同志们刚站起来，我自言自语道："我可不能违规，攒点私房钱不容易啊！"同志们都笑了。这项制度终于推行下去了。

穿新鞋容易，走新路很难。其实推行晚自习不讲课最多算改良，根本就谈不到改革，改良都如此之难，何况改革？当然，推行是推行下去了，更要看推行的效果，如果2016年高考成绩不佳，我一定被指责！

反思不足，执着前行，开创美好未来

2014 年 9 月 1 日

2014年高考尘埃落定，应该说这一届的高三是幸运的，因为题的难度小，按照以往的经验推断，应该适于我们这类学校，况且全省重本扩招4900人，比以往增加了25%以上。从全省600分以上人数看，也确实如此，今年文科600分以上人数为1059人，比去年的194人增加了4倍多；理科600分以上7706人，比去年的5123人增加了一半多。从周边市县的成绩看也确实如此，北安一中600分以上120多人，比去年的35人增加了2.5倍多，孙吴一中达到7人，逊克一中达到5人。从最高分来看，也证明题的难度小，北安一中理科最高分716分，660分以上9人，文科639分，孙吴一中理科最高分630分，文科600多分，逊克一中理科最高分647分。

幸运降临到全省每一所高中的头上，估计绝大多数高中会有满意的600分成绩入账，皆大欢喜。但是从我们学校来看，却喜忧参半。我校的600分以上达到5人，明显多于前几年，人数上比平逊克县，但不如孙吴县；高分上我校理科是611分，文科448分，与这两个县的差距较大；重本人数大大减少，去年我市达到47人，按照全省增加的比例计算，今年应该达到59人才与去年持平，可是我校仅仅完成22人，加上高级中学完成的总计29人，勉强达到59人的一半，更不用说完成计划人数了。普本部分，因为今年理科分数段极低，所以应该能有差强人意的成绩。

成绩不高,这是事实,对于刚刚成立的实验中学而言,面临的压力之大可想而知。我个人认为我校三年之内必出好成绩,否则难以站稳脚跟。对于我校的每一名教职员工而言,肩上的担子都是沉甸甸的。

那么,我们怎样在近两年内提高成绩,完成华丽转身? 我想,每一名实验中学的教师都有责任思考。要想明确方向,必须面对现实、反思过去、对症下药。解剖的过程也许痛苦,但是反思的成果却是快乐的。

其实,这一届高三教师全部是原高级中学的骨干教师,属于精英中的精英,并且高三教师真正做到了竭尽全力,因为他们辅导的是实验中学的第一届学生,刚刚被优中选优,选拔到实验中学的教师有干劲有热情,可以说是"不用扬鞭自奋蹄"。我和高三的教师交流时,他们说:"这一届确实全力以赴""参加工作二十几年,这一年几乎拼了命地辅导,学生的状态也非常好"。成绩公布以后却让我们实验中学所有人的期盼落空,成绩为什么提不上来?

第一,教育教学是系统工程,短期内难以奏效。本届高三在原学校学习两年,基础已经定型,高三一年难以改观。高考是检测高中三年乃至十二年的学习积累,对于一条千疮百孔的堤坝而言,短期修复几乎不可能。

第二,本届高三受到另建学校的影响很大。实验中学是从原高级中学分出来的,时间为大半年,一校两分对教师的冲击太大,不可能不影响教学,对学生的影响也大,学生们难以安心学习。

第三,高三教师基本都是原高中教学人员,短期内不可能有太大改进。虽然有名师指导,到名校参观学习,但对于已经到达高三辅导阶段的教师而言,这些指导和学习还不足以提升其能力,甚至会产生负面作用。

第四,运行机制和辅导理念没有太大进步,认识模糊,做法还是老一套,属于换汤不换药。

成绩不高,责任不在教师,也不在领导,对于积习已深的高中教育教学,我们只有清醒认识、深刻思考、查摆问题、改变做法,才能办出让人民满意的高中教育。

本届高三及以往的高三留给我们的经验和教训是什么呢?

第一,应该从高一抓起,夯实基础。高中教学改变不了基础教育,但是能在很大程度上弥补其不足,如果高中教学力度大,高考成绩也差不了太多。

第二,清醒认识,反思不足,坚决改正。高考成绩不理想,我们教师战斗在第一线,难辞其咎。当然,再向深层追问,又与教师关系不大,有历史原因,也有人为原因。不过,是我们教师的原因,我们首先要承认,因为只有承认才能改正,只有改正才能进步;如果拒不承认,改正无从谈起,进步也不可能实现。我们在教育教学上存在这样或那样的不足,一线教师应该有所意识。

高中教学分为三个阶段:高一高二时期、高三上学期、高三下学期。三个阶段的重点不同,高一高二时期面向中等生,高三上学期面向上等生,高三下学期关注尖子生。高三时如果教学重点不在尖子生,出高分不可能,高分出不来,次高分人数也不会壮大。

高三试题由各科教师组题,各科的练习量由班主任宏观调控,必考点精讲多练,选考点精讲精练。向45分钟要质量,严格控制教学进度,坚决制止晚自习讲课。教师应熟悉近三年的全部高考试题,对考纲有清晰准确的把握,只有做到烂熟于胸,指导起来才能胸有成竹。

训练题难易兼顾,尽量不受风潮所左右。行业人士认为2009年是高考体制平稳过渡的一年,试题不会太难,结果当年的试题难得出乎意料。今年很多人又认为试题难度升高,所以连三模和四模试题的难度都超过了以往,实际上高考试题难度降低。高考指导不能跟风,难易试题都要训练,以此培养学生应对各种试题的能力。

时间安排也要讲科学,假期的安排不宜太集中,以前在高级中学我们已经积累了成功的经验,两周休一次,可以考虑星期六下午和星期日上午休息,家住外地的学生可以在家住一宿,与家人亲近,既可缓解疲劳又可调整心态。

学生心态调整,由班主任牵头,制定策略,领导尽可能少介入,因为领导公务较多,且有一些领导对心理疏导不熟悉,硬性介入只能起到副作用。如果我们学校有心理教师就好了,可以让心理教师参与其中。

第三,高考辅导属于科学行为,行政手段只能起到外延的作用,因此对教师的指导应该由专业人士进行,而不能迷信职位和权力。高中教师属于知识分子,他们听命于权力,但是内心服从权威,权力只能控制他们的外在行为,却难以引领他们的心灵,过分运用权力反而会适得其反。

以上这些经验给我们高一教师带来什么启示呢?

我作为老教师说几句重话,大家先耐心听我说完,如果我说的有不当之处,大家可以批评指正,我洗耳恭听。

我认为当务之急要解决思想问题,所谓思想一通,一通百通;思想不通,一窍不通。我们查摆问题的出发点和归宿全都是为了学校发展,不包含个人的任何情感,为了让我们的学生考上理想的大学,为了让五大连池的高考成绩走出低谷,为了让实验中学的教师有尊严地工作和生活。

首先,我承认我存在很多不足,在座的各位或多或少的也有需要提高的地方。从我们的教学经历看,有的人没有教过实验班,即便教过实验班的,教学成绩也没有大写特写之处。当然这也有好处,"光脚的不怕穿鞋的",我们没有太多的束缚,能够放开手脚去搏击,失败了从头再来,成功了一战翻身;不过实验中学的特殊情况已经没有机会让我们从头再来,我们必须让这一届学生考出好成绩。我们的教育水平、教学水平、解题能力和协调能力均需提高。如果我们把学生当成儿女来培养,绝大多数问题就不成为问题,学生身上的缺点就会变成"美丽的缺点"。我们带着必出好成绩的事业心,遵循课堂教学规律和高考辅导规律,相信教学成绩会逐渐提高。把近三年乃至近五年的高考题、模拟题装在心里,解题能力不会有问题。本着高度的责任感和协作精神,大家互通有无,协调就变成了心与心的交换,我们也享受共同前进的快乐。

我也想和其他三个班主任说几句话:在高一班主任这个职位上我虚长几岁,马齿徒增而已,其他几位班主任有很多值得我学习的地方,我也愿意把自己治理的一些不成熟的做法与经验同大家交流。多说一句大家担待,多管一些大家理解,有越俎代庖的地方大家提醒。

我校面临的形势极为严峻,北安一中的飞跃如日中天,连二井子高中、嫩江高中这样的老牌名校都弱化为"月亮",我们这样的"星星"学校想要发出强光,证明并彰显自己的价值,任重而道远。而我们这一届培养的第一批本土毕业成绩如果交不出让人民满意的答卷,我们无颜见江东父老,始终在屈辱和叹息中工作和生活。北安一中能够崛起,我们五大连池实验中学为什么就不能崛起?风水轮流转,但风水不会自己转过来,我们有市委、市政府、市教育局的全力支持,有真抓实干的领导教师队伍,创造辉煌不应该只是神话。

对北安一中崛起的思考

2014 年 9 月 10 日

2014 年高考成绩公布后,北安一中声名鹊起,已经跻身省级名校行列。该校学生刘某实以 716 分,夺得了本年度黑龙江省理科状元的称号,600 分以上人数达到 117 人,在全省县级高中中已经拔得头筹,超过了多数地市级高中,令不少省级名校刮目相看。北安作为黑龙江省东北部地区的重要县市,在教育方面实际上已经成为这个地区的龙头。北安与五大连池市毗邻,北安取得的辉煌成绩让我们羡慕,也激励着我们。乌裕尔河水哺育了勤劳聪慧的北安人民,那么,讷谟尔河水哺育的五大连池人民也应该奋起直追。北安一中如何快速腾飞?我们从北安一中的崛起中学习什么,才能让我们五大连池高考成绩快速飞跃。我与北安一中的校领导、老师和学生家长都有过接触,近几年掌握了一些信息,做点分析,未必全面。

第一，领导重视，提供政策支持。北安人认为"经济发展，教育先行""教育的进步能拉动地方经济发展"。近几年北安一中出台了一系列政策，留住了优秀学苗，鼓励了教师工作积极性。

第二，选派适合的领导。现在流传一句话：一个好校长就是一所好学校。北安一中扭转乾坤的人物是卢校长，他遏制了该校高考成绩下滑的势头，于2009年光荣退休。继任者为原副校长，他继往开来，锐意进取，把北安一中推向新的辉煌。他们为了干好教育事业真抓实干，不计较个人得失，对中层领导的选拔也注重业绩。据我了解，该校绝大多数中层领导的高考成绩都很突出。在知识分子聚集的地方坚持"内行领导内行"的用人做法，应该是业务性较强的部门的绝佳理念。

第三，深厚的文化底蕴，不服输的精神。北安一中建校历史较长，有过很多骄人的成绩。我接触过北安一中的一些教师，总感觉他们身上有一种在专业上不服输的劲头。在和他们交谈时，感觉他们谦恭有礼，但只要一谈到工作，提到成绩，他们立马神采飞扬。教师工作积极性高有多种原因，为自傲而工作虽说不上崇高，但是也劲头十足。

第四，奖优罚劣的机制。我校有一名高级教师，她在2008年调入北安一中，2009年就获得优秀教师的奖励，初来乍到就已经晋升完高级职称，工作仅一年就获得奖励，有些不可思议。她自称找领导推辞过，可领导的话掷地有声，"荣誉不是你想要就要的，是你应该得到的；干得不好虽要不给，干得好虽不要必给"。我和北安一中的一位资深教师有过长谈，他说："教学一个轮回需要三年，总有那么半天日子很难熬，你知道什么时候吗？"我说："高考质量分析会。"他回答："是的。班主任在第一时间查到了自己班的成绩，但是没办法了解其他教师其他班的成绩，不知道自己处于何种位置，总是惴惴不安。学校统计成绩之后马上召开质量分析会，由一把手亲自分析，那时气氛格外紧张。对成绩高的教师，领导表扬，被表扬者心花怒放；对成绩低的教师，也许领导不会说什么，但是这些教师已经羞愧难当了，如果领导再批评几句，该教师简直无地自容。"北安一中高考成绩高的教师，名利双收，成绩低的教师自己羞愧难当。这种激励惩罚制度形成了良好的风气，培育出来的教师业务过硬，怎能不让学校崛起呢？我想这应该是北安一中崛起最重要的原因之一。

第五，严把学苗关。北安人口较多，普通高中共有6所，市区内有3所。北安一中选拔中考成绩靠前的学生，因此很多学生想到北安一中就读，北安市的领导为了北安一中的长远发展，下大力气严把学苗关。

第六，学生时间抓得紧。这应该是北安一中取得飞跃的法宝之一，无论冬夏，北安一中都是6:30上早自习，晚课前只分配40分钟用餐时间，星期一到星期五晚课进行到 22∶00,星期六和星期日进行到 21∶00,每周只休息半天。今年黑龙江省教育厅严格规定作息时间,北安一中领导应该落实了。但是到了学生那里,他们仍然是 6∶30 上学。宿舍设置自习间,学生可以通宵达旦地学习,而无人干涉。严学死守分秒必争的信念已经根植于学生心中。说实在话,名牌大学之路是靠卷子铺出来的,优秀的学生无一不在打时间牌。

第七,严格要求学生,严爱结合。不要说课堂,就是课间的秩序也相当整肃,到过北安一中的人都有过鲜明的印象。

第八,守正出新,不折腾。北安一中始终兼顾历史和地区的实际情况,摸着石头过河,绝不随风倒。2010 年黑河市有些学校实行"导学案"改革,北安一中也做了尝试,但仅仅是尝试,用该校资深教师的话说就是:"北安一中取得今天的成绩不容易,我们折腾不起。"轰轰烈烈搞"导学案"改革的某些高中高考成绩没有多大起色,遵循传统的北安一中却如日中天。

第九,基础教育抓得扎实。北安的基础教育没有乱跟风头,始终在养成良好的习惯方面抓得实。初中管理严格,教学进度快,习题练习量特别大。有些学科打提前量,北安初中初二就开设化学课。中考没有太多的加分,在思想政治和历史考试中始终坚持闭卷考试的做法;中考阅卷严格,绝不人为地抬高成绩。外地学生到北安参加中考的几乎没有排进前几名的。

第十,文化发达,人口众多,交通便利。

邻近市县高中教育的腾飞让我们羡慕,见贤思齐,我们五大连池市高中也该从中学习,让我们的教育振兴。北安一中崛起的一些原因,像第十条,我们比不了;但是绝大多数做法我们是可以参照的。反思自己的不足,不是要追究过去的责任,而是要把未来的道路走得更好。只有我们认识到自己的不足并坚决改正,发现人家的长处并坚持学习,五大连池高中教育才会迎来灿烂的未来。

五大连池市的领导始终关注教育的发展,特别是近几年,投入极大。新建实验中学,第一期工程就投入 3300 万元,几乎等于全市一年财政收入的三分之一。市领导经常到学校调研,主管教育的副市长几乎每周莅临一次。聘请专家指导,与哈尔滨师范大学附属中学建立友好关系。派出校长和教师外出学习,我们从不落后。可是高考质量距离市委、市政府的目标和人民群众的期盼还有一些差距,这实在值得五大连池市的每一位教育工作者深思。

由于我的特殊经历和有些激进的性格,以及期盼优质高考成绩的心愿尤为强烈,文章中难免有偏颇之处,请领导海涵。

适合的才是最好的

2014 年 10 月 10 日

早餐喝糊糊粥,我用中国老式碗盛粥,我爱人用韩版碗盛粥。老式碗底平口阔碗浅,韩版碗底小肚大口窄,糊糊粥热,但由于中国老式碗散热快,我已经吃完一碗了,她才喝了几口,总是抱怨这粥太热了。我说:"你应该用中国老式碗,一个地域生产的器具,适合这个地方的特点。"她笑了。我想到了教育问题,认为教育要契合环境,选取相应的方法,适合的教育才是最好的教育。

我到辽宁佟二堡看皮草,服务员介绍,这是韩版澳毛,我问:"什么意思?"她说是按照韩国样式制造的澳大利亚貂皮。我反问:"韩版衣服中国人穿合适吗?澳毛,澳大利亚一片大草原,出羊毛,我怎么没听说产貂呢?"服务员的脸红了:"人家都这么说。"我说:"你记住,在中国,遇到像我这个年龄和口音的顾客,你得说辽版黑毛,辽宁版的,黑龙江的貂毛。"我爱人走过来说:"妹妹,你别听他瞎说。"

推销要看对象,不能崇洋媚外,既要推销家乡,展示家乡特产,又要照顾顾客的情绪。教育何尝不是,中国教育工作者要扎根中国大地办教育。

学唱《男儿当自强》

2014 年 10 月 13 日

莎士比亚由衷地赞美人,说"人是宇宙之精华、万物之灵长"。而我认为男人担负着"修身齐家治国平天下"的重任,不能不自强。你们从出生到 18 岁,全都在人类文明成果的灌溉下成长,是家庭的希望、祖国的未来,就像是早晨八九点钟的太阳。作为年轻人,我们应该思考,在高中时代将怎样度过才能无悔。即便是女孩,也可以感受这种豪情,丰富自己的心灵。

第一,理想崇高,蓝图美好,追求高远志向。

第二,脚踏实地,焚膏继晷,恒兀兀以穷年。

第三,具有坚韧不拔的意志和百折不挠的精神。

第四,通达大气,团结友爱,感恩明礼。

周恩来东渡日本:大江歌罢掉头东,邃密群科济世穷。面壁十年图破壁,难酬蹈海亦英雄。

董仲舒：目不窥园。

曾国藩：屡败屡战，成清朝一品大员。

我组织学生分别听林子祥、成龙和火风演唱的《男儿当自强》，评论不同版本的风格。

学唱《男儿当自强》，最后再听《沧海一声笑》，体会通达大气、洒脱豪迈的境界。

才艺有大小，玩物莫丧志

2013 年 10 月 16 日

近几天一班玩魔方成风，第三节物理课上，陈老师没收了几个同学的魔方，第五节课我又没收了一个魔方。往届学生到这个时候也有玩魔方的，看来应该遏制住玩魔方的势头，做通他们的思想工作。

才艺多种多样，有些属于大才，有些属于小才，有些属于无用之才；有些能创造财富，有些能益智，有些只是为了消遣。我们现在训练的解题之才就是大才，练就这些才艺，能为人类文明的发展贡献力量。玩魔方，益智只占小部分，创造的财富有限，主要还是为了消遣。如果玩魔方成风，既不利于自身成长，也不利于班级发展。

玩物丧志，因小失大。卫懿公玩鹤误国，宋徽宗赵佶沉迷于书画，酿成靖康之耻。也许有的学生列举异军突起的电竞中出现的赢家反驳老师，但我问你，走电竞之路，成为赢家的能有几人？当然老师也不反对在劳累的学习之余借玩魔方休息大脑，调整身体。可是，在任务繁重的高中阶段，对于玩魔方成风的班级，要坚决禁止，已经没收的魔方，由老师保管到毕业。

从位置和动作上看人

2014 年 10 月 21 日

开会时有一类现象，有些人总喜欢坐在后面，这类人在单位中不受欢迎吗？往往不是。可是为什么他们总坐在后面呢？寻找安全感？后排距离领导较远，为躲避难堪？还是表现谦虚，或者说摆出谦虚的姿态，其实是为了表现与群众打成一片？

学生中也有这样的人，在集会时站位异常，做课间操时，不按照排队规则站位，小小的身材总站在高个儿后面，致使整个队伍参差不齐。做操时动作也不到位，懒洋洋的，敷衍了事。

为什么会有这种现象？表面上看属于懒惰，深层挖掘是逆反心理和虚荣心在作怪，总想展示与众不同、标新立异，在别的方面黔驴技穷，只能在一些小事上作秀。校园中寻拜大哥，参与校园暴力；社会上嗲声嗲气，流里流气，这些人都是受这种心理支配。归根到底是他们涉世不深，"三观"不正。

这种行为和心理是有害的，试想国家安排做课间操，好处多多，而有些学生置规定于不顾，自由主义泛滥，本应该做好的事情却流于形式。其实，真正的个性不在故意标榜，而应该是知识的积累、智力的角逐、品德的提升。

禹老师流泪

2014 年 10 月 26 日

今天上午期中考试，下午正常上课，我把禹老师叫到小办公室，和她交流英语学科作业量的事。

我先提到禹老师对李某凤、俊俊的精心培养，她把李某凤的近乎零起点的英语成绩，辅导到及格，让俊俊的英语成绩也有所进步。我看到了她的辛苦，感谢她的付出。

我出示学习时间统计表，英语学科用时 74 分钟，比我规定的 50 分钟超出24 分钟。禹老师认为锐锐等学生学习英语时间没有 74 分钟，我的统计不准。我坚称全班采用数字统计，无记名投票，统计结果可信；学习时间既不能按英语学优生计算，也不能按学差生计算，所以又调查一男（李某某）一女（康某）两名英语成绩中等生，得知用时确实是 74 分钟。

禹老师又分析我市理科实验班的英语成绩，平均分比周边同类班级低10 多分，学生听力差、语感弱，思维跑偏。英语属于基础类学科，学习英语耗时长，只有高一和高二时投入足够的时间，才能保证高考时学生有雄厚的基础。

我承认理科实验班英语成绩较低的事实，但是一部分原因是我校英语学科评分过严，特别在作文题上赋分太低，与周边市县没有太大差距。禹老师从农村初中被调到城市初中，再被选拔到高级中学、实验中学，她教学水平高、教育水平高，虽说初次教实验班，但学生的英语成绩一定会节节上升。我又分析市高中教育现状：英语学科高考成绩一路走高，而数学和理综积弱不振，我要为这两个学科腾出更多的自习时间，让学生齐头并进，综合发展。

感受到我坚决的态度，禹老师很不高兴。她回办公室拿来所批改的学生作业本,翻给我看,一页页鲜红的批语映入眼帘。禹老师诉说她心头的压力、家庭的负担,控制不住情绪,泪流满面。

我为禹老师的敬业精神所感动,也被她的情绪带动,也流下眼泪。这时脑海中出现两个声音,情感的声音说:"张云龙,你这是在干什么? 任课教师如此敬业,你却要伤她的心,让她流泪,有你这样当班长的吗?"理智的声音说:"平衡作业量必须贯彻下去,不给数学和理综腾出足够的时间,高考总分不可能上去。"两种声音交替出现,使我大汗淋漓。

也许是哭的时间较长,也许是禹老师看到了我的窘迫,她建议我们都回去好好想想。这次谈话我们没有达成共识。

达 成 协 议

2014 年 10 月 27 日

下午上班,禹老师把我叫到小办公室,继续昨天的谈话。

禹老师增加了如下理由:

一是英语对学生未来的影响极大,学不好英语影响学生的发展,并列举了一些实例;

二是我校英语学科高考成绩始终不错,到她这里不能跌入低谷;

三是她初教实验班,不奢望增加时间,只求保证基本时间。

我一一给予分析。英语对学生未来的影响极大,但主要对高端人才;数学和理综成绩上不去,优秀学生连进入平台的机会都没有,谈何更大的发展? 我们应该还原外语的本来面目,它只是一门语言学科;使用英语的国家多,英语的发展很强劲,但不能掩盖它是语言学科的本质。她列举的实例有偶然性,不代表必然趋势。禹老师应该增强业务自信,她的高水平有目共睹,我敢肯定,高考时禹老师所教的学生的英语成绩在八校一定能进入前三名。每天学习英语基本时间 50 分钟足够,如果她需要,我教的语文学科可以给她 5~10 分钟。高考最终靠总分胜出,没有总分高分,单独英语一科分数高,意义不大。我们这个团队捆绑在一起,靠总分高分,才能让五大连池市高考成绩走出低谷。

最终禹老师接受了我的建议,承诺把英语作业量控制在 50 分钟内。

在校际交流中的发言

2014 年 11 月 5 日

　　我很荣幸能够成为哈师大教师教育学院首届行知实验班实习学生的指导教师。哈师大从培养优秀教师的战略角度考虑，创办了行知实验班，从优秀学苗中选拔精英，大力培养。我校领导高瞻远瞩，与哈师大附中建立了友好学校关系，与哈师大建立人才培养和被培养的合作关系。我也有幸接到了我省最优秀的师范生培养和学习的任务，深知肩上的责任重大。在一个半月的接触中，全力以赴传授，推心置腹沟通，并肩牵手协作，勤勤恳恳学习；传递了薪火，融洽了感情，增进了友谊，学到了在教师岗位无法学到的知识。这些实习生力求上进，孜孜以求，尊师爱生，勤奋严谨，团结乐观，给我们实习教师留下了良好而深刻的印象。特别是我所带的韩某和肖某，他们身上均有很多可圈可点的表现。

　　她们上进心强。全程听课学习，不分早课自习，不分班级，还参与班会课、课间操，课间有时也跟随指导教师深入班级，关注细节。她们尽心尽力地完成实验教师交给的任务，有大教育观和大教学观，经常请教他人。

　　她们孜孜以求。利用晚上学习整理笔记，总结反思，会议室里常常静悄悄的，只有她们的纸和笔的摩擦声。她们保持在校习惯，从中也能看出她们在大学里也具有良好的行为习惯。

　　她们尊师爱生。她们对老师发自内心的尊敬，每天早早地打扫教师办公室卫生，让我们既感到欣慰，有时又不好意思，这不"欺负"小孩吗？我想这种"欺负"的感觉很好，对我们双方而言都变成享受和回味。进入班级不到一周，我的实习生能叫出两个班的所有学生的姓名。以学哥学姐的身份，经常深入班级对学生指导交流。有时她们还牺牲休息时间，利用晚自习之前的时间为学生辅导。

　　她们勤奋严谨。听课笔记记了厚厚一本，汇报课教案改了一稿又一稿，一丝一毫都不放松。批改作业及时迅速，具备一名优秀教师的基本素质。

　　她们团结乐观。一人有事，大家帮助，齐心协力，旅进旅退。

　　从她们身上我们学到了很多，相信哈师大一定能够帮他们圆更大的梦想。与这样的实习生交流和学习，我们欣慰，从中产生了神圣的使命感和崇高的压力感，我们也承诺把自己多年积累的经验毫无保留地贡献出来，供他们择取。

　　我们五大连池市高中教育曾经创造过辉煌，近几年高考成绩与人民的要求有些距离，市委、市政府领导为了办好让人民满意的高中，殚精竭虑，创办了实验中学,这是我市在 2013 年的大事。我们实验中学教职员工知耻后勇,勇挑重担。我们热切希望哈师大的优秀毕业生前来创业,因为这是黑土地上的一片热土,在这里能够实现你的人生价值。

经历出真知,遇事见真情

2014 年 11 月 22 日

小时候看到《红楼梦》的一些细节,如贾母参加宴会,多吃几口,晚上感到胃胀,打了几个喷嚏,当天夜里身体发热,当时因自己年纪小,不能理解,或者直接忽视。后来年纪大了,有了相似的经历,才佩服作者曹雪芹不愧是写实主义大师。

有些事只有经历了才会懂。年轻时和同学聚会,晚上可以欢饮两三次并无大碍;天气变化,多穿少穿衣服,也不感冒。但是到了一定年龄,感觉就不一样了。因此同学们关心父母,问问他们饮食情况、增减衣物、睡眠状况,都是必要的。他们对我们无微不至地关怀照顾,我们也要心怀感激,回馈恩情。

2014 年实验中学第二届雪雕艺术节开幕式暨优秀学生表彰大会
(右一为锐锐,右二为俊俊)

点燃飞翔激情,享受无悔青春

2015 年 3 月 2 日

人是为幸福而活着,追求幸福是我们最终极的理想。很多同学做过飞翔之梦,在蔚蓝而辽阔的天空翱翔,俯瞰布满大川碧海青草的美丽星球,我们心中荡漾奋进的激情,发出过铮铮誓言。这种激情是人类文明进步的不竭动力,这个誓言是天地间最响亮的黄钟大吕,因为有了激情和誓言,一代代有志之士前赴后继,演奏世界上最雄壮的交响乐,我们以有这样的英雄而骄傲,我们也祈愿自己成为英雄中的一员。感谢上苍,也感谢伟大的时代给予所有人自由平等的竞争机会,让我们站在同一条起跑线上。

仅有理想是不够的,我们还要有行动,没有行动,理想就成为梦想。梦想是遥远的海市蜃楼,飘过昙花一现般的美丽,留下的只有空自嗟伤;梦想是空中飞舞的肥皂泡,掠过五光十色的倩影,微风吹过,剩下的最多是南柯一梦。空怀理想不见行动抑或浅尝辄止,到了白发苍苍的年纪徒然发出老大伤悲的叹息,这样的例子太多太多。我们不能重蹈覆辙,发出最无奈、最沉重的叹息,因此行动起来,从现在做起!

也许有人会认为为时已晚,美好的时光已经伴随东流之水消逝,其实不然,东隅已逝桑榆非晚,同学们现在正像早晨八九点钟的太阳,初升的太阳放射出万道霞光,未来美好的日子正长。属于我们的大块光阴无限延伸。走好脚下的道路,你的幸福也会无限延长。

咱们高中生怎么走好脚下的路? 答案不言自明。我们很多同学自认为耳朵听出了茧子。是的,老师的谆谆告诫,父母的嘱咐,有时如春风一样动人心弦,但更多时候我们却感觉像夏天的蝉鸣令人烦躁。其实我们换一个角度想一想,老师见一个学生就告诫一次吗? 你的父母见一个高中生就叮咛一番吗? 不会的,绝对不会的。最好的话说给最亲近的人,最热诚的心交给最亲爱的人,老师是你做人和学习的领航员,父母是你生命中最厚重的依托,你永远生活在老师和父母的心灵大地的中央,他们将几十年的人生积淀浓缩为富有深情的话语,其心至真、其情至切。我们不要用青春的叛逆之心违背师长的良苦用心,甚至用尖酸刻薄的话语刺伤至亲;如果那样,留给他们的是彻骨的寒冷,留给你们自己的是永远无法挽回的伤痕,守着血淋淋的悔恨度日,那种日子惨不忍睹。学习学习再学习,我们处在学习的黄金时期,高中乃至大学积累的丰厚的知识、全面的技能将为我们在社会展示自己提供持续不断的原动力,也能提供支持我们一生发展的自信。学习很苦,这是事实;但苦中有乐,未必都有感受,这里面有个“为什么而学习"的问题,这个问题解决了,学习就不再是苦海无涯而是快乐无比。

为什么而学习?为解决最基本的物质保障,为父母安心,为澄澈心灵提高境界,为实现人生的价值,为服务社会,这里有从低到高的境界问题,解决最基本的物质保证是最现实也是最起码的目标,不能说低俗,物质问题解决了,精神建设才能得以保证,当我们用辛勤的汗水浇灌硕果丰厚的物质之树,你的人生航船才能扬帆远航。当你用才能回馈社会,你的精神世界霞光万丈,尽情享受人之为人的自豪。伟大的目标产生伟大的动力,伟大的动力实现伟大的人生轨迹。周恩来的"为中华之崛起"掷地有声,大地之子是对他最好的评价;鲁迅的"我以我血荐轩辕"树立一个挺直腰杆的民族的形象。

青春应该无悔,无悔靠行动证明,尽情抛洒汗水,锁定目标,只顾风雨兼程。最后,老师用一副对联与同学们共勉:锁定凌云志三更灯火五更鸡大鹏展翅会当水击九万里,读破万卷书一片丹心三年功潜龙腾空不负天赐百度秋。

愿我们乘时代的长风,点燃飞翔激情,实现破万里浪的宏愿,享受无悔的青春。

树立正确的爱情观

2015 年 4 月 6 日

我记得初中课本上有这样一段话,大致内容是:世间万物各有时节,过早地成熟就会过早地凋谢,我们既然是在春天,就不要做秋天的事。不要以为我细小的手指可以抹平你心中的创伤,它能承受的只是拿书握笔的力量,我脆弱的心灵承载不动你的款款深情。我不想让自己的小船过早地搁浅,所以请收回你热情的目光,请原谅我的沉默,失去我并不等于失去一切。如果真的如此不幸,只能说你太幼稚,把你连同你青春的心事一块儿尘封进那粉红色的记忆吧,那时你会发觉,阳光依旧灿烂,所有的日子依旧美好。

爱是人间最美好的情感,爱和被爱都没错。施真爱的人感情丰富;被爱的人获得幸福。但是谈恋爱应该分时间和地点,处于高中阶段,学生正在成长,其人生观、价值观还没有完全形成,自身经济基础尚未得到保证,前途未定。赵云说"大丈夫何患无妻",霍去病说"匈奴未灭,何以家为",我们也应面对现实,先解决好自己的问题,才能照顾好另一半。爱需要投入情感,必然会耗费精力,至少对于现在的学生来说恐怕是不妥的。

我觉得学生应该先安身立命,获得爱和被爱的资格,然后才有选择爱的权利,享受爱的美好。

第三篇

扬剑出鞘,花开六月

唤起歌声满校园(1)

——张云龙仿写的歌词

高三(1)班班歌

向前向前向前!
高三(1)班向太阳,
脚踏着五大连池的大地,
凝聚着人民的目光,
我们是一支不可战胜的力量。
我们是父母的好儿女,
我们是老师的希望,
坚韧通达,
卓越厚德,
自强不息,
青春的激情尽情燃烧,
胜利的旗帜高高飘扬。
听!风在呼啸书声朗,
听!冲锋歌声多嘹亮!
同学们脚踏实地奔向神圣的考场,
同学们斗志昂扬奔赴祖国的四方,
向前!向前!
我们的队伍向太阳,
向最后的胜利,
向理想的地方!

我要去清华

曦光带走无数的迷惘,有一种执着光芒万丈,
儿时我绘出风动的翅膀,如今我触摸到你的锋芒。
流水滴出五大连池的光亮,桃李在实验中学竞相怒放。
辽阔的天空放开怀抱,我是一只雄鹰在九天翱翔。
我要去清华,我要去清华,抖动羽翼任翕张,

心中热血无尽流淌，手握命运几人笑我痴狂。

我要去清华，我要去清华，仰望理想不再迷茫，

祭奠了梦想笔墨未凉，荷塘月依偎在我的身旁。

矿 泉 人

雄奇的火山茂密的大森林

我出生在五大连池

辽阔的黑土地

是哺育我成长的故里

养育我的这片土地

当我身躯一样爱惜

哺育我的连池水

母亲的乳汁一样甜美

这就是矿泉人

热爱故乡的人

守 卫 规 则

2015 年 7 月 3 日

　　5 月份，物理老师陈某做手术，请了 19 天假，学校没有找到代课教师，布置学生们上自习。因此陈老师教的两个班级的物理进度慢。兰主任找我商量特批陈老师在晚自习讲课，我没有同意，建议可以利用星期四第七、八节自习课补回。后来兰主任再次提出，我又予以否决。陈老师找到我，我看到陈老师可怜兮兮的模样，便说看在他敬业、看在年级主任的面子上，允许他讲；但是我要征求理科实验班其他老师的意见。结果大家坚决反对，此事只好作罢。看来晚自习不讲课的理念已经深入人心，我们年级教师的守卫规则意识多么强烈。

孩子成为"黑马"的前提

2015 年 7 月 6 日

心静如水,方能气贯长虹!家长的心态直接影响到孩子。家长稳住了,孩子就能发挥正常,考上心仪大学的概率就大。学生的学习力、智力都没有问题,临近高考,比的是心态,心态稳定的孩子,成绩提高的幅度就大!

还是那句话,家长和孩子少谈学习,看淡成绩,和孩子聊一些他喜欢的话题,少唠叨、多鼓励,少焦虑、多平和!做好后勤保障工作。

不要总给孩子请假,纵容孩子回家自学,让孩子牢牢跟住老师复习的节奏,相信老师、相信学校。切记不要到所谓的校外加强班补习!

不要被模考这个"纸老虎"吓倒,相信孩子就好!高中所有的考试都只是过程,只有高考成绩才是结果,才算数!理性看待模考成绩,不惧怕难题。理性睿智对待高考,自然安之若素,气定神闲。

做超一流教师,把二流学苗送入理想大学

2015 年 9 月 5 日

建校之初,我校确立的目标:一年抬头,两年挺胸,三年翻身,四年巩固,五年建成黑河一流、让市民满意的省标准化学校。2014 年高考,按照我校校长的说法是马到成功;2015 年高考,按照他的说法是洋洋得意。我和兰主任研究确定目标,开始想定位"金猴奋起",后来接地气,顺延校长的说法,定位为"牛气冲天"。

既然要牛气冲天,在高三开学之际,就要树牛气。听说凤凰山的牛头宴不错,我自费邀请任课教师到凤凰山吃牛头宴。特意邀请了兰主任。

出租车驶进凤凰山,看见宣传语:"凤凰山牛头宴,要想牛,吃牛头,遇事不犯愁,牛气冲天!"好,就要这种气势,我有话要说。

任课老师熟悉我的秉性,理解我的心情,况且他们怀揣着梦想来到实验中学,也想证明自己。在两年的相处中,我把我的梦想和我们团队的目标早已分别向他们说明。在这个关键节点,大家应该形成共识,提振士气。

我陈述了送我的孩子到外地读高中的坎坷经历,提到了沟通的不便、教育的鞭长莫及和作为高中教师的屈辱,潸然泪下。大家也心有同感,列举身边的

事例,感慨高考成绩的低迷。我推出团队教师的奋斗目标:2016届高考,理科实验班全体考入一表本科,平均分超过580分,力争达到590分,600分以上人数达到两位数,最高分660分;创造五大连池市高考高分纪录。呐喊出久藏心中的话语:让我们的学生考上理想的大学,让五大连池市高考成绩走出低谷,让五大连池市高中教师有尊严地工作和生活。群情激昂!

我又分析现状:我市优质生源流失严重,流失年段已经前移到小学。即便留下来的凤毛麟角的学生,中考后还有选择北安一中的,这一届中考第一名和第五名学生未来报到,均选择北安一中。到我校的学苗最好的属于二类学苗,这方面我已经向理科实验班学生论证,他们接受了我的观点。

那么,如何把二流学苗送入一流大学?只有一条道路:教师把自己培养成超一流教师。我们老师的水平都很高,可以说属于一流水平,但我认为这还不够,必须把自己锤炼到超一流水平。如果说一流的教师把二流的学苗送到一流的大学,成功的概率是50%;超一流的教师把二流的学苗送到一流大学的概率,才可能达到100%。所以我在年级部悬挂的标语是:做超一流教师,把二流的学子送入理想的大学。大家听后恍然大悟。

我已经向校长阐述过我们学校的腾飞路径:把二流学苗送入一流大学,以此留住和吸纳一流学苗,然后再把一流学苗送到清华、北大。校长深表赞成。气氛热烈起来,大家畅所欲言,献计献策。陈老师提议重新排座,彭老师建议确立三个梯队,我称之为"三个世界",获得大家的一致赞成。张老师提出严抓自习课,不许讨论、不许问题,我们一致通过。禹老师建议班主任严抓学生私自换座的问题,不允许他们在任何时候换座,我表示严打;她还提出学生存在思维跑偏的情况,要求语文老师(我)纠正。我说自己一定尽全力纠正。武老师提出学生做题不够细心,常犯低级错误,我们要合力严抓,制定惩罚措施。

没有吃掉的牛肉,我们都打包,满载而归,回到五大连池市已是夜半。路灯早已熄灭,天上星星闪烁,似乎安慰这群难眠之人。大家下定决心,用坚实的劳动换取丰硕的成果。以梦为马,不负韶华,我们憧憬着!

找校长"谈判"

2015年9月7日

我刚被学校提拔为年级部副主任,有资格参加校行政会议,听校长宣布学校确立的高考指标,当听到"2016届高考理科600分以上11人,最高分645"时,我吃了一惊。校长部署下周召开全校教工会议,签订责任状,各年级部要把学校的精神和目标传达到位。

在听完兰主任传达学校的精神后,理科实验班的 5 位任课教师找到我,诉说指标过高难以完成。禹老师说:"在我校成立的大会上,校领导宣布 2016 届理科 600 分的指标是 8 人,我们已经找过校领导反映,我市近四年,有三年没有出现过 600 分,还有一年仅有 3 人达标。制定的目标过高,我们很难完成。校长说目标是找专家精心推算,一定能完成,并承诺不再变化。可是 2014 年目标变为 9 人,今年又变为 11 人,怎么能完成?"我无话可说。大家公推我和武老师找校长反映情况。

其实这里面有两个细节,我没敢告诉同志们。我一贯自信,甚至有些自负。2013 年校长曾关切地问我:"完成指标的压力是不是很大?"我回答:"没压力,完成 8 个指标没有问题。"所以校长把指标提到 9 个。2014 年校长又问过我,我自信满满地回答:"当一届理科实验班班主任,培养不出 10 个 600 分,我丢不起那人。"因此,校长又把指标提到 11 个。我也收获了一条启示:在领导面前展示自信,要付出代价。

校长似乎早猜到我们会去找他,解释定位 11 个目标的原因,并承诺以后再也不会改变。双方辩论了一段时间。最终我问:"如果我们只完成了 8 个指标,怎么计算?"校长答复:"你们真完成 8 个指标,在校长心中也是达标。"武老师说"空口无凭,立字为证"。王校长说:"校长说话算数。"此时于主任来汇报工作,听到了这些话后赶紧救场。我们才离开校长室。

大家探明了学校的底线和态度,一如既往地投入到紧张的备考之中。

分析期中考试

2015 年 11 月 3 日

我对期中考试情况进行了分析。我班学生在八校前百名的排名非常靠前,成绩喜人。

重温意识:齐头并进,总分第一;紧跟老师;锻炼身体,调整心态;不断反思。设置主题词:务实,减少马虎。清醒认识:学不好数学和理综,考不上一本;学不好英语,考不上 211;学不好语文,考不上 985;男女生保持正常交往,谈恋爱就是自废武功,自毁前程。

保持考试时的舒畅心情,感谢平时的每一次考试。考试让我们温习知识,提高能力,提升素养,寻找盲区并扫除它,熟悉路径,稳定心态!"考考考",是老师的法宝,也是学生提升成绩的必经之路。真学习的,真金不怕火炼,至少拥抱差可告慰的成绩,甚至收获期待已久的惊喜。假学习的、半学习的,做样子给别人看的,早晚会露馅。再接再厉,不犯别人犯过的错误,力争全方位碾压那些"可怜虫"。

对于大多数人来说,成长的必由之路在于吸取教训。能反思错误,用实际行动纠错的也属于人之常情。就怕意识到错误却不改正,就变成了"可怜之人必有可恨之处"的实例了。

欲成非常之人,必做非常之事;欲做非常之事,必下非常之功。做好一日之功易,积累千日之功难。成十里才,应积千日功;成百里才,日日积累功;成千里才,终生不放松。幸福来敲门,幸福来自激情奋斗。语文课曾经学习的俗语:成家好似针挑土,败家好似水磨沙。仿写:进步好似针挑土,退步好似水磨沙。进步从来都不容易,长足进步更不容易,你们作为十七八岁的学生更应该把握好自己。

人为什么要读书?因为很多东西用眼睛是看不到的,但通过读书可以;脚步不能丈量的,但通过读书可以;身体无法抵达的,但通过读书也可以。爱读书的人都有更为丰富的精神世界,即使深陷泥潭,也依然可以仰望星空。胸有梦想,驰笔常苦夏日短,定当争分夺秒细致笃定渡学海;心存目标,展卷不厌黑夜长,必能悬梁刺股严谨从容攀书山。这世上,没有谁比谁更幸运,只有谁比谁更坚持、更努力。激励我们前行的不是励志语录和励志故事,而是充满正能量的自己,是一直在前行的路上努力奋斗的自己,努力的人生才是最好的,不要在花一样的年纪荒废了青春。努力才叫梦想,不努力就是空想。你所付出的努力,都是这辈子最宝贵的时光!趁着大好青春,一起读书吧,一起冲刺吧!

赴嫩江参加高中研讨会

2014 年 11 月 11~13 日

黑河市第二届普通高中论坛在嫩江高级中学举办,我校由王校长和张主任带队,政治、语文、物理、化学学科教师参加,11 日前往嫩江赴会。

在车上,王校长向我们具体介绍了嫩江高级中学的情况。他说嫩江高级中学底蕴深厚,成绩优异,高考成绩年年有亮点,在黑河市属于一类高中。冯校长德高望重,经验丰富,富有开拓精神。这次学习我们要带着"眼耳腿心",用眼睛看,用耳朵听,多观察,用心悟;包括他在内,少说话,各个层次完成好对接,此次学习一定要取得真经。

在嫩江我们共停留了 48 小时,学到了很多东西。嫩江高级中学上到校长下到普通老师,对像我们这样刚刚成立的兄弟学校极其关爱,毫无保留,传经送宝。

论坛的最后一项内容是冯校长发言,他的一句话令我印象深刻。他说:"今天早上我和王校长唠嗑,提到了黑河市高中的校长,说他们不是学者就是教育专家,咱俩是什么呢? 咱俩是干将。"

回到五大连池已经到了晚餐的时间,王校长自掏腰包请我们这些人吃饭,他明确要求:"汇报个人的收获,说说下一步的打算。"轮到我发言,我说:"计划取导学案之长,分课程选用导学案,保留传统教学方式的精华,坚持'两条腿走路'的原则。"

最后,我情不自禁地抒发了感慨和梦想:作为五大连池高中教育人,我们一定要努力工作,让高考成绩"站立"起来!

2013 年五大连港市实验中学
与嫩江高级中学联谊会现场

书 店 赠 书

2015 年 11 月 14 日

高一时我到同学的爱人开的书店,恰巧同学在店里帮助打理。他说有出版社推销新书,质量较高,免费赠送,建议让我的学生使用。我想能让学生扩大资料选择面,还能帮助家庭困难的学生,立即应允。同学"戏谑"地问我所带的班级能出几个 600 分的,我说 10 多个吧。他很惊讶,立即承诺以后再有这方面的书籍,优先供应给我。我说只要有这方面的书籍,让他尽管给我,我们也一定要为五大连池培养出更多超过 600 分的学生。我说他赠送一次书籍,我请他喝一次酒。他满口答应说："你请客,我付账。等你真培养出 10 个 600 分,我就大摆宴席为你庆功。但是出不了 10 个 600 分,我就不认你这个老同学。"他的话从某种程度上反映出五大连池人民呼唤优质高考成绩的心愿,我们高中教师任重道远啊!每次书店赠送的书籍,我都留有记录,算算价钱,金额大概达 7000 多元。学生们也感受到书店老板的真挚情谊,他把家乡人民的期盼化为行动。

培养特长生偏离我校办学方向

2015 年 11 月 18 日

听说我校领导正在研究增招艺体生,以此提升我校重本升学率。

市委、市政府成立实验中学的初衷是提升文化课成绩,培养高分,向国家输送优秀的智育人才,而增招艺体生偏离我校办学方向。高级中学办学规模是我校的 2 倍,具有成型的艺体生培养体制,还有一批优秀的音体美教师。以体育为例,北京体育学院在我省每年招收 10 名优秀体育考生,高级中学曾有两年均有 3 名学生考入。实验中学增招体育生,培养机制和师资水平无法与高级中学相比,没有必要和高级中学教师争抢饭碗。

再有,艺体生以训练为主,培养他们会冲击正常的高考文化课教学,对形成和保持优秀学风不利。

五大连池市艺体生人数已经达到上限。我市每年参加中考 1000 多人,招收艺体生达到 100 人,这个比例已经很高。前些年扩大招收艺体生的比例,属于在高考文化课成绩滑坡情况下的无奈之举。

在某次座谈会上,有人提示我校音乐和体育老师,"领导正在研究增招艺体生,你们音乐、体育老师将有施展才能的舞台"。在音乐、体育老师站起身,准备向领导感谢时,我说了早已准备好的一番话。

"这件事对我校体育老师绝非好事,我们不谈论高级中学的体育老师积累多年,有丰富的训练经验,就以体育生的人数和收取的训练费用论,高级中学每届至少有 50 个体育生,按照国家规定,至少能收取每生每年 500 元的训练费用,这些费用基本可以补偿教师付出的劳动。我们实验中学能招收这么多体育生吗?不可能。如果只有一两个学生训练,我们只能收取 500~1000 元的训练费用。体育训练长年不断,每年至少训练 340 天,每天补偿训练劳动的费用才两三块钱,我们体育老师心理平衡吗?"

全场无人说话,音乐和体育老师回到原来的座位。

用家长录音缓解学生考前紧张情绪

2015 年 12 月 15 日

　　勇勇的母亲用微信发来音频:"张老师,孩子回来后跟我说,考试之前他就回忆心理老师向他们传授如何去减小压力的方法,回忆所考学科试卷,从头到尾过一遍,想象第一题应该是什么题型,用什么方法应对,第二题按怎样的思路回答,感觉确实放松下来。他感觉这次考试比每次考试答得快,成效显著。学校和老师在孩子身上操心,请心理专家培训,孩子收益很大。"我将这段录音放给学生听。

　　其实平时老师就反复强调,要认清题型,理论先行,以及如何缓解紧张的情绪。只不过通过专家之口系统阐述、论证出来,才能让学生印象深刻,再通过家长之口,使学生的印象更加深刻。这样"三管"齐下,就会让方法沉淀在学生内心深处,升华为他们的一项能力。把细节做到完美,教育效果才会更好。

教工与高三(1)班的足球赛

2015 年 12 月 29 日

　　我校足球运动开展得如火如荼,特别是2016届年级部教师,年轻人较多,喜欢踢足球的多,到了冬天,我们经常到户外踢足球。2016届高三(1)班喜欢踢足球的学生多,并且踢得好。学校成立以来的这两个冬天,我们教师和高三(1)班都举行过足球比赛。高一时比分是 1:1,高二时比分是 1:4,教师是 1,学生是 4。战胜教师队,着实让学生兴奋不已,而教师也躲在办公室欢欣不已,个中原因,成年人都懂。后来学生分析,认为教师队有一位主力队员因事没有登场,他们胜之不武;再加上我校新调入体育教师,组织能力强,控场能力强,足球踢得很好,教师队输入新鲜血液,双方有必要再次切磋。

　　学生主动向教师挑战,这让我和兰主任很为难。足球比赛很容易发生事故,高三正处于备考时期,出事故会影响学生备考。如果学生输掉比赛,一定会影响备考的士气,如何调整?教工队用尽全力,凌厉的攻势不是学生能招架得住的;而如果"放水"操作,被学生发觉,三年的努力付之东流。我们两个游移不定。

　　学生自然想不到我们真实的想法,但是他们早就猜透了我们不会同意,屡次找到我们说明这是一场师生友谊赛,为三年的高中体育生活留下美好的回忆,无关输赢,同学们把它当作一次释放的机会。

2015 年高三(1)班男子足球队员与学校教师合影

我们同意了。

今天教工队出动了"豪华"阵容,全校足球精英教工云集操场,与高三(1)班一决高下。双方攻守异常激烈,拼抢积极;高三年级大部分学生组成啦啦队,场面气氛一浪高过一浪。经过激烈的角逐,最终结果 1:1。

比赛结束的哨声吹响,全场一片欢呼,双方互相致敬。我和兰主任终于如释重负。晚上,我们两个请上场教工和裁判聚餐,队长问对结果满不满意,大家会心地笑了。

有人称赞教师甘为人梯,我们姑且不论这个比喻是否恰当,但是教师心系学生却是事实,把自己最好的东西奉献出来。激发学生的斗志,保持他们良好的状态是所有教师的愿望。可是怎样激发、如何保持,不仅是理论问题,更是实践问题。本届高三足球比赛圆满收官,其积极意义会很长远。

在学生那里,我有必要借助这次比赛的资源传达些信息。于是黑板上出现如下话语:该怎么干就怎么干;敢于挑战,敢于"亮剑";只要我们准备充分,勇敢理性地向前冲,会留下英雄般的传奇。勇敢是宝贵的品质,大事临头,畏首畏尾,你能躲过去吗? 该来的总会来,仁者无忧,智者不惑,勇者无惧!

征 求 对 联

2015 年 12 月 31 日

实验中学计划于 2015 年 12 月 31 日召开元旦联欢会,班主任拟写下联:三年目标,两年完成,明年更创辉煌。征求上联。

学生 1:百日征程,十日问鼎,今日初露锋芒(初留佳绩、初显身手);十载寒窗,一载决胜,今载方显本色。

学生 2:九朝寒窗,八朝来贺,今朝已得佳绩(胜往昔)。

学生 3:千日梦想,百日拼搏,他日成就希望。

学生 4:百步桂冠,十步寻路,一步决定胜败;

　　　　昨日道路,今日冲刺,来日勇夺金榜;

　　　　百丈豪迈,千丈俯瞰,万丈展翅翱翔;

　　　　昨日习惯,今日远瞩,来日勇夺桂冠。

学生 5:千日寒窗,一日亮剑,昨日未留遗憾。

学生 6:十载寒窗,一载圆梦,今夕重游书海。

学生 7:昨日汗水,今日积淀,一朝崭露头角。

学生 8:前日抬头,昨日翻身,今日已获佳绩。

张云龙:一家蓝图,百家执笔,万家齐绘美景("家"也可以换作"人")。

征求对联可用以激发学生斗志,把教师的期盼内化为学生的动力,让学生了解学校历史,感觉炽热的家乡情怀,立志考取名校,为家乡增光。

用行动感恩,彻悟人生

2016 年 1 月 4 日

一个学生发给我一条长长的短信:16 年前的今天,放学后站在那条长长的走廊的一边,等了好久才传来妹妹的啼哭,之后又好久才看到妈妈,她只是虚弱地笑。4 年前高考后的暑假,手术室外空空荡荡的走廊里能清晰地听到我自己的脚步声,父亲折断的肋骨只离心脏 1 厘米,术后夜晚的 12 个小时妈妈的眼泪总在眼眶里打转。妹妹贪玩,学习不努力,妈妈一直看着妹妹学习,我还曾说她偏心。但今天因为妹妹又一次在学习时偷看小说,妈妈的情绪波动却很大,哭到手指发僵、声音减弱,在合谷穴上按压了好久才缓过来,这时我才知道她有过抽搐的老毛病。有时候,父母真的就是我们和死神间的一道墙,而我们是最能戳中他们心尖的箭。庆幸的是这一路有惊无险,以后我要做一个更负责任的姐姐,更孝顺的女儿。永远牢记,父母在的每一天都是感恩节。

作为这个学生的班主任,我对学生发表了一些想法。不要妄谈自己有多么听话、孝顺,要行动上见。父母之爱子,则为之计深远,眼睁睁地看到自己的孩子堕落,父母能不着急吗?不要总抱怨父母的唠叨,她绝不会把相同的话语对别人家的孩子说上两遍。感恩要走心,更要体现在行动上。让父母省心就是你尽的最大的孝!

遵循竹子的生长规律,用四年时间生长 3 厘米,扎根土壤,厚重积累,坚韧不拔,目标唯一,换来四年后每天生长 15 厘米。厚积薄发,鱼跃龙门,一鸣惊人,弯道超车,实现逆袭。不认命,你就要拼命!理想更清晰、更远大,执行力更强大、更迅猛,学法更科学,课堂更高效。尊重教师劳动,感受父女深情,听从时代召唤,时刻准备加入民族振兴的滚滚洪流。

感恩要付诸行动,而我们所能做的就是好好学习,看到我们的好成绩,父母无疑是最开心的。劝子学习有三重愿望:低等养儿防老,中等光耀门楣,高等热望子女获得知识、练就本领、服务社会、获得幸福。父母把学之利聚成正能量,传递给儿女,希望代代光大;也把学之殇,化为血淋淋的教训,当作生命之结,时时揭开伤疤,惊醒子女。我们做儿女的应该理解父母的良苦用心,要砥砺前行,持之以恒!

学习要像个学习样,投入全部精力,做事有条不紊。玩就要像个玩样,活泼激情四射。学习不是度假,度假也不是学习。不给任何人留下五十步笑百步的机会,不在行为上出现懒惰和怠慢,也不在心里留下些许遗憾和悔恨。

有些人觉得吃饱穿暖,活着便是快乐,所以他们终日碌碌无为,不思进取,却似乎还在为这种平庸的快乐而沾沾自喜。低级趣味蒙蔽了他们的双眼,于是,他们终日被压在快乐这座金字塔的最低端,机械又卑微地活着,这样的快乐,亦是悲哀。倘若所有人都有这样的思想,人类又怎会进步?历史的车轮怎会滚滚向前?反观那些站在塔顶的人,他们享受着高级趣味,接受着众人的瞩目。孔子广授学徒,享受到了桃李满天下的快乐;屠呦呦提取青蒿素,享受到了悬壶济世的快乐。彻悟者经历人间烟火的洗礼,占领制高点传递文明的火炬,他们承担最大的痛苦,也享受最大的快乐。这种彻悟可促使人类进步、人民幸福。

规范办学形势下对高中学生的教育提纲

2016 年 3 月 31 日

思想教育:通过看视频、写板书、演讲、谈心等形式,分析形势和成绩。

(1)学校激励。本届是实验中学全程本土培养的第一届毕业生,承担让学校腾飞的历史使命;高三上学期学校共派出高三教师全员外出学习四次,花费数万元;校长及所有教职员工对本届学生期待值很高。

(2)教师激励。班主任教师每天上午 6 时 30 分到校,只要学生需要,班主任随时与学生见面;组织团队教师聚会,关键点打电话,春节利用发短信拉近与学生的距离;任课教师热情高涨,全力投入。

(3)家长激励。建立家长群,与家长及时沟通,鼓励和训斥并行。

(4)学生激励。建立学生群,用努力学习的学生的视频激励,班主任写寄语期待。(放寒假期间,锐锐制订计划:早晨 7 点学习,第一天严格执行,第二天 8 点还没起床,第三天 9 点多才开始学习。这一天接到我的电话,第四天早晨 7 点开始学习,坚持到开学。有两个学生从农历大年初二就上自习,一直学到晚上10 点。)

(5)它校激励。在得到成绩的第一时间比对,明确位置,找到差距,寻找增分方向。与嫩江高中、八校、北安一中、哈师大附中多次比对,把它校上课动向及时告知学生,增加其紧迫感。

(6)目标激励。高一、高二、高三(上、下学期)制定目标。

(7)增压减压。

(8)心态调整。锐锐高三上学期数学连续两次考试分数低,我和其他老师进行两次谈话,制定高目标,增强学生信心。分析该生的得分情况,寻找增分点,做到了然于胸。

到什么季节穿什么衣服

2016 年 4 月 5 日

壮壮迟到,遭到兰主任训斥。我问壮壮原因,他说:"我也不知道怎么回事,有人叫我,结果我迷糊了就迟到了。"我开玩笑地说:"是不是病了,要不打车到医院看看病?"同学们会意地笑了。壮壮说:"我设两个闹钟。"

晚上壮壮的母亲红梅来校,反映壮壮最近总咳嗽,休息不好。我询问原因,得知壮壮很早就脱下了棉衣棉裤,也不穿毛裤和绒裤。我在黑板写了四个字——"春捂秋冻",壮壮反应倒挺快,说"春困秋乏夏打盹"。课间我特意戴上运动帽,在班级走了几圈,学生大笑,我也笑着说:"看起来丑,但暖和。"

第二天早上,我俯身摸了摸壮壮的腿,他穿上了薄棉裤。

预测 2016 届高考成绩

2016 年 4 月 22 日

晚自习和曹老师预测 2016 届高考成绩,我认为二班孟同学如发挥好,能处于年级十一二名,二班孙同学进不了前二十名,三班韩同学处于十五六名。600 分的能有十二三人,如果高考题达到 2014 年的难度,能考上 600 分的有二十三四人。高分的能达到 660 分。

过了几天,和我校领导交流,我谈了自己的预测。我校高考成绩一届比一届高,2014 年和 2015 年就是过渡,当初我发表这个看法时有些领导不满意,认为我否定这两年的成绩,其实我没有否定,2018 届高考成绩公布后,这一届的教师都认为 2015 届的高分只有曹同学可取得。(高考成绩揭晓后,我对孟同学的分数测得不准,因为她到我校时间短,我还没有研究透。对其他学生分数的评估比较精准。)

勇敢务实,王者冲顶!(1)

2016 年 4 月 29 日

勇敢是世界上一切伟大民族的优秀品质,遇险不避,欲难不馁,狭路相逢勇者胜。"困难像弹簧,你弱他就强。"我们应积聚浩然之气,义无反顾,勇往直前,达到气势上的充盈和心灵上的强大。勇敢是宝贵的品质,我们会遇到很多关隘,经历考验是人生常态,过关斩将最绚丽,以善良做圆心,以目标为半径,用刚毅做圆规,才能画出最完美的人生弧线。我们只要倾心完成运作过程就无怨无悔,仁者无畏,智者无忧,勇者随心所欲:成功垂青勇敢者!

勇敢务实,王者冲顶!(2)

2016 年 4 月 30 日

高三考生应该具备如下品质:

1. 王者心态。君临天下,俯瞰众生,睥睨群雄,吞吐万千的气象,应对一切困难的意志,克敌制胜的能力。坚信我能行,我必成功,"海到无边天作岸,山登绝顶我为峰"。

2. 勇敢精神。勇敢是世界上一切伟大民族的优秀品质,成功垂青勇敢者。仁者乐山,智者乐水,勇者随心所欲,大勇者在狭路脱颖而出,占尽风流。

3. 务实品质。君子务本,本立而道生;细处不随意,要求看得清;沉稳踏实,无往不胜。

4. 淡定情怀。胜中求大胜,败后不气馁,一切尽在预料之中、掌控之内,成功只需时间证明。

在劳动节发给于市长的短信

2016 年 5 月 1 日

"尊敬的于市长:五大连池市实验中学人,在市委、市政府、市教育局的领导下,在王校长的引领下,用三年时间,把高考成绩的耻辱甩进讷谟尔河,请于市长检阅今年的高考成绩。张云龙。"

按理说,我一个普通教师,与主管教育的副市长在行政级别上相差很多,为什么要给于市长发短信呢?因为于市长要抓好高中教育教学的情怀感动了我。记得在实验中学成立的第一次大会上,于市长抛开稿件,用质朴的语言叙述了实验中学筹备的艰难历程,以及市领导和人民群众对优质高考成绩的期盼,动情之处,感动了与会的教师,特别是"我做梦都梦见明天就高考"这句话,让人感触极深。她对实验中学的关怀之大、期盼之深、看望的次数之多,在我的心中,她是一位好领导。我希望这条短信能慰藉她那颗期盼的心!

勇敢务实，王者冲顶！（3）

2016 年 5 月 1 日

最重要的冲顶时间已经到来，它应该是人的生命中最波澜壮阔、最激荡炽烈、最血脉偾张的时刻，我们应该要理智并尽情享受。用理智设计，让豪迈纵横，凭毅力做主，邀时间证明，使学习和休息最大化、状态最佳化，走出无悔的人生轨迹。

进入红五月，备考也进入最紧张的时刻，这对绝大多数考生而言具有不可复制性，是全新的考验和挑战。在学习上既要较真儿，又要放得开，树立整体意识和全局观念，高效发展。这个月应该留在我们的记忆深处，成为一段难忘的回忆，让我们走向成熟。

守住主线，理性备考

2016 年 5 月 5 日

三模后召开质量分析会，我做了发言。

高考备考到了收官环节，这一阶段至关重要。复习得法，学生还有长足进步；复习不得法，学生成绩会下落。还有，心态调整至关重要。

1. 正视模考题和模考成绩。模考题不是高考题，模考题出题者的视野不如高考命题人。模考只是演练场而非考场。分析模考成绩能够查摆不足，纠正错误。不要被模考题误导，我们都是成手教师，对高考有自己的分析和预测，紧跟近几年的高考题，按照自己的理解备考。

2. 组基础题。我们在 2014 年被专家和名校"牵着鼻子"走，预测高考题难度加大，实际上难度很低，全省理科 600 分达到了 7706 人。为了适应各类难易度的试题，有必要组基础题，夯实基础。原则上使用高考原题，可以从其他省高考题中选用。即便是文化大省的高考题，质量也高于高中名校的模拟题，力争让学生少走弯路，少受误导。

3. 守住全国卷主线，不摇摆。回归基础，集体演练类型真题，守住全国高考题主线，适当选择北京卷和江苏卷，以近几年全国卷为核心。适应时间，建议从 5 月中旬开始，语文理综测试一律在上午，数学和英语测试一律在下午。

三年之功，甚至很多年的成绩，全在这 1 个月得以体现。高考最终考的是老师。我们把学生教到极致,心态调整到最佳,出高分只是时间检验问题。真正的牛皮不是要脸子充胖子得来的,全凭借真实力量啊。我们用最大努力把自己培养成名师,才能不误人子弟!

猛悟高考题。高考命题人的人员比较稳定,变动不大,他们的思维就有规律性,即便他们有变化考题的想法,也有规律性,改变不会大。所以研透高考真题很重要。我们前进的道路漫长,学无止境。

4.完善细节,消除盲点。第一,抓住细节争高满;第二,回顾真题扣纲要;第三,消除盲点无遗漏。

我们预测,按照国家的导向,试题不会大幅度增加难度,只要基础题不出现问题,高难度题的解答,靠学生悟性,分数不会低。如果高考题难度没有大幅度增加,就看谁抓住了细节,如果考生在细节上不遗漏,解答完美不失分,高考就算成功。

高考考查学生三年乃至十二年的积累,只有基础不丢分,解题不失误,细节上做到完美,我们就赢了!

5.理性备考,减少作业量,让学生有较多的时间整理、反思、总结、提高。老师要及时批改。

加大作业量可能影响学生对知识的消化吸收,要控制(实验班)各科作业量。

提分和批改作业成正比,和加大作业量成反比。最怕加大作业量而减少批改量,不仅耽误自己的学科,疏远师生关系,反而增大其他学科负担,那就是零获得,多损失。

当然,适量布置作业还是必要的。对于特别重要的细节处,学生容易遗忘的关节,高考常考的素养点,要鼓励老师布置高考原题,或千挑万选的模考题精品。成套题,让学生自己选做吧!

不要给学生们大批量地发试卷、押题卷,学生没有时间消化,反而徒增烦恼。正面作用几乎为零,负面作用太大!

这个时候,分分秒秒极其珍贵,学生不可能拼尽全力做老师多布置的作业,他们一定会兼顾六科。所以,一次作业一批改,一次批改一讲评。较为重要的内容在课上考试。作业只能算是查缺补漏,依靠加大作业量提分,不可能达到。也可以这样理解,作业,只能不让学生遗忘,不对这一科生疏,仅此而已。

6.增强业务自信。我们尊重权威,但不迷信权威,有一天我们超过了权威,那么,我们就是权威!

5月份适当放手。600分之内的分数是我们教出来的,600分以上是学生自悟自练出来的,为了冲出高分,逐渐放手。最终高分学生都是我们培养出来的!

班主任搞好团队协作。(班主任)己欲立而立人,己欲达而达人,当好领头羊,己所不欲勿施于人;(学科教师)一朵花开不是春,万紫千红春满园。

成功的团队没有失败者,失败的团队没有成功者。好成绩是大家的,主要是班主任和任课教师的;不好的成绩主要是班主任的。甜果大家品尝,涩果恐怕只有班主任自己吞咽。

调整好学生心态,教育学生勇敢淡定,胜不骄败不馁,具备王者心态!学生心态调整主要由班主任负责,指导各个学科就全靠学科教师自己!

阐述木桶长板倾斜理论

2016 年 5 月 6 日

板书:

1. 守住课桌。

2. 勿写留言册。

3. 最后一日抵平常十日。

4. 正视模考题和模考成绩。

木桶长板倾斜理论:高考成功全靠突出强科,弱科不很弱,强科突出,高考就成功。它和木桶长板理论相悖。最后一个月,在不让弱科下滑的前提下,一定突出强势学科。

自我调整适应时间:瞄准考试时间,上午激发语文和理综思维;下午激活数学和英语思维。有意识地激发,激发方法自我探寻。自我设计状态曲线,把最佳状态调整到 6 月 7 日和 8 日。调控遇到难题的心态。

适应高考考场

2016 年 5 月 8 日

五大连池市高考考生有 800 多人,考场设置在高级中学。我要让学生适应高考考场。

高一时我就部署过,如果有机会到高级中学,要有意识地熟悉环境。高考体检点设置在这里,我再次强调熟悉环境、感受氛围的重要性。之前曾请求高级中学的校长帮忙,他欣然应允。

今天是星期日,高级中学全员放假。下午两点,一班学生齐集在高级中学一楼的方厅,按顺序穿过各个楼层,到达高三(10)班教室。这间教室早已被打扫干净。我们在这里聊了会儿天,然后大家做了 4 道语文学科的科技文选择题,听完我讲解后离开这里。

适应高考考场看似小事,实则让学生与高考考场在感官上触碰、在心灵上对接,我认为这不是小事。

制订尖子生培养计划

2016 年 5 月 12 日

第八节课召开高三(1)班任课教师会,落实学校的尖子生培养计划。会议由兰主任主持,我做主要发言。

兰主任部署,开学初学校制定的目标是,2016 届高考 600 分以上为 11 人,校长确定最高分目标为 645 分,力争进入黑河市前 10 名。我们要明确目标,团队协作,争取达标。

实际上我认为 645 分不可能进入黑河市前 10 名,650 分勉强能挤进前 10 名。不过 645 分可是五大连池的最高分,从 2001 年 9 月 4 日我到高中教学以来,高考还没有这么高的分数,我和任课教师分析了 10 名学生的情况,认为有 4 名学生有望冲刺 645 分。

六次模考名次统计

	姓名	东一	哈一	东二	哈二	东三	哈三	总计
1	锐锐	1	1	1	1	2	1	7(1)
2	俊俊	2	2	3	2	3	3	15(2)
3	李某凤	3	5	2	8	4	4	26(3)
4	李某赫	12	9	4	7	1	2	35(4)
5	张某文	4	6	13	6	6	8	43
6	丁某强	11	9	6	5	9	5	45
7	孙某森	6	11	5	4	14	6	46
8	徐某箭	8	12	9	3	23	10	65
9	壮壮	14	8	10	30	5	7	74
10	张某	5	4	17	21	9	18	74

注:总计分数越低,成绩越高。

针对模式成绩,我制订了如下尖子生培养计划:

1. 改正尖子生的不足之处,消除盲点。

2. 对成绩忽高忽低的学科,让学生反复练习,使其成绩稳定,变成得分学科。

3. 精心安排课堂提问,向尖子生倾斜。

4. 守住主线,理性备考。

5. 减少作业量,研究高考题。

俊俊住院

2016 年 5 月 13 日

在前几天进行的三模考试时,俊俊就出现呕吐情况。昨天俊俊的父亲打来电话,说他来到了五大连池市,要领孩子到医院彻底检查。中午检查结果出来,俊俊患有急性肝炎,直接住院,住院时间最少 10 天。俊俊的父亲说经医生同意,每天上午静脉注射,下午吸收药液,晚上俊俊能腾出时间备考。

我向校长汇报,校长建议我应该做好俊俊的工作,调控好他的心态。同学们听到这个消息很担心,纷纷表示要抽空去看望俊俊。我部署班长和团支书,代表全班同学看望,转达同学们的关心。并建议没有特殊的情况,同学们就不要到医院,以免影响他治疗。

下午和各科教师商量解决办法,大家认为三轮复习主要是练习试卷,讲解重点、难点,调控得法,不会对俊俊产生太大影响。我布置任课教师,每周精选两套试卷,并印出详解答案,让勇勇(俊俊的堂弟)带给俊俊;也可以选择适合俊俊的特别重要的习题,附上答案,交给勇勇。

我也思考应该采取哪些行动,既传达大家对俊俊的关心,同时又不引起俊俊的恐慌,因此制定"每天联系一次"的原则,通过发短信或打电话与俊俊交流。

5 月 14 日,短信的内容是:"2012 年 5 月,我所教的高三文科班级侯同学患急性阑尾炎,住院治疗。我发给她的短信是,'正常是正常,异常有可能转变为超常。把不利转变为有利,有可能创造奇迹。孩子,你有这份情商。因为,你是语文老师的嫡传弟子'。结果侯同学真的超常发挥,考入理想的大学。俊俊,你也是我的嫡传弟子,更能正视现实,理性设计,巧妙投入,最终创造奇迹!"

我给家长打电话,除了询问治疗情况外,聊天中也大多选择减轻压力的话题,多列举高考逆袭的案例。俊俊的家长很乐观,让我转告老师们不要担心,说俊俊不会辜负老师的希望和厚爱。5 月 20 日,我到医院看望俊俊,他很高兴。

大考前 23 天患上疾病，这种事对于任何一位考生来说都算是灾难，而对于班主任而言则是考验。班主任需要安抚学生的情绪，帮助其积极有效备考。第一，打消家长的顾虑，建议他们以乐观积极的心态去面对。家长的心态会影响孩子的心态，家校联手才能形成合力。第二，调整教师心态，商讨解决问题的办法。教师要利用有效资源，精选练习题，减少学生做题时间，帮助其提高解题效率。第三，适当与学生沟通。班主任的沟通次数、时间和方式要适当，同学探望和安慰的次数也不能太频繁。第四，用积极的案例去明示和暗示学生。选取与学生有相似经历的成功案例来激励学生，增加学生的备考信心。

学生们借势减负

2016 年 5 月 14 日

上英语课，英语老师布置作业，最后又布置背单词。王同学问："背单词算不算英语作业？"言外之意是英语作业超量了。男生七嘴八舌地议论："老师，我们班主任在监控里看你呢。"女生抿嘴乐。英语老师眼睛一瞪："背英语单词实际上是温习，以前就应该掌握的，早应该完成，你为什么不完成？不算作业。"学生大笑，英语老师也笑了。这帮小子挺坏，赤裸裸地挑拨离间，打着我的旗号为自己减负。他们尊敬英语老师，也深知温习英语单词是他们应该完成的。不过换一个角度看，我的平衡作业量做法已经根植于学生心中，也变成了老师的"紧箍咒"。

约定"三不"

2016 年 6 月 1 日

经过分别交流，我与任课教师约定"三不"，即从 6 月 1 日开始，不许发新卷子，不许留作业，自习课上不许讲课。今天执行得很好，但愿明天能坚持下去！

下午 1 点 30 分查各班，三班赵同学正在班级切西瓜，看到我进来他有点儿紧张，我笑了笑。他说："天热，吃西瓜消消暑。"他给我切了一大块。我乐颠颠地回到教室吃西瓜，早到班级的学生看我吃西瓜，他们很惊讶，我在黑板上写道：运气好谁都挡不住。后来的学生莫名其妙，先到的学生就为其解释，大家都露出开心的笑容。女生们纷纷说："查班都能吃到西瓜，运气真好！"教室里充满了快活的空气。

"三不"被推翻

2016 年 6 月 2 日

第一节课查班,看到数学学科分发了 n 套卷子,"三不"没有执行彻底,我也只能无奈地笑笑。

第二节语文课,我先上班会,首先,宣布取消优先完成数学作业的班规,学生可以按照自身需要选作数学题,班主任不做惩罚。其次,请大家理解数学老师的心情,毕竟三年来他批阅无数试卷,热望教出好成绩。再次,对大家说认为对自己备考意义不大的各科试卷,可以直接扔进废纸箱。学生中有雀跃的。

下午检查,英语和理综老师按照我的要求执行,他们每科只发了一张试卷。虽然"三不"被打折执行,但是往届铺天盖地地分发试卷资料的状况没有出现,这就给我很大面子了,各种感谢呀!

调控个别考生的焦躁心态

下午刚到办公室,带班领导气冲冲地找到我,说我班有个学生没穿校服,闯校门,带班领导追都追不上。我和兰主任听后赶紧调查,原来是我班的王同学。我们把他叫到主任室,没想到王同学态度不好,先是嬉皮笑脸,后来强词夺理,气氛一度紧张。我和兰主任轮番上阵,辩驳得他哑口无言,他终于承认了错误。兰主任带领王同学向带班领导赔礼道歉。带班领导也通情达理,认为王同学即将参加高考,原谅了他这一次所犯的错误。

我冷静了一会儿,思考如何调控王同学的心态,于是在第六节下课找王同学谈心,先分析他的错误表现。高考是人生大考,心态紧张在所难免,但也不至于慌不择路,行为失范。老师在讲人伦关系的时候,曾提出"师师生生"的主张,教师要像个教师样,学生要像个学生样,无论在任何情况下,都不应违背这种人伦。带班领导履行职责,在高温的情况下恪守职责,严格要求同学,尽到了老师的义务。可是王同学不应出言不逊,甚至依仗自己人小体轻,满校园地玩躲猫猫。我认为他有三个错误:一是不穿校服。无论在任何时候,应严格遵守学校的规定。二是不如实回答老师的问题。三是戏弄老师。我又深挖他的深层原因,小处过于随便,不把规章放在眼里,目无带班领导;小处随便,做不成大事,思想偏激,成不了男子汉,小聪明永远成不了大智慧。

王同学承认了他的错误,提到对班主任造成的不良影响,请求我原谅,也倾诉了他的紧张心情。

我和他共同回忆以前的一些事情，表扬了王同学的优点：王同学独自早来，做好值日工作的责任心，帮助同学的仗义，关心同学的细心，带头捐款的爱心，作文中抒发的大气，我们在一起踢足球的开心。一直聊到他舒缓紧张、淡化愧疚为止。他向我保证会像个男子汉那样参加高考，考出好成绩。

高考查分

2016 年 6 月 24 日

6月24日凌晨，黑龙江省公布高考成绩，23日晚9点，高三年级部教师相约聚集到学校三楼教室，准备查分；学校部分领导也来到学校，陪同高三教师。晚10点多，张老师查到她女儿的分数后极其兴奋。各班主任就位，查询本班学生的分数。二班传来喜讯，宋同学获得612分，全场掌声雷动，这是五大连池市有史以来普通班学生首次突破600分。三班传来喜讯，赵同学数学单科141分。我把手机放在课桌上，一边翻看手机，一边和大家说话。同志们故作轻松地聊天，实际上心里都极其关注分数。

学生及其家长开始报分数，理科实验班600分迭出，全场气氛更加热烈。班级学生的微信群一闪，俊俊赫然报出"666分"，我紧张起来，快速打字，"是高考吗？"回答"是"。我欣喜若狂，坐在座位上，环顾四周，大家猜到我要报出高分，全都安静下来。我一字一顿地说："俊俊……666分。"片刻宁静之后，除了我之外，所有人都跳了起来，手臂向上伸展，成V字形，欢呼声灌满了教室。等到报出李同学的653分和锐锐的642分，全场气氛再掀高潮。

一班全体学生报完分数后，我大致统计：600分及以上12人，超额完成学校制定的指标，最高分比学校所设定指标超出21分。五大连池市高考成绩终于开启新篇章。

功不枉使，地不亏人

2016 年 7 月 1 日

今年高考尘埃落定，对于一个高中教育工作者而言，每一届高考总会产生新的感受，指导备考时的沉稳镇定，目送学生进入考场时的殷切期盼，查阅成绩时的紧张兴奋，指导报考时的担忧不安，期盼录取通知时的焦急忐忑，都刻在老师的心头,挥之不去。鉴往知来。我们在校的高中生总应该从学哥学姐们走过的历程中吸取点什么来指导自己前进。我今天想说的是——功不枉使,地不亏人。

幸运的雨点降落的时候不多,即使降临也很难落在我们的身上,况且没有付出的收获又能让我们荡起多少幸福的涟漪呢?只有靠劳动换来的果实才格外香甜,并且能让我们的精神世界霞光万丈。因此,还是实实在在地劳作吧!以前总是鼓励学生说"只有耕耘才有收获,一分耕耘一分收获",现在看前面的一句是正确的,没有耕耘就没有收获;后面的一句不全正确,有的时候努力耕耘了,可是收获却不能如期而至,有时甚至不见踪迹。这些话似乎让人沮丧,但是现实往往就是这样,目标实现皆大欢喜,目标没有实现,吸取教训再次努力。怀揣理想主义者的追求,永远做现实主义者的努力。用十倍的努力,换来两倍的收获,我们心满意足。上天总是垂青奋斗者!

最重要的是坚持,立志容易,坚持很难,就像马拉松赛跑一样,谁都能站在起跑线上,但未必每个人都能到达终点。靠高远的志向坚持,伟大的目标产生伟大的动力,高昂理想的头颅不动摇,把困难踩在脚下。依靠信念坚持,目标明确,通往目标的途径有多条,调动自己所有的才智,耳聪目明,能丰富我们的头脑,锻炼我们的能力。依靠勇敢精神坚持下来,收获战胜困难的乐趣,能充实我们的精神家园。上天眷顾勇敢者!

同学们,你们正处在人生最黄金的时段,金子般的年龄应该阅读金子般的书籍。选择了出发,就只顾风雨兼程。蓝天辽阔,任你们翱翔,它不会让人无功而返;大地厚重,任你们驰骋,它不会让人铩羽而归。珍惜金子般的时时刻刻,让我们激情的年轮在校园焕发出勃勃生机。

与壮壮家长微聊:唤起学子名校梦

2016 年 7 月 1 日

红梅:云龙,在忙什么呢?

张云龙:我正在总结、反思、回味。

红梅:应该总结,好好地总结,3 年下来不容易。没有什么需要反思的吧?成功的都是经验,需要总结;失败后都是教训,一定反思。祝贺你,祝贺你带领的这个团队,也祝贺你们培养的这些孩子们取得了优异的成绩,你们为五大连池市高中教育争了光。

张云龙:多谢老领导。壮壮在忙什么呢?

红梅:放松自己,天天和他小哥会同学,可忙了。

张云龙:忙碌了3年,应该放松放松了,好好让他休息休息。这小子这几年没少遭罪,两头加压。不过你让他一定要注意安全,我在咱们家长微信群和学生群里也提到了,人生的转折时期一定要注意人身安全,防水防电防交通,各种防范。

红梅,嗯,我在家长群里看到你嘱咐的内容了,已经跟壮壮谈过了,这孩子他会注意的,在这方面他还是很重视的,云龙你放心。

张云龙:这孩子本身就稳重,还有大气、智慧,没问题。

红梅:我家现在就像过年似的,可热闹了,亲戚朋友前来贺喜,络绎不绝,壮壮考了620分,在我们家族是最高分。

张云龙:祝贺红梅校长,更祝贺壮壮!壮壮没给咱们丢脸,考出了让咱们都皆大欢喜的成绩。

红梅:这都要感谢你们6位老师,特别要感谢你。

张云龙:实际上,我也是受人之托、忠人之事,不能辜负红梅校长的期望。老领导,记得吗?实验中学筹备的第二阶段,你领衔选拔教师,给予我厚望,安排我担任新高一理科实验班班主任。

红梅:记得。当时我认为你能行,还有我的儿子就在这一届,他在一中排名靠前,能考进实验班。

张云龙:中考壮壮排名第三十。在你的办公室里,我曾豪迈地说,感谢红梅校长,我会还你一个豪迈大气的男子汉!

红梅:真的感谢你!如果我到实验中学,咱们的合作会更愉快!

张云龙:后来关于高一理科实验班的班主任安排,也有点插曲。张主任和田主任信任我,我还是如愿以偿。真的感谢你们三位领导!我真的很幸运,赶上一个大时代,遇到了一群好领导,碰到了一批可爱的老师。

红梅:不要总是领导领导地称呼,咱们是同龄人,你还比我大两岁。你是怎么样被调到三中的?

张云龙:2001年三中成立初中班,当时的李校长要抽调全市最优秀的初中教师到三中来,他就到进修校去了解全市初中教师的情况,数学从二中调进田主任,英语从一中调进陈老师,对于语文学科,同人对我的呼声最高,但是因为我在农村工作,调动工作属于农村进城,要经过市长办公会,因此李校长就决定借用。到双泉乡之后遇到一个难题,双泉乡党委以本乡也需要优秀教师为由婉拒,并且解释在这之前第一中学曾提出借用两名教师,再答应高中借用不好解释。李校长经几番努力,我才被调到三中来。

红梅：中间你还被调到农村几个月？

张云龙：2005年教育人事制度改革，我属于借用，被送回原单位；而原单位编制超额，我又没在原单位工作，也不能和人家竞争，就申报了建设乡小学的岗位，到建设乡幸福小学工作了了几个月。7月3日，教育局局长打电话，告诉我工作关系正式调入高中。上上下下的，挺锻炼人的。

红梅：那时候心情很沮丧吧？感觉很暗淡吧？

张云龙：有一点儿，不过我还能接受。主要是我爱人，她感到挺不公平的，先是作为人才被高举，又作为多余的人被调走。后来有领导劝慰她，是金子总会发光，这句话真灵验，4月末被调走，7月初编制正式落入高中。

红梅：我认为对你而言倒不是坏事，有了这一段起伏的人生经历，珍惜什么、奋斗什么，更明确了。

张云龙：说得太对了。2001年被调入三中，我以忘我的热情投入工作，中午不睡午觉，到学校唱着歌，给学生批作文、批日记，感觉到相当幸福。我是个中师毕业生，起点低，被领导抬爱，放到这么重要的岗位，我要对得起学生，对得起领导，对得起高中。

红梅：投入激情教育，没有不成功的。我到衡水学习了大半年，感受到了衡水中学成功的原因之一就是激情教育。

张云龙：是的，红梅校长指导我们的时候，也多次提倡激情教育。我在2013年回忆教高中10年的工作总结就是"愿留激情满校园"。在实验中学这三年更激发热情工作，做了不少"出格"的事。

红梅：第一次开家长会时，你那个"跳楼"的表态发言，给我吓一跳。后来听说你把这些话读给学生，又汇报给领导，这真是要玩命搞出好成绩。特别是一模考试成绩下发后，高级中学楼上楼下地传看，都很惊讶！

张云龙：关于一模成绩，我也听别人提醒，"张云龙他们疯了，一模成绩哪有这么高的，得适当地压一压"。我也知道，我教这个班高考要是考砸了，露多大脸，现多大眼。也有好朋友、好同事劝过我低调，我也明晓民族心理崇尚低调，因为低调能明哲保身。但是五大连池市高中教育已经到了必须被唤起、被唤醒的地步了，高调能够振奋人的士气。这几年充当鲇鱼，刺激了不少人，给市长、局长发短信，找校长、主任沟通，期望"置之死地"而后生。

红梅：你们一模的成绩是高，在原高中，一模500分以上的也就四五个，当时真为你们捏一把汗。

张云龙：这个我记得。我们连续多少届一模500分以上的也就四五个。我相信团队教师的师德水准和阅卷水平，多次部署严格按照高考标准阅卷。我也预先采取了一些措施。刚进高三时，与哈师大附中联系，请他们代批一模试卷，他们答应了给批几份。一模考试后我选出 6 份试卷，亲自送到哈师大附中，结果误差很小，和我们所批的分数基本一致。那一届一模成绩 4 个 600 分的，吓坏了五大连池高中教育人。

红梅：最终结果证明，你们确实把孩子们培养出来了，13 个 600 分，都是土生土长的五大连池市的学子，创造了历史记录。哈工大每年在我省录取 2500 名左右的学生，我预测，丁某强的 630 分一定能考上，这一届你们至少能考上 4 个哈工大。从 8 年没有一个考入哈工大，到一届考入 4 个哈工大。实验中学办得成功！

张云龙：市委、市政府重视，老百姓期待，一定能办好！

红梅：俊俊的分数真高，这些年咱们五大连池还没有出过这么高的分数。壮壮最佩服俊俊，三模考试时，壮壮就说俊俊一天就吃一顿饭，还吐出去，三模还能保住年组第二名，太厉害了。

张云龙：是啊，我们把俊俊当作冲击高分的种子选手，谁想到他患病，更没想到反而冲出高分，所以我说自己在总结、反思、回味，为开展以后的工作提供借鉴。李某赫的成绩也让我们满意，平时他就表露过高考一定超过锐锐的想法，最后真的如愿以偿，但是没想到俊俊更高。

红梅：李某赫的成绩也创造了五大连池市的高分。他和俊俊报考哪所大学了？

张云龙：俊俊的第一志愿是南京大学，第二志愿是同济大学。校领导部署让我做俊俊的思想工作，报考北京大学医学部，因为在非专业人士看来，北京大学医学部属于北大，届时我们就能收获培养北大的好名声。但是我和俊俊深谈，他的理想是做工程师，如果子承父业学习医学，他一定要选临床医学专业，他报考北大医学部，这个专业分数还是不够。他也很纠结，报考的最后节点给我打电话确定，我只说了一句坚持自己的理想。我教孩子 3 年，做了他们 3 年的"父亲"，要为他们负责 30 年，不能为了虚名，影响孩子的前途。李某赫的报考我没参与，最后落在哈工大。咱们班 32 个学生，唯一没有向我汇报的就是李某赫。我给他打过电话，他说在外地游玩，报考的事全由他父亲负责。李某赫的父亲说，他给李某赫设计哈工大已经 3 年多，果然聊起哈工大，他说的头头是道，倒显得我是门外汉。他还说查分那天他一个人饮酒到天亮，一直把自己喝醉。

红梅：梦圆了，陶醉了。这么操心，你就没有出现过职业倦怠？

张云龙：没有出现过职业倦怠。刚参加工作教小学，风华正茂；两年以后到初中,得到领导的重视,直接教初三毕业班,连续培养6届毕业生,那时候我就想不能辜负领导的期望,不能辜负孩子们,所以主动提出教初一或初二,结果课改后通过讲课到了高中。一路走来不能有懈怠。

红梅:满怀激情地工作,才使你有了今天的成绩。

张云龙:我是1989年的中师毕业生,中师毕业教到高中的,我们同学中只有3个人,我感到很自豪,压力也很大。2001年9月4日,到高中第一天上班,我就立下誓言,虽然我没有读过大学,但是我一定要培养出优秀的大学生,一定要培养出清华、北大的学生,为母校争光。

红梅:目标真高!那你这个班主任还要做下去啊?

张云龙:一定做下去,我还没有圆我的梦想呢。

红梅:听说这届初三毕业生有一个好苗子,不知道能不能留住。

张云龙:留住好苗子凭借实力,只要给我机会,或者说只要这个孩子能听我一节课,我就能把他留下来。但更重要的工作,还需要领导筹划。

红梅:你没有感觉到很累吗?

张云龙:今年高考之前从来没有感觉到劳累。王校长怕我心理负担过重,多次给我减压,不想我更豪迈,结果他一路增加指标。当时我真的没有感觉到有那么大压力,现在看来那时的我不是自信,是变态的自负。到了高考之后,我的心情低落到了极点。

红梅:出什么事了吗?

张云龙:是我自己出问题了,一路变态的自信,必然导致暂时的低落。低落原因之一,是今年的语文题超难,我本来设想,再像前几轮那样培养出几个120分或130分的好成绩,但看到高考原题之后,猜测学生达不到120分。你翻看9日毕业式那天的照片,我始终是愁眉不展。

红梅:那天只顾高兴了,还真没有注意到,明天我查看查看照片。今年语文题难,语文成绩整体偏低。

张云龙:但是当时没有预料到这种情况,再追忆这一路来的豪情壮志,我不能输,我也输不起。在哈师大阅卷期间,我和赵老师走在甬路上,看到师大校园内的人工湖,我还问他,这个湖的水有多深?能不能淹没人?赵老师还愣眉愣眼地看着我:"张哥怎么问这些话?"后来于市长自费给我们祝贺,我还提起这件事,当时有些控制不住。

红梅:这3年来你的压力太大了,我们做家长的都感受到了,只是你一路自信,才支撑你们这个团队和学生们。除了自信之外,成长中还有哪些因素、哪些人对你影响特别大?

张云龙：经受良好的学校教育和家庭教育，那个时候叫生在新社会、长在红旗下。关爱我、给我留下深刻印象的老师有很多，对我影响最大的老师是小学的政治老师，她给我们讲述八国联军入侵北京，江东六十四屯大惨案，满脸悲愤，激发了我幼小心灵中的洗刷国耻的意识。我对孩子们开展的"明国耻，立壮志"的教育活动，发端就在那里。我的外祖父对我影响很大，他在宝泉村被人们尊称为"小能人"，农活、机械、账目、裁缝无所不精，他曾经说的"我敢站在焦德布山上大喊三声，我对得起宝泉村的父老乡亲"，激发了我的责任意识和英雄情结。虽然我做得不好，但是始终尽力模仿和学习。

红梅：国耻意识、责任意识、名校追求、英雄情结，你回忆得全面，总结得深刻。人在成长过程中会受很多因素的制约，受很多人的影响。其实，我在壮壮身上做得就不够，想想这些年，我很内疚。在壮壮上小学和初中的时候，我和爱人都忙于工作，没有时间和精力照顾他。有时孩子放学后，满大街地走，不知道要上哪里，养成了孩子拖沓、迟到的坏习惯，幸亏他遇到负责任的老师，才逐渐改掉了这些习惯。

张云龙：红梅校长不必内疚，忙于干事业、责任心强，会给孩子一个积极的引领，起到榜样作用。壮壮的大气，敢于担责，有强大的执行力，都是从你们身上学习的优秀品质。这孩子也自信，高一下学期开学，他制定的目标是在期中考试冲进年组第十一或十二名，我还找他，暗示定目标要切合实际，不要过高，结果期中考试他排在第九名。高三制定目标进入全校前五名，果然在高考中考了第五名。好人会有好报，壮壮能一路上升，高考获得高分，就是上天对你们的回馈。

红梅：多谢理解和宽慰。刚才说到高考之后一松懈，各种感觉汹涌而来。后来你是怎么缓解的？

张云龙：高考查完分后，我就全部释放了，我是班主任，对总分负责。另外打电话询问哈师大附中，他们的语文成绩也偏低，高手很少能过 120 分；又查到了黑河市高考各科的最高分，理科语文最高分 117 分，俊俊的语文 115 分，在黑河市排在第二名，看字面分数不高，但看排名分数很高。我也就彻底释然了。

红梅：激动低落，起起伏伏就像坐过山车，你要多注意自己的身体。

张云龙：多谢领导，刚才我在流着眼泪给你发微信。我确实感到太累了，想好好休息。感谢老领导陪我聊了这么多，让我敞开心扉。天快亮了，太阳要出来了，我还要继续奋斗！

红梅：希望你圆梦成功！

2016 届高三毕业典礼大会上高三全体教师合影

2016 届高三毕业典礼大会上部分同学与教师合影

第四篇

仗剑出征,追求梦想

开学第一课

2016 年 9 月 1 日

办学宗旨:立德树人。

办学任务:为国家培养和输送人才。

管理理念:多把"尺子"量学生。机会均等,成绩、状态优先;人人有事做,事事有人管,处处责任田;不体罚,不辱骂,不扭曲心灵,不挫伤灵魂。

管理评价:在人品合格的前提下,看成绩、看状态。

行事原则:尊重所有的教职员工。

竞争机制:只出不进。

高一思路:迅速适应高中生活,上好文科课。

树立六种意识:

人的发展很大程度上取决于意识,认识到发展的规律,早做准备抢占先机,也许就能步步拥抱幸运;意识差、慢半拍、行动滞后,一步差就可能步步差,被人落下很远。家长和老师也应该在学生的成长过程中灌输必要的意识,让孩子有所准备,防止有些事情猝然来临,使他们晕头转向。高中与初中相差很大,家长和老师应该培养高中生具有以下意识。

1. 树立目标的意识。高中阶段正是学生人生观、世界观形成的关键时期,引导、帮助学生树立远大目标,对他们一生将起到重大作用,也将强化他们的良好习惯。古语说"凡事预则立,不预则废",树立目标可以让人前进有方向、行动有动力。

按照远景规划,目标分为短期、中期和长期目标;按照内容,目标分为学习成绩、身体锻炼、营养保障和心态调整;成绩目标则包括平时考试目标和高考目标。

2. 迎难而上的意识。高中教育不同于基础教育,它属于选拔教育,为大学输送合格人才。我国的高中知识难度大,所需的能力强,因此学生到高中普遍感到学习吃力。调查发现,绝大多数高中生跟不上进度,总感到力不从心。当前的基础教育加强对学生自信心的培养,使学生养成了朝气蓬勃的积极心态,这是好事。但由于没有经受较大的挫折,他们这种心态缺乏韧劲,见硬就回,很容易放弃。把初中时对知识的要求和对分数的需求标准带到高中,进入高中后发现理想与现实的距离加大,学生很容易进入低迷状态。因此初中时期就应该向学生渗透迎难而上的意识,让初中生认识到高中课程难、课业量大,使其有迎接困难的心理准备。灌输这样的意识是要让他们知道:高中六门主科课程,有一门跟不上很正常,有两门跟不上基本正常;三年的学习大多是知识半饱和、能力半具备的状态,始终受到"逆水行舟用力撑"的煎熬;我国的高中要完成其他一些国家高中到大一甚至大二的课程量,并且用两年时间完成,多数学校到了高三基本就是复习,难度之大可想而知,要做好迎接困难的准备。

还有,有的学生把在初中时积累的学习经验搬到高中,以为高一不用十分努力,高二再努力也来得及,家长和老师务必打消学生这种念头,明确无误地告诉他们必须努力跟进,高中课程不是想追就能轻易追得上的,全力以赴能够跟上进度就已经很幸运了。

3. 紧跟老师节奏的意识。初中知识含量较少,课堂教学知识密度小,相比之下学生掌握起来容易一些,对于头脑灵活、基础厚重的学生来说,课下突击一般就可以掌握。有的学生适应家教补习,对课堂重视不够,课上完不成作业,课下有倚靠,久而久之,没有养成紧跟老师的听课习惯。而对于高中生而言,这是最可怕的,因为高中课业负担重,课堂之外完成当天的任务会焦头烂额,哪里还有空余时间从头系统学习课本知识。还有的学生对自己的智力深信不疑,执着于自己所制定的学习计划,具有强烈的怀疑精神,应该说这种自信心和怀疑精神是宝贵的品格,但是在高中阶段不适用。因为我们高中所学的知识已经是被长期实践证明了的真理,退一步说即使有不完善的成分,那也不是只有初中基础的人解决得了的。学生对所学的定理个个深挖层层怀疑,甚至有推翻想法的,到头来进展很慢且收效甚微。教师应该向学生讲明白,他们学习的每一个定理公式都经过科学家潜心研究,并经过实践证明,我们可以知其所以然,提出疑问,但重点还是要放在融会贯通上。老师按照课程标准授课,所教授的知识密集成体系,能把握住高考命题的重点和方向,紧跟老师可以收到事半功倍的效果,有很多学生因为没有紧跟老师而后悔不已。那些学习效果好的高中生一定是紧跟老师节奏、课堂效率高的学生,这是高中学习的不二法门。

4. 重视数学意识。数学学科在高中格外重要,从分数上衡量数学与语文、外语同等重要,但数学高低分悬殊,掌握近乎通透的分数可达 130 分以上,而半懂不懂的连及格分数都很难达到,甚至只能得四五十分。该学科属于基础学科,也可以称为学习理科的工具学科,训练人的思维能力。数学求异思维训练性很强,总能产生新题型。数学分数相差大,对学生信心的树立影响最大。学好数学讲究量和质的统一。高中常说的一句话"数学习题做不完"有一定道理,练习数学题必须达到一定数量,通过强化练习才能养成良好的思维习惯,量变引起质变,顺利地完成知识和能力的迁移,当然要和题海战术分开来;而一味地贪多求快、不能举一反三机械地训练,是学习中的大忌。高一高二时的时间安排要向数学倾斜，以保证有足够的时间完成学习任务。

5. 齐头并进意识。六门主科哪一门都不应该忽视，坚持"多条腿走路"的原则。有的学生缺乏全盘意识和整体规划，学习喜欢的学科热火朝天，而对厌烦的学科唉声叹气，其情绪直接影响学习效果。高中最忌偏科，偏科难以得到理想的分数。要让学生认识到及格容易优秀难的道理，从 30 分提到 60 分和从 80 分提到 90 分难度差不多，钻研某一科有临界点，临界点之上再想提高很困难，不如用同样多的精力弥补弱势学科，强科突出弱科不差，才能形成精彩的局面。针对学科特点侧重学习，语文的积累、英语的记忆、数学的整理，处处不容忽视；对理科生而言，学习政史地有助于开阔视野、陶冶情操，对此也应有概貌了解。

6. 锻炼身体，调整心态意识。身体好是做好一切的前提和保证，心态好能够最大程度地发挥自身潜能，体验到学习和生活的乐趣。我用以下话语激励学生：热情如火地生活，真情似水地交流，信心百倍地学习，豪情万丈地冲锋。每天只做两件事——学习和锻炼。每天只思考两件事——提高效率和调整心态。

9 月份、10 月份和 3~5 月份安排学生做早操或晨跑，倡议晚自习第一节课让学生适当锻炼。

高中生容易犯的三个错误：

一是爱屋及乌常迷离，恨屋及乌伤不起。因为喜欢某位老师，以致喜欢他所教的学科，投入过多的时间和精力。因为不喜欢某位老师，以致厌恶这个学科，哪怕该科是高考重要学科。所以教育学生理性备考，不因师废科，不因科失斗志，不因作业乱阵脚，理性清醒备考，科学调配时间，从而达到分数最大化。

二是被成长过程中的烦恼牵绊。

三是文理择科迷茫任性，缺乏自知之明。

在学生踏入高中校园时，家长和老师帮助他们树立这六个意识，对他们在高中健康成长与发展大有裨益。其中渗透的自我规划意识和自我设计能力，将沉淀为支撑他们一生的宝贵财富。

谣言止于智者

2016 年 9 月 2 日

化学教师找到我："一哥，外界传言俊俊的理综成绩是抄来的，你听到过这个说法吗？"我愣了一下，挤出笑说："纯属谣言，俊俊在五大连池考区理综第一名，他抄谁的，再说，他有必要抄吗？"

"是呀，我也这么想的，俊俊理综分数最高，没有比他高的了。"

"简直开国际玩笑，造谣真的无所不用其极。俊俊始终被作为夺取高分的种子选手培养，成绩始终保持在前三名；再说他理综280分，你说让最高分抄袭，造谣的真是脑袋进水了。"

"是啊，我始终不相信这些话。"

"2012年高考后，普通班张同学的理综成绩在全校最高，233分。后来教他的理综老师找到我这个班主任，说谣言鼎沸，张同学涉嫌理综抄袭。我也是这么回答的，造谣的人都不长大脑，考区最高分抄袭谁的？还有我告诉他们，去查查平时考试记录，张同学考取年组最高分不止一次。第一次理科综合放在一起测试，张同学就取得全校最高分。不要信谣言，谣言止于智者。"

造谣证明人性有弱点，或者说心理阴暗。因为嫉妒心充斥，为倾轧或取得心理平衡而制造谣言。造谣者一定别有用心，这方面无须深挖。传谣大致分为三种情况，第一种属于别有用心型，传谣者和造谣者的目的相同，只不过还没有足够的精力造谣，或者天赋不足，无法制造"杀伤力"极大的谣言。第二种属于炫耀逞能型，这类人不相信谣言，但是为了证明其消息灵通、无所不知，才加入传播谣言的行列。第三种属于无所事事型，这类人无事可做，家长里短、街谈巷议，传播谣言，借以填补空虚的生活、慰藉空虚的心灵。

智慧的人不信谣，正直的人能止谣。现在正气畅通，不传谣、不信谣，已经成为人们的共识和行事准则。

成体系，立目标

2016年9月2日

为了落实本人提出的"树立目标意识"，我在高一上学期的开学日下发了当年的高考数据，包括全省一分段、大学录取分数线、五大连池市实验中学高考数据，要求学生根据自己的实力确定高考目标，上交给班主任。在高二、高三开学日和高三下学期的开学日逐一下发原目标，学生填写后上交调整目标，由班主任存留，高考后解密。这个目标围绕学习成绩、身体锻炼、营养保障和心态调整四个方面确立。树立目标意识，有利于学生明确学习方向并为之努力；也可以引导学生结合自身的实际情况，调整目标，寻找差距。

榨干老师身上的高考"细胞"

2016 年 9 月 5 日

　　老师不烦狂妄的人,关键是那个人有没有狂妄的资本,如果人品崇高,成绩优秀,他不吹牛,老师还帮助他吹牛呢,根本在于有无牛可吹。在高中阶段,如果你的语文成绩连续 n 次超过 130 分,数学满分,英语超过 140 分,物理满分,化学和生物超过 98 分,老师会高看你一眼,帮你宣传。上一轮考试中有的学生的某科成绩偶尔考过满分,狂妄过,结果遭到了我的打击。但是这些学生的素养高,他们偶尔翘尾巴,但狂而不傲。

　　绝对的尊严来自绝对的实力,绝对的实力来自绝对的严谨务实。彩虹风雨后,成功细节中。天下大事,必作于细;天下难事,必作于易。学得认认真真,练得扎扎实实,拼得轰轰烈烈,赢得风风光光。"为有牺牲多壮志,敢教日月换新天。"要想逆天改命,只能扎实肯练,才能取得非凡的成绩。

　　教咱们班的这些老师,都是五大连池市有名的老师,他们培养高分的实力是很强大的。我们要做的是尊敬老师、亲近老师,甚至夸赞老师。抛开教育层面,仅仅从高考成绩论,师生之间属于双赢关系,学生考上好大学,踏上好平台,老师获得好名声,享受好心情。在学习过程中,彼此保持心情舒畅,对我们都有利。老师得到大家的鼓励,多备一些课,多卖一份力,多批改一份作业,长期如此,学生收获巨大。尊师重道是中华民族的传统美德,这样做,我们既可取得智育上的收获,更可获得德育上的满足,何乐而不为?

　　尊敬老师、夸赞老师,与老师和谐相处,榨干他们身上的高考"细胞",我们就是赢家!

李同学的早餐和锻炼计划

2016 年 9 月 6 日

　　在李同学刚考入高中时,他的家长向我反映,他不吃早餐,也不喜欢运动,让我做通他的思想工作。这个请求和我的开学第一事的思路吻合,从接触那一届学生开始,我天天秀早餐、问早餐、统计早餐。

　　有一天跟他聊天,我故意问"你早餐吃什么?"他笑了笑,说他不吃早餐。我说那你可比不过我,我吃三个包子和一碗豆腐脑。他说他吃不下去。我开玩笑:"你还是吃点儿,要不班主任不就成了饭桶了。"我又语重心长地开导他:"你身体瘦小,而且正在长身体,不吃早餐怎么成?再有高中课业负担重,没有足够能量提供,会累坏的。"他有些不好意思,说要试试。我说:"听你初中班主任介绍,你是个很有毅力的人,其他方面都能做好,早上吃点东西还做不到吗?你定定量。"他回答只能吃一碗。我俩就此约定。

李同学的家长接到我的电话,很高兴,立即说要买大碗。我向他推荐了一种看着容量小、实则装得多的碗。以后我经常过问,李同学都能保证一碗米饭的早餐,他的身体逐渐强壮。

某日,我看见他在下午放学后跑圈,询问情况,他回答感觉身体舒畅,计划和其他几个同学锻炼身体,每天跑5圈,已经坚持7天了。我问他能坚持多长时间,他称半年没问题。我鼓励他坚持到高考,他说"我试试"。

后来,他入选班级足球队,属于主力队员,大家称赞他为"黄金后卫",因为他视野宽、起速快、脚法准、力气大,关键时刻往往一脚球就能为队伍解围。

他果然坚持锻炼身体到高考,并以653分的成绩圆了自己和家人的哈工大梦。

在"九一八"事变纪念日上的话(节选)

2016年9月18日

老师对这一届的学苗比较满意,认为你们目标远大、人文崇高、习惯良好、心态平和、身体健康,你们讲团结、有正事、讲方法、懂礼貌、敢拼搏。顶级高手谦虚谨慎,大多数学生见贤思齐。你们占据很多优势,处于班主任老师的教育教学的盛年时光、巅峰时刻,处于任课教师业务快速上升期,处于学校刚刚创建的青春期,处于五大连池市呼唤优质高中教育最迫切的年代,你们极有可能把我市高考成绩推向高峰。我们努力着、期盼着!

同学们,我们是五大连池教育史上幸运的一届学生,我们的班级是最优秀的班级,承担着让母校腾飞、让家乡教育腾飞的神圣使命,我们一定要严格要求自己,做高素质的人。坚韧、通达、卓越、厚德,让自己的品德、行为、学习、心灵、身体站立起来,把自己培养成栋梁之才,把我们的班级打造成知识的净土、永远的精神家园。我们永远保持一颗进取心,牢记国耻,振兴中华,为民族的复兴尽到赤子的力量。

认清责任,成就"英雄梦"

2016 年 9 月 19 日

在班会课上,我回忆了家乡的高考历史,希望同学们认清形势,成就"英雄梦"。

五大连池市人口约 37 万,在历史上曾经创造过较好的高考成绩,本地考生在本地就读考取顶尖大学的也不少,1989 年李某东考入清华大学,1990 年刘某勇考入北京大学,1991 年王某立考入北京大学,1993 年朱某考入清华大学,1994 年刘某皎考入北京大学。从 1995 年我市高考成绩开始滑坡。我在 2001 年 9 月调入高中,从那时开始到 2007 年,每年考入哈尔滨工业大学的只有 1 人,2008 年到 2015 年,高考成绩跌入谷底,连续 8 年无人考入哈工大,其中有 3 年 600 分以上人数为零。五大连池市人民渴盼优质高考成绩如盼甘霖,因此,市委、市政府又成立一所高中,满足家长和学子的需求,努力实现五大连池市人民的梦想。

2015 年曹某同学以 619 分的文科高考成绩为母校增光,给我校的发展带来光亮。2016 年俊俊以 666 分的理科高考成绩名列黑河市第三名,能报考哈工大的达到 4 人,600 分以上 13 人,让我市的高考成绩翻身。乘着这次东风,我们又迎来了在座的各位同学。

今年 3 月 1 日,老师曾经对本届的高三学子说过,他们是十年来五大连池市最幸运的一届学生,因为市委、市政府成立这所高中,他们遇到一批优秀的教师;而坐在初三教室准备中考的学生比他们更幸运,因为送走 2016 届之后,这批教师更有底气,水平更高、经验更足。我说更幸运的就是你们。

你们中有中考成绩骄人的学生,峰峰同学在全区中考中总分第一名,但是北安市中考体育最高按照 38 分计算,我市按照 40 分计算,如果把体育总分拉平,峰峰排名第二名,第一名应该是北安的张某慧,相差 0.4 分。有高分让我们欢欣鼓舞,但是一定要客观、清醒地认识中考成绩。从分数上看,我市 700 分以上 16 人,数字上比前几年多,不过参照其他市县成绩,就看出今年我市的中考成绩不高。北安市 700 分以上达到 248 人,是我市的 15.5 倍;嫩江县 700 分以上 176 人,是我市的 11 倍。这两个市县总人口不到五大连池市的 1.5 倍,按照比例计算,我们的成绩低得"触目惊心"。

我市中考成绩为什么偏低呢?老师认为是我市的整体教育环境问题,我们没有其他市县上课时间长、辅导时间长。也许有同学会说,是不是我们初中的老师工作热情不够、教学水平低?对于这一点,我是坚决否认的,因为我本人就教过 13 年初中,了解我市初中老师的师资情况。他们热情不低,水平也不低,但没有足够的时间做保障,巧妇难为无米之炊,所以不能把棍子打在他们身上,至于再具体的原因,老师不想多做分析,事已如此,分析也没有多大意义。提醒大家注意现实,如果按照北安一中理科实验班的成绩招收学生,咱们班级只能进入 3 个人。

这种先天不足在高考中就能体现出来,因为高考考查 12 年的积累,会把我们的盲区盲点全都"扫"出来。2016 届我校的成绩节节上升,但是一到模考题环节,成绩又下降,我们一定要认清自己的不足。

2019 届,我们承担让母校腾飞的光荣使命,先天不足又让我们前进艰难,所以唯有加倍努力才能圆梦。滴水穿石,先天不足后天补。

找刘老师交流

2016 年 11 月 11 日

刘老师刚调入实验中学,受到领导重视,教理科实验班数学学科。上一轮这个团队创造了五大连池高考史上的辉煌,这一轮邀请刘老师加盟,我们充满期待。在保持成绩的基础上,期望本届数学成绩更上一层楼。我们遇到了一个好学苗,要把他培养到清华大学,数学要出高分。我作为班主任,有必要和刘老师交流,团结好刘老师。

我说话喜欢直截了当,愿意做高效率的沟通,所以开诚布公,直言不讳。先提我的建议:这届学生数学底子薄,再加上刘老师教完高三再教高一,所以课堂容量不要过大,要让学生跟上老师的思路;语速慢一些,给学生留下足够的思考时间,否则学生听不大懂;注意检查学生作业,虽然说是理科实验班,但是学生良好的习惯还没有养成。在高一的时候,星期三的语文晚自习,数学老师可以多布置作业,由我去督促学生完成。

再公布我的目标:上一轮数学成绩比平嫩江,和北安仅差 5.8 分,这轮刘老师责任重大,我希望也能够达到上一轮的数学平均分水平;在数学题难度变化不大的情况下,数学 140 分以上应达到 3 人,峰峰至少达到 145 分。这个成绩在咱们五大连池从来没有过,刘老师肩上的担子很重。

我们在高级中学曾经在一个年段共事过,我知道刘老师是一位有高远追求、雄厚实力的老师,希望这一届学生在刘老师的指导下,数学学科能取得好成绩。我在班主任岗位上将给她提供最大的支持。

说 破 无 忧

2016 年 12 月 27 日

今天在食堂吃完饭,刘老师说她部署高二(1)班的学生每天早上从我们班前经过,感受高一(1)班的安静,但是她认为近一个月我班纪律大不如前。能受到刘老师的关注,并且我所带的班能成为她的教育资源,很荣幸。不过为什么高一(1)班的纪律大不如前了呢?我想还是我自身的原因。

晚自习时对学生倾诉,谈到了我的苦恼,老师也是凡夫俗子,食人间烟火,也有功名利禄之心,想想上一轮,好成绩考出来了,领导露脸、主任得优、任课教师评优晋级,可我这个班主任却什么也没有得到。精力投入、经济投入都是空前的,结果一场空,因此这一个月我懈怠了。

老师既然敢说真话、实话,也就走出了围城。从明天开始,老师依然像一个月之前那样工作。请同学们监督批评,也请同学们向老师看齐,消除不良情绪,专心致志做好最要紧的事。

担当三年事,不悔青春功

2017 年 2 月 6 日

高级中学体育教师张某中请我喝酒,他是我的朋友,人诚话直,分析问题深且透。他说:"张云龙,2016 届高考考出好成绩,没有人指责你,不然,教你班级的老师就骂死你。"我吃了一惊,急问原因,他说:"你管的太宽了,老师在晚自习上课你阻止,留作业你控制量,甚至把老师弄哭了,哪有你这么干的。"

细细想来,老朋友说得极对,三年来我确实"动作"频繁,一心一意只为培养出优秀学生,为教出好成绩,没有过多时间考虑个人得失,一味按照自己的教育教学和管理思路执行。我向他具体说明了这些举动的动机,唤起团队的名师梦的经过。"我也承认我有点虎,失败了一虎到底,成功了虎虎生威"。

张某中又说:"你呀,真是太冒险了,找领导谈,又找教其他班的老师谈。以后不要那么冲动了。"

晚上回家想想这些实话,真是好朋友关心我的肺腑之言,很欣慰,也后怕。三年来,我确实采取了不少新的备考方法,加大和任课教师的沟通力度,当时并没有预测后果的严重性。恰逢毕业的锐锐和她的父母来看我,表达感谢之情,说起三年中我的一些与众不同的举措,我才意识到了风险。再回忆起我的爱人提醒我的话语,感慨良多,几近落泪。《三国演义》结尾词有一句"担当了生前事,何计身后评",我还年轻,担当了三年事,不计他人评,抑或是担当三年事,不悔青春功吧!

基础不牢,地动山摇

2017 年 2 月 20 日

年前我到二中滑冰,勉强滑了一圈,近乎爬到终点。踝关节酸软,双臂不协调,含胸收腹姿势做不出来,支撑力不足,基本动作做不到位,这是什么原因呢?我也参加过滑冰比赛,在 200 多人的年组中也取得过第二名的好成绩,过了 20 多年,为什么如此不堪?

屈指计算,我已经 26 年没滑过冰,当年的体重是 54 千克,而现在已经有 73 千克,看来再熟练的技能,长期不练也会退化,三天不练手生,三天不练口生,况且 26 年没上过冰面。今非昔比呀,就相当于当年背了个 19 千克的重物,怎么能身轻如燕呢?

能否完美发挥,关键在基本功。对于滑冰运动,踝关节不能提供支撑力,一切优美的姿势无从做起。那么学习呢,没有雄厚的基本功做支撑,一切预想中的完美都是空想。基础不牢,地动山摇!

请锐锐做报告

2017 年 2 月 23 日

锐锐参加 2017 届高三百日誓师会,我请她给高一理科实验班学生做报告。她讲了以下几点。

第一,利用好零碎时间,抓细节。

第二,提高效率。

第三,团结同学,互相提高,形成良性竞争。

第四,变换学习方式,消除疲劳。拟设高考情境,适应紧张气氛,增强信心。

对各科学习的建议如下:

语文:认真听课,加强积累,重视作文;和语文老师练思维。

数学:划掉会做的题,重视例题,课下及时巩固整理。

英语:背准单词,练好书写。不要纠缠分析题,扩展课外单词。

物理:注重系统性,真正做懂练习册,扫出模考题的盲点。

化学:记好笔记。

生物:注意细节方能得高分。

邀请学生上一轮的学长传经送宝,既能让他们在学习上走捷径,又能激励本届学生,传承班级文化精神。

高中第二课

2017 年 3 月 1 日

2016 年已然逝去,2017 年已经到来,那个踏踏实实的 2016 留在我们记忆的深处,希望 2017 年成为新的务实、严谨、奋进的一年,为未来的腾飞搭建最牢靠的平台。

不因师废科,不因科废精力,不因作业乱阵脚。理智清醒备考,科学调配时间,从而达到分数最大化。

一、感谢平时的每一次考试

我们从考试中收获积极的内容,对知识点的运用实践,稳定的心理状态,良好的应试能力,给自己准确定位,及时查缺补漏。秦人闻战则喜,我辈逢考必乐。愈挫愈勇方为圣,考而不倒是为神。

平时考试错的越多,暴露的问题越多,问题被解决的越多,高考时出现问题的概率就越小。

顺畅时,多留意,小心有陷阱;别扭处,莫焦躁,谁人都难受。顺畅分未必高,别扭可能得高分,这就是考试的魅力。

因此期盼考试,检测自己;发现问题,解决问题,提高自己,获得自信。

在紧张的状态下,我们所施展的都是本真才能,平常什么样,考试就什么样,所谓超常发挥,只存在于想象中。正常发挥,即是超常发挥。因此,平时扎扎实实地练习,把握好细节,调动所有的储备,全力以赴运作,将它变成常态,你所期待的超常发挥就会积淀为真本领如期而至,你也就踏实了。

考考考,老师的法宝;测测测,提分的绝招。

二、考出(相对)高分的因素

1.老师教得好。老师敬业乐业,教学水平高,教育水平高。

2.学生学得好。目标高远,坚忍不拔,学法科学,心态健康。

3.考试发挥好。以平常心对待,调动所有储备,解题有方法,按部就班,理智处理突发事件。

三、学习方法探究

万物皆有法,取法乎上,事半功倍,心旷神怡。

1.学习的四个境界:听得懂,会做题,做得对,做得好。

2.预习。凡事预则立,不预则废;心中有标准,听课有方向;重点处勾画,有疑问用"?"存留。

3.听课。目光紧跟老师,思路紧跟老师,心灵紧跟老师。防止溜号,搁置或存留疑问,下课立即解决。

4.复习。复习是学习之母。巧用碎片化时间复习,课间2分钟,中午10分钟,睡前10分钟,星期日60分钟;研透笔记再解题。

5.做作业。认真完成作业,投入全部身心,一丝不苟,抓住细节。对过量作业说"不"。

6.设立精题本。裁剪粘贴,定期研究巩固,把厚本看薄。

7.考试。期盼考试,喜欢考试,感谢考试;考前理思路,考中计时间,考后不议论;听讲后寻找"增分点"。

8.放假。假期不是用来休息的,而是用来超越的;不怕同桌是学霸,就怕学霸放长假。我们争取成为令人生畏的学霸。

9.随身携带小本。善于利用碎片化时间学习,定期总结反思。

10.强化高效意识。我们来做个计算题:高效 = 60 分钟×85% = 51 分钟,即头脑清晰时可以保证学习高效;等低效 = 60 分钟×50% = 30 分钟,精力不集中,学习效率低。

四、学习态度激励

付出多,收获多,留下传奇;付出多,收获一般,留下故事;付出多,收获少,酿成事故。

心有多大,就该有多刻苦;志大才疏,眼高手低,不应该成为我们永远的阴影;打下千金的基础,练就拨四两的本领。

成长过程,上下求索,风雨兼程,不后悔;成才过程,内修外炼,德才兼备,接地气;成熟过程,眼观六路,耳听八方,思人事。

想走捷径但不下功夫的人是聪明的人,也是糊涂的人;既想走捷径,又想打好基础的人是智慧的人、有远见的人。

培优有道,向榜样看齐

——峰峰介绍学习经验提纲

2017 年 3 月 3 日

下午第一节课,峰峰做学习经验介绍。

1. 预习。课本预习,资料预习。

2. 上课。重新认识,强化结构,转换切入点。

3. 科学规划晚自习。

4. 集中精力,巧用满足感和紧迫感。

5. 及时复习当天学习的内容。

6. 做牢基础题,探讨一题多解,然后再练新题型。

7. 保证睡眠,勿开夜车,形成恶性循环。

8. 管理考试,及时反思总结。

9. 强化优势学科。按照喜好度给学科排序,攻克优势科目成为王牌科目,依次强化,重新排序。

总结语:脚踏实地。

老师的总结:成功青睐有准备的人!

嘚瑟吃亏

2017 年 4 月 7 日

什么是嘚瑟?就是无原则地张扬,闭眼睛的狂妄,在他人集体甚至自己面前极力表现自己、宣传自己,提高身价。

为什么嘚瑟?可能是天真幼稚、不谙世事,可能是为了满足虚荣心,可能是不自信,也可能是为了宣传自己。

嘚瑟的人自尊心极强,理想和现实总是不能统一,他们过于关注自我,重视自己在他人心中的评价。嘚瑟有积极的一面:关注公众印象,激励人追求进步;嘚瑟也有消极的一面:过于关注小我,看不到大我,忽视其他人的存在,容易让个体独立于集体之外,影响个体关系,破坏团结。

老师不满小嘚瑟,赞许大嘚瑟,尊重不嘚瑟,鄙夷真嘚瑟,理解假嘚瑟,同情半嘚瑟。认为小嘚瑟吃大亏,大嘚瑟吃小亏,不嘚瑟不吃亏。因为中华民族推崇谦虚低调、含蓄内敛,越是年长者越反感嘚瑟。在这种人文环境下,嘚瑟的人注定要吃亏。如果嘚瑟的人真的不够理智,自我评价过高,脱离集体,注定事倍功半。

老师教过这一类学生,也批评过。从某某镇来的学生,刚到五大连池市就被"比较大的城市"的繁华惊呆,迷失自己,追求感官刺激,晚上熬夜看小说,导致上课昏昏欲睡。该生自诩理性思维能力超强,学好理科不在话下,可是在多次考试中也没见获得过满分。老师凭成绩和状态评价学生,尊严来自实力,没有绝对的好成绩,就不要自命不凡。老师希望这样的学生振作起来,知耻后勇,迷途知返,踏踏实实地学习,把自己武装到牙齿,用真正的实力赢来真正的尊严,那时,老师会为你擂鼓助威。

消除马虎箴言

2017 年 5 月 8 日

消除马虎,时时做起。

改掉一个坏习惯,成绩提高一大截。

高素质的人绝对严谨务实,这些精英容不得半点疏忽和纰漏。

凡事好马虎,你登不了大雅之堂,最多只能是二流水平,永远被拦在精英的门外。

马虎一次,抽自己一个嘴巴,也可以扎大腿一针。没有刻骨铭心的惩罚,不可能有脱胎换骨的进步。

消除马虎难度非常大,时间非常漫长。减少马虎,人人都可以做到,为了圆自己的大学梦,坚决不马虎!

不会做题,可能是因为老师指导不到位,可能是因为自己智力不足、积累不厚,得不到相应的分数,没有遗憾。但是会做的题得不到相应的分数就不可以被原谅。因为马虎,我们降低了一个又一个层次,辜负了春花秋月焚膏继晷,看到同等智力的对手遥遥领先,我们痛心疾首。

马虎是坏习惯、低素质,学习的大敌。认为马虎无关紧要,最是糊涂的、可怜的。

总结期中考试

2017 年 5 月 15 日

主题:审视自我,走出误区,明确目标,砥砺前行。

本次期中考试,与北安一中、八校比较五降两平,没有保持住第一学期的上升势头。

原因分析:

老师方面:

1.治班软的多,硬的少,立德多,用威少,言语直截,行动迟缓。

2.到外地学习时间过长,班级失控。

3.未执行末位淘汰制。

学生方面:

1.自我评价过高;

2.崇尚休闲娱乐,交朋好友;

3.不守纪律,惰性较重。

整改措施:

寻找新的思想工作途径,认清学习目的,找到良好的学习方法;加大管理力度,紧跟班级,没有极特殊情况,班主任不离开学生,不离开学校;恢复滚动机制。

召开任课教师会

2017 年 5 月 22 日

公布目标:班级平均分接近 600 分,600 分以上 15 人,哈工大以上大学上线 7~8 人;栋栋考入同济大学或南开大学,峰峰考入清华大学。

解读目标的确立过程,我的消弭流言经过,出示黑河市历届高考理科状元分数。

总结本次期中考试,分析下降原因,出台管理措施。

教师准备:做超一流教师,圆学子名校梦。我们六个人身价 666 分,但是要培养出清华大学学生,为了实现目标,我们还要提高自己。"西天取经不容易,容易就干不成大业绩。"因此要夯实基础,提高自己。鱼跃冲顶成功,咱们所有人都是功臣。

与高三教师共勉

2017 年 6 月 9 日

今年高考结束,举行毕业式,高三教师在群里抒怀。

蒋某顺:以为自己是很坚强的人,刚才上楼看了一眼,物是人非,门已上锁,灯已熄灭,教室里已经放上别的班的用品,我终于忍不住了。想说一句,祝福我们实验中学的老师、学子越来越好。

王某霞:付出的情感太多,所以有所牵挂,没关系,付出能证明你很富有。

张云龙:蒋老师倾情投入,感受到教育一片春光,为你高兴,与你共勉!干啥都是一辈子,只要心中有爱,自然一片桃花。从三个月的班主任到一年的班主任,蒋老师的历程挺独特的,他倾心投入,所以处处六月阳光。不止之泪,情之所至,幸福!三年的历程不一样,教育是爱的事业,也是时间的事业,共勉!高考是一场旅行,老师担任导游;高考是一个节日,老师担任主播;高考是一次现场直播,老师担任导演。任重道远!

孙某英:前方有路,同行们,永不停息!

提升境界反"塌腰"

2017 年 6 月 12 日

规划人生是成熟的标志,身体力行是成功的条件。

1.考上好大学,找个好工作,过上好日子。

2.光宗耀祖,回报父母,回馈家乡。

3.充实自我,净化心灵,提升境界。

4.服务社会,报效国家。

为了防止"塌腰",要认识到学习的意义,力求达到学习的最高境界。

高二时的"塌腰":思想上,脱离主干道,追求非主流;心理上,坚强又脆弱,清爽又纠结,含泪的微笑;行为上,模仿怪异脱俗,标新立异,显示与众不同,发无名火;状态上,进入疲倦期。

高二时的"反塌腰":思想上,不离主干道,追求大志向,回归主流社会,回归主流思想;心理上,坚强乐观,坚韧不拔,认识自我,合理期待;行为上,坚持不懈,沉稳刚毅,温和待人,说正直话,不伤人;状态上,调整自我,磨炼自我,"千磨万击还坚劲,任尔东西南北风"。

心无旁骛育英才

2017 年 7 月 2 日

校长找我谈话,打算让我担任年级部主任,征求我的看法。

我先感谢校长的信任和厚爱。我校采取扁平化管理模式,年级部主任责任重、事务多、工作量大,我校成立以来发展迅速,年级部主任功不可没。

但是我认为自己还不能担任年级部主任工作,理由如下。

1. 成立实验中学,目的要打造优质的高考成绩。优质的高考成绩主要靠高分证明;高分考生的培养,主要依靠班主任。我校的实验班班主任的位置至关重要。

2. 年级部主任属于行政领导,行政事务多,再兼任班主任工作,必然导致难以集中精力管理班级、培养高分;高分培养不出来,我校的生存就出现问题,发展无从谈起。

3. 我担任班主任的班级有好学苗,且不谦虚地说,我的角色是吸引这个学苗选择留下来的原因之一。我再主抓年级部,辜负了家长的信任;如果培养不出清华学生,实属罪过。

4. 年级部主任工作量大,应当选拔中青年教师担任。我已经 49 岁,年龄偏大。

5. 如果领导信任,可以考虑让我到教研信息处工作,指导教学。

校长表示理解我,说和其他领导研究后再定夺。

回望来时路

峰峰高一总结反思

2017 年 7 月 15 日

常言说:适当回望走过的路,人才能走得更好更远。及时总结反思既是良好习惯,也是良好品质。总结指总结经验,总结做得正确的,以期保持和发扬;反思指吸取教训,反思犯过的错误,以求不贰过。在学生本人得知期中或期末成绩之后,我再搜集到其他学校隐去姓名的数据,布置学生进行对比分析,明确自己的位置,认清升降情况,分学科具体分析,提出改进措施。我逐一批阅,返还本人,并承诺保密三年。高中三年,每名学生应该完成 12 次的总结反思。征得峰峰本人同意,我把他所写的总结反思呈现出来,希望能帮助学生认识自身不足和需要提高之处。

一、成绩量化统计

本校名次统计:

时间	语文	数学	英语	物理	化学	生物
2016. 9	3	3	1	1满	1满	1
2016. 10	2	1	1	2	1	1满
2016. 11	1	1	1	1	6	6
2016. 12	3	1满	1	1满	1	1满
2017. 2	1	1	1	2	1满	1
2017. 3	1	2	1	1	1	1
2017. 4	2	1满	1	1满	1	2
2017. 5	4	1满	1	1	1	2
2017. 6	8	1满	3	1满	1满	6

单科第一比例:语文占 33.3%,数学占 77.8%,英语占 88.9%,物理占 77.8%,化学占 77.8%,生物占 55.6%。

满分比例:数学占 44.4%(连续三次),物理占 44.4%(无连续),化学占 33.3%(无连续),生物占 22.2%(无连续)。

与第二名分差:25、36、29、53、67、32、21、36、16 分。

联考名次统计:

学校	高一上期中	高一上期末	高一下期中	高一下期末
五北	2	1	2	3
八校	2	1	1	1

二、高一科目学情分析

语文:重视阶段(2016.12~2017.2)

在语文学习中,除在上学期期末考试后短暂重视过一段时间,其余阶段均未把它当作重点学科。原因有:一方面,语文科目的特性使其不可能获得满分,导致我对它没有很高的积极性;另一方面,语文要背的东西比较多,又不像英语简短,导致我的抵触情绪在这一方面得以体现。但现在高考形势已变,语文客观题增多,更容易取得高分,因此应加大力度。目前,由于英语挖的坑太大,不能抽出太多的时间,但可以利用平时多加积累。此外,2017年4月~2017年6月的三次考试,我的作文审题均出现失误,应引起重视。

数学:重视阶段(全程)

刚入学高一,还未完全从初中的数学思维中脱离,以牺牲审题换取速度,因此成绩不太理想。但经过长时间磨炼,不再有上述问题,因此成绩有显著提升,有连续3次满分的情况,目前数学所学内容较浅,可略减少力度。

英语:重视阶段(入学~2017.2)

刚刚入学时,我对英语的重视程度不亚于甚至超过数学,在本次期末考试之前,英语是我唯一全部第一名的科目,但经过长时间的努力,在2016年12月及2017年2月的考试后,由于成绩较高,出现自满心理导致开始轻视英语,整个下学期对英语的课外学习时间几乎为零。5月考试时意识到此问题,但未及时改正,导致期末考试成绩大幅下滑。

物理:重视阶段(全程)

受物理"满分"思想影响,我在物理上付出的努力极大,但这不是影响英语成绩下滑的因素,影响因素是数学。物理永远是我较自信的科目。鉴于其难度较大,必须全程紧跟,不是务必要满分,但一定要抱有对本科的信心。

化学:重视阶段(2016.12)

化学其实真的挺奇怪的,我根本就没咋学,结果成绩比物理还要稳定,不知是什么原因,也许可以把它打造成下一张王牌。

生物:重视阶段(2016.11~2017.2)

上学期记忆内容较少,下学期记忆内容较多,因此上学期成绩明显好于下学期。高二的生物课程,据老师所说,是"难但记忆内容较少"。因此,尽管本次失利,但对未来仍充满自信。

班主任:总分仍是第一,可以在战略上"藐视"北安一中四虎了,不打无准备之仗。睥睨群雄,笑傲龙江。理智激情准备,身体心态双赢。

峰峰高二上学期总结反思

2018 年 1 月 15 日

一、成绩量化分析

本学期各次考试成绩统计：

	语文	数学	英语	物理	化学	生物	总分
2017. 8	122	142	139	94	95	100	692
2017. 9	125	150	140	100	100	90	705
2017. 10	106	139	133	100	99	99	676
2017. 11	116	145	144	100	97	97	699
2017. 12	120	150	146	100	93	96	705

可以看出,本学期成绩较上两个学期有了较大的提升,5 次中 4 次超过 676 分,2 次超过 700 分。本学期在五北混排中取得较大优势,但和北安一中的差距应该没有那么大,应该还是北安一中的评卷较严所引起的(评卷并不一定只影响语文和英语,对采分点的设定甚至可以影响到数学和理综成绩)。

二、总体学情分析

本学期,我在开学前预习完毕了数学选修 2-1,提前解决数学难度较大的一部分。现在来看,这一举动取得了极大成效,可以说是盘活了全局。不用被数学的高难度击垮迷失于题海,可以抢出更多的时间强化其他学科,而英语成为直接受益者。经历 8、9、10 月的平稳过渡,在 11 月份决定暂时放松对语文的学习而强化理科,但效果一般。12 月 10 日后,在他人纷纷进入疲倦期时,我却毫不疲倦,取而代之的是情绪低落(不知原因为何,但可能与会考的浮躁心理有关)。情绪低落化比困倦更为可怕,我的学习效率急剧下降。到 12 月 24 日,我感觉我的所有学科全部处于崩溃的边缘,好在 12 月 24 日晚的数学课后,连续 3 次未能满分的我终于从情绪低落中借力走出来,经过十多天的补救,最终还是保持了成绩的稳定。

三、学科学习情况分析

语文:本学期除了完成作业外,对语文的学习时间基本为0。在紧跟老师的情况下还是保持了中等水平,作文屡次偏题,个人认为其原因是与我过于注重理性而忽视了材料表达的真正含义。下学期应该抽出一定的时间学习语文,重点放在作文的强化上。

数学:基本达到高考水平,圆锥曲线的训练基本成型,难度平常的圆锥曲线可以在10分钟左右解出,但对"反套路题"难找切入点,对导数的训练存在畏难情绪,往往缺失自信难以下笔,下一步侧重训练导数,解决畏难心理。

英语:对英语的优先级大幅提升直接促使了成绩的上升,稳定在高水平,但仍期望在高三之前再上一个台阶,以减轻高三冲刺的压力。近阶段的问题是过于重视背诵不必要的细节,下一步应减少不必要的背诵时间,而将重点放在相关题型的训练上。

物理:4次满分的背后,是过于追求现阶段的满分,对知识点的练习广而不精,导致对一部分知识的掌握水平与高考要求相差甚远。同时,现阶段考试与高考难度相差甚远,无法检测出真实水平。下一步将重心放在物理上,自行复习之前的全部知识,为高考打下基础。

化学与生物:存在共性问题,即盲目做题,忽视对基础知识的掌握,导致难拿满分。下一步计划是生物回归课本,背诵课本内容;化学在重视基础的前提下,加强知识迁移能力,提高对题目中陌生情境的适应能力。

四、假期学习计划

语文:读作文书,重在强化思维,次在累积论据。
数学:
①自学完高中剩余全部内容;
②每天一道圆锥曲线+导数;
③完成5套左右的综合试题。
英语:
感觉作业已经足够我进行训练,重点放在复习基础知识上。
物理:
①自学完高中剩余内容;
②复习以前内容,完成2本练习册,从而达到高考水平。
化学:
①训练陌生情境中的解题能力;

②理解实验题的重点内容。

生物：

①回归课本,熟记课本上基础知识;

②开始综合卷的训练,提高速度,尽量对于理综的生物部分能在 25 分钟内拿到近满分成绩(假期结束时仍不一定能达到,不过还有一年半)。

低头与抬头

——在年级部会议上的讲话

2017 年 7 月 16 日

具有抬头的姿态、吹牛的资本,应该是一个人理想的工作状态。有骄人的成绩、不菲的身价,受领导赏识、家长好评、同行羡慕、学生尊敬、社会满意,作为教师,夫复何求?

这种理想状态来自长期的艰辛高效劳动,在时间计算上,我们甚至不如工人农民,工人一个月见一次效益,农民一年见一次收成,而我们高中教师,基本上三年见一次成绩。成绩高一些则心满意足、扬眉吐气,三年的辛苦没有白费,稍稍舒展,又一批学生报到;成绩低一些则唉声叹气、垂头丧气,三年辛苦白费,不挨骂就已经很幸运了。

能力不足,投入不够,团队协作不力,遇不到好学苗,想抬头都难。想抬头必须先低头,教育教学有规律,高考备考讲科学,来不得半点的虚假,焚膏继晷兀兀穷年才能换来春色满园。看到别人出好成绩,我们装几分熊,等到了我们主场作战,没有牛也会培养出牛,吹牛也有资本。

咱们年级部的老师,因为有 2016 届几位优秀学生,所以我们有了吹牛的资本,我们为工作在这个团结奋进的集体而自豪,我们也期盼继续取得更大的成绩。

2016 年的成绩与 2019 相比,只是一个台阶,我们应该有这个信心,坚信未来越来越好,在学校领导的支持和全体教职员工的共同努力下,我校定会蒸蒸日上、欣欣向荣。

好成绩不会自己飘来,依靠我们年级部所有教师的艰苦奋斗,我们取得了大好的成绩。但是学生一届有一届的特点,高考形势年年有变化,我们还要与时俱进。学做媳妇吧,像研究公婆那样研究学生,像择好菜那样挑选好习题,像炒好菜那样上好课,像收拾干净厨房那样批改清晰作业,做好高考这盘大餐。低头思考教书育人,抬头交流教育教学,低头为了抬头,总有一天,我们会成功。

要在战略上藐视对手，无论是嫩江高中还是北安一中，我们要具有战胜一切对手的英雄气概。"明知难为而为之"的教育教学团队才称得上名师团队；困难是为我们设计的，是为了证明我们团队的了不起。我们之所以敢吹牛，是因为我们敢付出、懂规律、讲方法、能团结，再加上还创造出在五大连市看来还不错的成绩。要在战术上重视对手，北安一中确实名不虚传，我们多学习北安一中的长处，学习他们的敬业精神和踏实的作风；我们更要总结自己的长处，反思自己的不足，发挥长处，改正不足。每次考试之后及时反思，俗话说"人无完人"，我们教师要承认自己的不足，承认才能改正，改正才能提高，提高才能创造好成绩。装熊是为了成龙，低姿态更能证明我们起点的艰难、成绩的伟大，真正到了硕果累累的那一天，我们才会更加豪迈。

同志们，为了让我们有尊严的工作和生活，为了让五大连池市高中教育腾飞，我们还需加倍努力！

教育甄同学

2017 年 8 月 21 日

甄同学是男孩，身材高挑，皮肤白皙，思维敏捷，语言天赋高。他性格有些怪异，与有共同话题的同学交流滔滔不绝，却和大多数同学格格不入。他身体羸弱，上课状态差，和部分老师软对抗，大家深感头疼。我们对他的评价：甄同学天资聪慧，具备很大的可塑性，我市拥有这样智力的学生不多；我们应包容他、培养他，给予合理期待。

甄同学母亲到校，介绍孩子情况：他身体不好，肠胃功能紊乱，患有慢性阑尾炎，血压偏低。甄母和爱人离异多年，自己一个人照顾孩子，导致孩子心理压力大、心思重，经常一个人悄悄流泪。其母自认为孩子天分高，自己没能呵护好，深感愧疚。

我建议甄母减少自身的愧疚心，增强孩子信心，因为母子连心，这种持久的愧疚情绪会传染甚至增加孩子的焦虑情绪。同时照顾好甄同学的身体，认为他具备考入名牌大学的潜力，应该精心培养。

我找到甄同学，先肯定他的优点：关心班级，情感丰富，心思缜密，语言天赋高。再委婉批评他略显偏激的做法，真诚地请他指出班主任的不足。他问："我始终尊重您，也愿意听您的语文课，只有一件事情纠结，为什么我请假您很快就批准？我在您心中位置不重要吗？"这个说法出乎我的意料。他不能了解，她母亲曾经交代过，让我这个班主任特别关照他，如果孩子有异常，班主任要第一时间联系家长,及时批假。他也不能理解,对于任何学生因身体原因请假,班主任应该在第一时间批假。我回答他:"老师从来没有轻视你的念头,始终认为你是咱们班级天赋最高的同学之一,遇到像你这样天资聪慧的学生的机会不多,老师为国家培养和输送人才,所以必须珍惜。至于批假,关心学生身体这是工作要求,也是行事准则。如果换成你当班主任,遇到学生请病假,你会拖延吗?"他点点头表示理解。我们一起探讨星期一班会的具体事宜。甄同学表态:接受班主任的批评教育,保证以后尊敬老师、认真听课,严格要求自己,决不会再犯错误,让班主任为难。

星期一班会上,我不点名地批评一些学生偏激的做法,分析错误原因。向这类学生讲明道理,在校园犯错误,还有纠错的机会,如果是在军队,不服从长官的命令,结局可能不只是关禁闭,甚至被开除军籍。在家父母能娇惯子女,在校老师能允许他们犯错,但是社会没有娇惯纠错的义务。老师们认为这类学生尚有培养价值,所以一再给予机会。希望他们不再触犯班规,严格要求自己,使自己成为栋梁,也请同学们彼此监督,互相促进,把班级建设成和谐向上的大家庭。(该生以 600 多分的成绩考入名牌大学。)

给张同学的和诗

2017 年 8 月 24 日

张同学是个女孩,她理性思维能力强,数学成绩高,曾经代表学校参加过黑龙江省数学联赛的复赛。和同学相处时她性格开朗,比较外向,但不善于和老师交流。受成长中的烦恼牵绊,曾一度迷失学习目标,成绩快速下滑。团队教师认为她是可塑之才,精心设计转变方案。我多次找她交谈,力求打开她的心扉。

开学初她给我写了一首诗:你要忍,忍到春暖花开;你要走,走到灯光通明。你要看过世界辽阔,再评价时好时坏;你要铆足劲,再旗鼓相当地站在不可想象的人的身边。你要变成想象的样子,这件事,一步都不能让。

我的和诗:
当你变成山峰,所有的人都仰望你;
当你还是平地,也许只能任别人践踏;
当你堕落成洼地,别人绕你而行,看你一眼,都是你的奢侈。
成为什么,在于你自己!(该生以 600 多分的成绩考入名牌大学。)

春风化雨,润物有声

——第三十三个教师节收到的学生短信

2017 年 9 月 11 日

壮壮:书生意气,未配妥剑便进江湖。小子拜别恩师,孤身入世,秋夜偶感,尤为不舍。

似乎那年还在,白衣打马过,轻叹少年行。幸得恩师教诲,几度指引,朝思暮想,终不敢忘。

学生深知行路不易,唯有以学入世,处处留心,方能风雨兼程,砥砺前行。只愿心性不移,看遍长安花,归来仍少年。

张云龙回复:才子,秋日有感,老师高兴。话有深度,老师偶感意外。不经事不长进,似乎理所当然。壮壮实现目标,任重道远!

归来应该少年心性,在老师面前。看遍长安花,归来满庭光。小子前途光亮万千,持剑少年!

锐锐:一届又一届,迥异又相似的年轻面孔去了又来。散落在东西南北的我们,被时间侵蚀着记忆,被经历打磨着个性。水滴石穿,渐渐地,我们开始忘记一些只属于那些年的故事,变成新的自己……但是,那些永不褪色的名字、那种难以描述的默契与感觉永远会停留在曾转身泪流的路口,等我们随时招手再见,相视而笑。所以当我转过头才惊觉,您的每一个动作促成了我的习惯,您的每一个微笑造就了我的性格。往事清淡,然品之甚浓。回忆,日久溢笑颜;驻足,路长不可返;前行,情深记心间。祝您教师节快乐,享受独特的现在,再种桃李于天下!

运动会总结

2017 年 9 月 21 日

我校首届运动会胜利落下帷幕,这届学生还算幸运,能够参加学校组织的运动会。从管理和育人的层面,学校每学期都应该组织这类活动,大型体育活动能够活跃校园氛围,激发斗志,增强班级凝聚力,健全学生人格。不知道什么原因,学校成立 4 年了才举办首届运动会。

老师们积极组织,学生们摩拳擦掌、跃跃欲试,赛会激烈而有序。高二(1)

班有诸多看点,刘某波的田赛成绩优异,两次挺进年组前六名。李某奇的跳高夺人眼球,仅低于体育特长生,获得亚军。彭某野、雪雪抛洒汗水为集体争荣誉。栋栋、峰峰、梁某婧、张某宇协助组织,多投稿件,多次猜中竞猜题,赢得多项彩头。

最精彩的要数霍某辉的 3000 米赛跑。上午霍某辉先参加了 1500 米比赛,他和三班唐某实力相当,霍某辉始终紧跟在唐某身后,几次想超过唐某,无奈被唐某用身体挡住。受唐某变速跑控制,霍某辉的短程爆发力不如唐某,所以直到最后也没能超过唐某。走下场来,霍某辉和我说,他有办法在下午的 3000 米中战胜唐某。他说在 1500 米项目中唐某的爆发力能够压制自己,但是 3000 米霍某辉的韧性和耐力就能压制住唐某。我点点头,建议霍某辉要讲究战术,在最后两圈冲刺前争取拉开较大的距离,否则 50 米冲刺,霍某辉胜算不大。果然,这两名队员开局就开始较量,吸引了全校的目光:大会主席台上的领导看得津津有味,几个体育老师甚至都延缓了自己组织的项目,翘首观看。一班全体同学跑到操场里加油,三班大部分学生也给唐某呐喊助威;只有我坐在看台上享受观看赛场上龙虎斗的过程。霍某辉始终用身体压住唐某,率先搞起了变速跑,掌握主动权。最后两圈时,霍某辉提前加速,唐某也加速,但是唐某的耐力明显不足,最后一圈时两人距离拉大,最后 50 米唐某冲刺,可为时已晚,且体力已然透支,霍某辉撞开终点线。全场欢呼雷动。

与侯校长及体育老师聚会,我们在一起交流了对霍某辉的 3000 米项目的感受,他们一致认为霍某辉主要赢在战术上,成功发挥自己的长处,取得胜利。我认为霍某辉设计目标有志气,坚持不懈有韧性,冲刺清晰有激情,头脑科学有理性,激发潜能有王者之风,在班级同学的关注和鼓励下,一举夺得 3000 米项目第一名的成绩。

后来我在班会总结时表扬了霍某辉的豪迈和理智,号召大家学习霍某辉的优点,理智设计学习,设计生活。同时也建议霍某辉应该感谢实力强劲的对手,正是因为有唐某,才让 3000 米这个本不吸引人的项目引人注目,才让自己熠熠生辉。为了表彰霍某辉,树立积极进取的班风,决定下次调座时,霍某辉拥有座位选择权。

这次出现了非常好的教育资源,利用好这个契机能促进团结,培养学生坚韧的精神。

学校运动会中高二(1)班队伍接受检阅

霍某辉参加 3000 米冲刺时刻

传递正能量

2017 年 9 月 29 日

我刚参加工作时遇到一位老教师,他像个"愤青",一副义愤填膺的样子,经常抨击时弊,特别爱提及一把手的"短处",弄得我云里雾里的。慢慢地发现他不受其他教师的好评,有时他手里拿个小本子,说"领导的短处都在我的小本上",以此威胁领导。再后来有的老教师明里暗里提醒我离那名老教师远些。大家敬他,因为他年龄大;远离他,因为他传递负能量。这个老教师的人品之劣可见一斑。集体存在这样的人,就是集体的不幸。老师希望大家对这样的人敬而远之。

林子大了什么鸟都有,当然咱们班级都是君子,老师比较幸运。以往遇到的某些集体,有牙尖嘴利的、煽风点火的、搞小动作的、拉帮结派的,把集体弄得乌烟瘴气。集体风气不正,我们的健康成长还有保障吗?我们每个人是集体中的一员,为建设良好的集体应该尽到自己的一份力量。请同学们记住,生活在一个集体中说明大家有缘分,我们彼此应该珍惜,优秀集体才能有利于我们每个人健康成长,我们有义务把集体建设好。

多看到和称颂别人积极进步的一面,少说或不说不利于团结的话;讲究沟通方式,能够严于律己,宽以待人;做事先想想集体,多考虑别人的感受;提升自己的人生境界,享受助人之乐。

今天同学们书写了励志话语,都很有激励作用。三年前,你们的学长也是这样激励自己的,效果很好。希望同学们时时温习励志话语,警策自己前进。一个人说一句正能量的话,也许激励效果有限,如果大家经常抛出自己书写的有创意的话语,就能构成有效的教育链条,形成一个有利于每个人成长的磁场,有可能产生量变到质变的效果。集体教育的真谛就在于此。

相处三年,说实在话,办实在事,出实在成绩,过实在生活!

名师是这样炼成的(参加任课教师会议提纲)

2017 年 9 月 29 日

1.奋斗目标:让我们的学生考上理想的大学,让五大连池市高考成绩走出低谷,让五大连池市高中教师有尊严地工作和生活。

把二流的学生教到一流的大学,把一流的学生送到清华北大;做超一流教师,圆二流学苗的名校之梦;做超一流教师,圆一流学苗的清华北大梦。

2. 教育境界:教学生3年,要为学生考虑30年。

3. 考出高分的三个条件:教师教得明,学生学得清,师生心态正。

4. 教育教学有规律,讲科学,教师水平有高低。教师育人正如厨师炒菜,蔬菜、厨具相同,但是厨师不同,菜的味道就不一样;学苗和教育环境相同,但是教师不同,教育效果就不同。在单位时间内达到高分,才是大手名师。

5. 自我拯救与自我提高,团队协作和理性清醒。

成功的团队没有失败者,协调教育,一朵花开不是春,万紫千红春满园。

6. 冲锋在前,抢勤抓早,迎难而上;要让学生打"鸡血",老师必须先打"鸡血"。

7. 做非常之事必有非常之人,行非常之策。关键是操作在人。

8. 关注细节。

9. 教育比教学重要,注重思想政治品德教育。力求思想进步、境界高远、视野开阔、品德高尚、学法科学。

潮平岸阔风正劲,吹尽狂沙始到金

——十月一日假期寄语

2017 年 10 月 1 日

教育的本质在于唤醒人的自觉,班级管理的本质在于增强学生的自律。备考阶段,分分秒秒,千金难买。十月一日长假,既是"加油站",也是"停车库";既是"演兵场",又是休息室。学生居家享受假期,班主任只能变换教育方式,激发学生斗志,力争让学生合理安排假期,备考路上不掉队。我对本班女生有十足的信心,因为她们已经明确与优生的差距,能够利用假期时间尽量缩小差距。而对本班男生能否充分利用假期温习功课,甚至弯道超车,我信心不足。重锤敲击响鼓,班主任应该有所行动。我给班里的所有学生都发了一条短信。另外,因人而异,因材施教,给班里的每一位男生加发一条短信,以增强他们的自律性。

本学期开学初,学生们按照学习成绩给三位同学起三个善意的绰号。他们称峰峰为"大哥",称栋栋为"二哥",称陈某鑫为"三哥"。我提议称马某宇为"四哥",大部分学生同意,但是有两位学生反对。这两位学生询问拟定"四哥"的原因,我的回答是"他有灵气",他们也保留意见,摩拳擦掌,准备用毅力超越灵气,用实力冲击"四哥"的位置。马某宇也表示一定站稳位置,回馈班主任的期许。此举激发学生竞争,达到"尺内兴波"的管理效果。

10月1日,发给每一个学生的寄语:不怕学霸开夜车,就怕学霸放长假。比你厉害的人还在努力,你该怎样做,还用说吗? 珍惜时间,提高效率,投入热情,保持理智。学习大哥的效率,学习二哥的热情,学习三哥的执着,学习四哥的灵气。

高某洋:势头很好,继续保持。低头为了抬头,多坚持一小时,就能上一级台阶。筑起梧桐树,自有凤来栖。

孙某洋:睁眼看世界,八面来风,尽入法眼,世事变迁,全在我心中。

李某奇:发动机已经启动,就不要让它停下来。

韩某杰:面壁十年必破壁,天不枉始,地不亏人,上天垂青奋斗者。

孙某煜:放纵了这一刻,下一刻任务将加倍。每天先学习8小时再说。

曹某琛:尊严来自刻苦和提高,要做语言的巨人、行动的超人。

贾某某:不做无谓的叹息,不思考无意义的问题;放下包袱,开动智商,保证时间。

王某楠:担千里责,聚英雄气。

峰峰:超越霸气,自存王气,汇聚圣气。睥睨群雄,一览众山小。

马某宇:把与二哥的差距消灭在20分之内,否则,情何以堪?

陈某鑫:课间适当做做白日梦,和大家分享。

刘某轩:思人事,开天眼,每天精做一道阅读题;做小诸葛,成大领导。

霍某辉:诸葛一生唯谨慎,吕端大事不糊涂。扬三千佳绩,细处处处落实;抟九万旋风,宏图图图圆满。

毛某宇:凝聚万千力,练好尺寸功;爆发小宇宙,高唱东方红。

李某璟:咬定青山不放松,立根妙在沃土中。伫笔巧思终南径,排山倒海洪七公。

车某楠:意志力也是健身器、生产力,也能培育出强壮的体魄。

李某鹏:海拔当然海拔,巨人就是巨人;我是巨人我怕谁!

梁某宸:沉稳刚毅笃定勤勉,若细处巧雕琢,当成栋梁北辰,非百里才!

彭某野:既然已经寻梦,为何不继续向青草更青处漫溯,流连徜徉。放歌在斑斓里,有父亲的灿烂,母亲的泪花,家族的欢声笑颜。孩子,那不是梦,是你亲手织就的锦绣!

杨某昊:本有灵气,潜藏王气,若再散霸气,定能气冲牛斗,运灌未来。

栋栋:学习上以大哥为坐标,向大哥看齐。只要缩小差距,就是胜利。感谢大哥,让我前进有方向,超越有目标。

叶某锴:学而不思则罔,思而不学则殆;有效思考更助于提高。

成为中国共产党预备党员

2017 年 11 月 2 日

今天对于我来说是个非常重要的日子,我校党支部召开全体党员大会,审议关于我和王同志加入中国共产党的申请报告,大会决定吸收我和王同志为中国共产党预备党员。

在双泉乡中学任教的时候,我曾经上交过入党申请书,那个时候自身条件不够成熟,没能加入党组织;在高中工作期间,严格要求自己,孜孜以求,时刻以中国共产党员的标准要求自己。多年的梦想终于圆满了,我十分激动,也十分兴奋。

在民主评议环节上,同志们对我的评价很高,让我振奋,也令我汗颜,我只是做了自己应该做的,离同志们的评价还差得很远。我一定努力工作,不能让同志们失望。

党员会议之后,党支部副书记、校长王某找我谈心,他语重心长地告诉我,工作充满激情,这没有错,但要恰到好处;还要注意工作方法,团结好任课教师。希望在我的带领下,2019 届理科实验班能圆五大连池市人民的清华北大梦。我深受启发,也深感鼓舞。

教学生扫雪

2017 年 11 月 18 日

"劳动最光荣""实践出真知",劳动里面有学问。

昨天下雪,早上布置男学生分组扫雪,我站在二楼查看。同学们都很积极,没有偷奸耍滑的,但是有的学生劳动程序混乱,方法欠科学。明明应该把雪往南面推,有的学生偏偏把甬道南侧的雪推到中间,堆成堆后再用推子往南推,推完后已经扫过的地方尚有残雪,再用扫帚清扫。有的学生直接用扫帚把南面扫净,害得其他同学只能端雪。我在楼上喊了几声,声音过大,震得胸口疼,但学生也听不到。

语文课上我讲解了劳动的程序和方法。接到劳动任务后,劳动委员实地考察,估测需要多少人手,用哪些工具,准备多少工具,如何分组。比如扫雪,扫大雪的主要工具是除雪铲,如果雪踩得过硬则需要用几把除冰铲;扫小雪主要用扫帚。

　　各小组长把工具布置给组员,男生善于使用的分给男生,女生善于使用的分给女生。力气大的人才能发挥扫帚的功效,应该由力气大的男生使用扫帚,女生主要使用除雪铲。

　　然后动脑安排劳动程序。人数较多的组可以展开几个作业面,推大雪最好几把除雪铲依次排开,能够增大推雪量;推厚重的雪从周边雪少的地方切入,避免推不动空耗体力。推雪顺序由远到近,从距离堆雪点较远的地方作业。工具之间相互协调,除雪铲在前,扫帚在后,扫帚呈梯次排列;扫远处的在前,扫近处的在后。最后组长收好尾。注意保护好工具,不要损坏。各组之间可以开展劳动竞赛。

梦 中 穿 越

2017 年 11 月 26 日

　　昨晚全天没有课,上午9点到班级巡视,然后陪妻子检查身体。下午美美睡了一觉。凌晨做了个梦:我忘记语文课所讲的内容了,唯恐跑偏,正赶上上午学生放学,班级还有3个学生在教室,郭某甜、勇勇、郭某婷,我把郭某甜找到办公室,问:"这几天一切正常吗?"她说:"一切正常啊!"我问:"语文课正常吗?"她回答:"没什么不正常的啊,老师怎么了?没有事情的话,我等着接公用电话,我妈和我约好了。"我挥挥手,她走了。我又到班级,问勇勇:"语文课正常吗?"大勇愣了愣:"昨天好像没有语文课。"郭某婷拿出课程表查了查,肯定地说"昨天没有语文课"。我这是怎么了,失忆了,忘记昨天没有上语文课了,笑了笑,梦醒了。

　　昨天在班级时间短,放心不下,还是害怕上课出现失误,耽误学生。怎么梦里都是上一轮学生,三年的积淀超过一年半?还是最近思念2016届学生,学生已经融入我的梦境中,刻骨铭心。今天讲给同学们听,他们都笑了:"老师你穿越了。"

不怕慢,就怕断,最怕弯

2017 年 11 月 27 日

俗话说:"不怕慢,就怕站。"平时做事情、干工作、学习等等,都不怕速度慢,只要不停地做,就会有成绩,就会成功。一旦停止不前,那就只能落后,只有失败。

在学习上,变个说法,"不怕慢,就怕断,最怕弯"。"断"指中断,记忆有遗忘性,能力也有生疏感,"三天不练手生,三天不说口生",中断一段时间,再恢复到原来的状态需要时间。我喜欢打乒乓球,几天不打,就找不到良好的球感了,非得练习几天,才能找到那种感觉。"弯"指走弯路,做任何事情都怕走弯路,万物皆有捷径,走弯路必然空耗时间和精力,偏离目标。方向错了,走得越努力,离目标越远。

这一段时间,学生准备参加高中结业考试,重点复习结业学科。随着考试的日子临近,学生投入到学习结业学科的学习时间越来越多,学习高考学科的时间越来越少,怎么让学生既不影响复习结业考试学科,又不耽误高考学科,我想只能不间断学习,每天有计划地复习高考学科。我已经安排老师减少作业量,在我所教的语文学科不留作业,带动其他学科不留作业;腾出时间让学生每天适量复习高考学科。

至于"最怕弯",权当借题发挥,对学生进行人生观的教育。"男怕入错行",人生怕走弯路,那就增加学生对选择人生道路的重视吧。

创新才有出路

2017 年 11 月 27 日

以前,领导唯恐结业考试成绩低,影响学生发展,于是很关注结业考试,增加课节。我查阅了我市多年的结业考试分数,成绩偏高。我总认为学校过于重视它,影响了学生对高考学科的学习。于是决定利用我的影响,减少结业学科的课时量。2014 年 11 月 11 日,在班主任会议上,我坚决反对给结业学科加课,认为按照课程表正常准备即可。经过几乎面红耳赤的争论,才征得年级部领导的同意。我能理解其他三个班主任没有表态的做法,因为如果结业考试成绩偏低,提出和支持减课建议的教师就会承担责任。11 月 11 日我在晚自习时对结

137

业考试复习做了整体部署。在 12 月 8 日班主任会议上,我再次反驳给结业学科加课的建议,有班主任从中调和,最后达成一致意见,只在结业考试前 10 天加课,即从 12 月 15 日开始增加课节。学生参加了 12 月 27 和 28 日举行的结业考试。成绩下发,我校 208 名考生,参加 6 科考试,仅有 4 人科次没有结业。

减少结业科目课节风险大,收益也大。我们年级部各科几乎没有放慢教学进度,只是减少了 10 天的作业量。避免分散精力,为全面完成高考目标提供了充足的时间。

回答孙老师的问题

2017 年 11 月 27 日

在食堂吃晚饭,高一(1)班班主任孙老师说她带的班级沉闷压抑,学风不浓,问我怎样调节。我提出三点建议。

第一,搞好大型活动。高级中学张老师在这方面坚持做,有创意,效果良好,可以向她请教。通过活动凝聚人心,端正学风。

第二,充分运用教材优势。孙老师教英语,英语小短文有不少教育资源可以挖掘,能够对学生进行爱国教育、集体主义教育、励志教育。一个语段未必起到大作用,但是经常坚持,积少成多,组合成德育教育链条,会有大作用。

第三,因班施教,因势利导。寻找大多数学生爱好,老师用心琢磨练习,亲近学生,寓教育于共同的爱好中。

上一流大学,听名师讲课

2017 年 11 月 30 日

昨天给同学们读了钱文忠教授的一篇文章,借题发挥,在后墙黑板上写下以下励志话语:考上河南大学,听王立群老师讲课;考上厦门大学,听易中天老师讲课;考上北京师范大学,听于丹老师讲课;考上复旦大学,听钱文忠老师讲课。

全班同学在黑板上签名。峰峰签在了清华大学前面,栋栋、陈某鑫签在了复旦大学前面,松松签在了复旦大学的后面,马某宇签在了峰峰的前面,张某悦画出了南开大学的校徽。

公布目标，挑战自己

2017 年 12 月 5 日

2016 年 9 月 1 日晚自习，我公布 2019 届理科实验班高考目标：2019 届高三理科（1）班全班考入一表本科，平均分 600 分，最高分 690 分，680 分及以下均有人数分布，哈工大及以上名校 7 人。

语文目标：语文平均分高于上一轮理科实验班 2 分，最高分达到 128 分。

2017 年 2 月 22 日，赴北安看望同学，与他们交流，公布我的高考目标，最高分超出北安一中最少 10 分。他们认为，有好的老师固然重要，还要有优秀学苗，五大连池市学苗和北安无法相比，超越难度很大，鼓励我勇敢前行，实现目标。

5 月 22 日，在高一全体教师会上公布目标：哈工大及以上大学 7 人，峰峰考入清华大学，栋栋考入同济或南开大学。提出教师发展目标：做超一流教师，圆学子的名校之梦。

5 月 28 日，与北安一中一资深教师通话，告诉他我的目标。他认为我的目标是痴人说梦，以有家长打电话为借口挂断了电话。我再联系他就联系不上了。给他发短信：哥们儿，哥哥说的不是狂话，就是这么设计的。感谢你对我的关爱。我现在的位置很好，应该产生大能量，等我 2019 届的好消息。

7 月 9 日，我的师范同学、北安市教育局一领导到我市办事，他听到我的目标，意味深长地说："撼山易，撼北安一中难。"含义多多，耐人寻味。

8 月 14 日，与峰峰父亲沟通，共同为圆峰峰的清华梦努力！

9 月 17 日，用微信把《用心守望学子梦想》发给那位教师，附上以下话语：兄弟，翻身不容易！只有把二流学苗培养到一流学校，留住一流学苗，才有可能培养出清华北大的学生，任重道远啊！

9 月 26 日，发短信给有关领导：2019 届理科实验班奋斗目标，平均分 600 分，全班考入 211 学校，600 分及以上 15 人，叩开清华大学大门，7 人考入哈工大。有关领导回复：向着目标前进吧。

班主任的投入

2017 年 12 月 5 日

班主任投入分为三个方面，就是经济投入、精力投入、精神投入。

最能看得见的投入是经济投入，常言说"说得好不如做得好"，经济投入直接见硬头货。班主任为形成教育合力，创造各种机会与任课教师沟通。工作中有些事往往不好沟通，而换一种环境、场合，事半功倍。为了崇高事业的沟通当然不能与结交酒肉朋友、胡吃海喝相提并论。

精力投入指班主任心怀班级、心系学生，为学生殚精竭虑。在作息时间上早来晚走，始终与学生步调一致。班主任与学生的感情浓度绝对和时间成正比，没有足够的时间投入，所谓走进心灵就是空话，感动学生纯属妄想。

精神投入看不见摸不着，但是往往影响深远。班主任如果努力提升自己的境界，也能帮助学生提升境界；班主任融入真情，就能换来真情；以仁育仁，以智启智，以勇激勇。最美好的教育就是一朵云碰撞另一朵云。一个老师，特别是班主任老师，应该让学生政治观正确、思想进步、品德高尚、心灵强大、心态健康向上、性格乐观，那他们的学习成绩的提高还是问题吗？

纪念毛泽东诞辰 124 周年

2017 年 12 月 26 日

上周六，我问学生过几天有个节日是什么，学生答道"圣诞节"。我说："邻居家老头过生日，他的儿女子孙为他庆贺。我们就在旁边静静地看，默默地祝福，不要参与，这和我们有多大关系啊。我们有自己的祖宗，他很可爱，功勋卓著，也更值得人尊重，等到他过生日，我们再大庆。"学生点头称是。我把这番话放到年级部班主任群里，暗示班主任们引导学生正确对待西方节日。今天看到大办公室有几件水果，比起往年的少很多，没有我所教的学生送来的。晚自习询问，大多数学生能够理智对待西方节日，知道弘扬民族节日，看来教育效果很显著。

晚自习时，我带领学生学习了"纪念伟人毛泽东"。到其他班级巡视，告诉学生们，今天就是我们伟人的生日，我们应该用实际行动庆贺！

戊戌春伏清北梦

——2018 高二(1)班师生拜年短信

2018 年 2 月 20 日

吾有小园几许,收尽春光祝福;桃红李白繁盛处,已把壮志写满心;戊戌春伏名校梦,鲲鹏展翅凌万里!

期末离校前,我布置任务,在除夕节到新春初五期间给班主任发送一条拜年短信,汇报收获,表述心志,班主任会一一回复。在春节期间,我是家中最繁忙的,他们忙于过年,而我忙于发短信。选择其中几条,展示教育实践历程。

曹某添:

曾记否? 十载寒窗默无名,披星戴月躬身行。白山黑水云龙出,纵是悬崖百丈冰,怎敌尔凌云之志? 三尺讲台,汗水化激情,尽情挥洒。难忘记,谆谆教诲,师恩深似海。旌旗奋,谱教育篇章,获桃李芬芳。龙长吟,起宏图;雪前耻,攀高峰。万物迎春送残腊,一年结局在今宵。庆良辰,爆竹声声,街巷霓虹曜。望新年,愿龙腾戊戌,朗畅康健,谈笑凯歌还。

张云龙:

天生丽质,前提;秀外慧中,里面;刚毅执着,外面。慈爱家庭,一哥大哥,盛世华章,强国崛起! 真真好运啊,添孩宝贝! 戊戌扎实,己亥腾飞!

金某晗:

梦不在大,有心则真,智不在高,有君则升,斯是小校,唯有德馨。师恩重如山,学生不能忘,一年又一年,您伴我们从懵懂走向成熟。借此佳节,愿老师桃李满天下,愿2019届在老师的教导下,再创佳绩。不善言辞,最美好的祝福送给我最敬爱的老师,除夕快乐!

张云龙:

梦不在大,有情则真,智不在高,有功则成。斯人教师,培育精英。桃李遍天下,丹青处处新。谈笑有鸿儒,往来有真情。可以览照片,发短信,无功利之乱眼,无虚情之扰心。曲阜孔家庙,河南退之声。屈子说,正道直行。

曹某琛:

回想当年梦里遥,朝醒暮来只招嘲。

学场不能任人熬,尽心尽力入名校。

八十一难才名号,岂能儿戏任性嚎。

学良怀志却被掳,岳飞报国禁伐胡。

天下豪杰屡屡出,怎能少我一人无。

尽力无果失望哭,方知需吃苦中苦。

龙君放心与我身,自此腾飞携您游。

新春新岁众乐乐,愿君把酒家聚欢。

喜气来,人尽欢,吉祥新春阖家欢。

张云龙:

怀抱千里志,自是好男生,功夫十年苦,招招式式功。

一曝十寒得,人人成明星,红尘绿扰扰,灵台澄清清。

天才需磨炼,功到自然成,莫学楚狂人,空留虚妄声。

苦中苦修为,人道洪七公,乐与乐处世,天道东方红。

空话随处有,地道永征程,翻过几座山,又现一道岭。

无限风光有,我辈起三更。腾飞携我游,赤心感师公。

愿琛龙潜水,一朝鸣九重!

马某宇:

君欲腾龙起风云,笑看后人;吾必持笔掌乾坤,书写崛起路一本。

呕心沥血经年,学富五车载璞玉;卧薪尝胆当世,砥砺前行磨尖峰。

今夕得君世外音,明朝碧霄展宏图。十年暗兮封龙眼,今时龙醒宰浮沉。人兮?龙兮!有仙则山名,有龙则水灵,有君兮则天晴!2016 虎啸动苍穹,2019 龙腾封绝巅!愿借此壮志之华章谱老师您新年之乐曲。新年快乐!

张云龙:

绝世之笔锋才能绘此华章,才气纵横三千丈,笑傲龙江百万生,龙卧深水图腾运,龙腾九天展豪情。你我本龙江子弟,讷谟尔河水哺育的精英,是精英就要呐喊出精英的强音。2018 深厚积累,2019 壮志凌云!

孙某洋:

君有升龙之术,竟翻流云起舞。吾奉鲲鹏之志,欲纳四海于壶。

君得藏玉之璞,曾铸抵天之柱。吾为绝世之锋,愿承神匠相助。

今夕恰逢琢玉手,一朝又见神龙出。文滔滔而不绝,似九曲之回肠。彩云纷纷而至,见初日之霞光。飞龙扶摇而上,瞰星汉之浩广。扬未有之盛名,创古今之辉煌。张弓续写凌云梦,日夜以继纵横间。老骥尚怀千里志,壮心未已笑苍天。师传百世续丹心,无阻不往赋新篇。

噫吁嚱!山之既高,众仙仰慕。水之既深,龙生空谷。祝张老师在 2018 年带领吾辈摘下黑河市教育界桂冠!

张云龙:

某洋用心做事,事必有成;用情交友,友必有方。尽力而为,上天也会眷顾!

日有所进,追求出新,必有大新。量变成质变,过程一定漫长,等到突破后的幸福感也更强烈!双泉水养心怡情,也能益智,有心力就足够了!超过孙某,直追张某,你也是赢家!

设立四级目标

2018 年 2 月 20 日

张校长和峰峰住在一个小区,他后半夜醒来还能看到峰峰所住房间的灯光,估计还在学习,建议我找他谈谈,科学调控学习时间,不要用力过猛。询问的结果是,峰峰说有时候忘记关灯,近期在晚上 10 点半休息。我为峰峰高考设立四级目标:第一级超过北安一中同届最好成绩,第二级夺取黑河市高考理科状元,第三级考上清华大学,第四级进入全省前十或前五乃至摘取省状元桂冠。

峰峰说他的目标没有那么高,能考入清华大学就如愿以偿了,我建议他要有高远的追求。我列举了很多名人的例子,与有识人共处,从无字数处读书,进入高平台和精英接触的机会就多,和这些人物交流能快速提升自身。峰峰应该把目标锁定在 2019 年黑龙江省理科状元上。他若有所思地说"谢谢老师!"

也许这个孩子有这方面的追求,只是出于羞涩或者谦虚低调而不愿抛出,只是我让它更加明朗。或者不想使自己压力过大而不愿言明,这样就等于我给他增添了压力。不管怎样说,话挑明,目标就变成了我们两个人的了,或者是我们 7 个人、我们 9 个人的。树立高远目标再去追梦,并肩作战,这种感觉真好!

听专家讲课

2018 年 4 月 12 日

4 月 11 日,学校从省里请来两位专家辅导高三学生,校长给我打电话,布置峰峰和栋栋参加,结果听完讲座后,这两个学生反映"也许时间紧迫,专家没有时间讲重点,对书写上强调过多""内容可能适合高三二轮复习,我们还没有达到这个程度",所以第二节课他们没听,就回班级上课了。

今天早晨,兰主任传达校长意思,又让峰峰听另一学科的专家讲课,我不同意。为避免兰主任在中间为难,我到校长室面谈。

我不反对聘请专家,但是必须保证专家具有足够的水平,否则效果打折,甚至适得其反。前几届我们也请过专家,有水平高的,也有不尽如人意的。对于一线老师而言,更看中专家的教育经历和教学实绩,注重学习内容的可操作性;有些专家钻进象牙塔时间过长,纸上谈兵头是道,紧跟时代"高大上",但是实践操作云山雾罩,与时俱进假大空。专家长期脱离教学一线,所指导的内容脱离实际,也"水土不服"。再有就是耽误上课,影响教学进程,任课教师颇有微词。

我把专家分为三种类型:经院派、学院派和场院派。经院派专家没有一线教育教学经验,他们在名牌大学毕业后直接进入研究所、教研院等科研机构,钻研理论有建树,但实践操作无经历,这种专家对于基层学校教师指导意义不大。学院派专家有一线教育教学经历,近几年脱离课堂,在研究所、科研院等机构工作,研究以前的高考备考精准高深,而紧跟时代,适应新高考方面力不从心,或者说实践不从心,这种专家我们慎请。场院,顾名思义,就是农村的打谷场、打麦场、打豆场。场院派专家是指正在高考一线指导学生或者刚指导完本届高考,这类专家有一些理论功底,深谙教育教学一线所需,所讲内容实操性极强,他们才是真正的专家,能请他们前来指导是我们的福分。

校长批评我对待专家的看法,认为我打法拘谨,视野不够开阔,缺少全局观念;任课教师持反对意见,主要是班主任没有调控好。我把学生说的原话转给他。校长认为学生知之有限,不能听学生的,教师要担负起引领学生的责任。最后我请校长直接做峰峰的工作。

上一轮,校长完全信任我,从来不插手我所带班级的具体工作,从来不和学生交流,这次是我主动请校长和学生面谈。我叮嘱峰峰理解校长的良苦用心。

结果峰峰听完讲座后告诉我:自己的生物底子薄,再加上老师主要讲二轮复习内容,对他而言为时尚早。

备考有规律,学生学习知识训练能力也有规律,违背规律,效果不好。

平衡作业量

——五大连池市实验中学高二(1)班学习时间统计

2018 年 4 月 24 日

为了使任课教师优化作业方式、合理布置作业、提高选题质量和课堂效率,也为了使学生兼顾高考六门学科、科学分配学习时间,本人遵循"总分第一,齐头并进"的备考理念,定期对学生的学习时间进行调查问卷,采取无记名、只填写数字的方式,并把调查结果与往届理科实验班对比,向本班任课教师和学生公布。对于作业量过大的学科,提醒和监督任课教师减少作业量,必要时启动

"拒绝完成过量作业"的管理措施。

时间:分钟

2019届	语文	数学	英语	物理	化学	生物	总计
	20	90	50	0	65	30	255
	30	80	50	30	50	30	270
	30	90	60	40	60	40	320
	30	90	40	40	60	35	295
	40	80	50	20	45	30	265
	30	90	55	65	30	35	305
	30	100	40	20	60	20	270
	40	70	50	10	60	50	280
	30	80	80	20	70	30	310
	30	75	60	20	50	30	265
	40	55	55	20	60	30	260
	30	80	60	20	60	30	280
	50	40	40	50	60	50	290
	50	90	40	60	40	20	300
	35	80	40	40	40	40	275
	30	60	40	30	70	30	260
	30	100	40	40	50	30	290
	25	60	30	40	70	20	245
	20	90	50	40	45	20	265
	25	80	40	20	70	30	265
	30	80	50	45	45	40	290
	30	75	45	45	55	40	290
	30	60	60	40	60	35	285
	30	70	60	40	40	30	270
	25	80	50	30	60	30	275
	28	65	55	50	45	30	273
	30	100	40	40	60	40	310
	50	75	45	50	60	30	310
	45	70	20	60	50	30	275
	35	80	50	45	40	30	280
	30	60	30	30	50	20	220

2019 届	语文	数学	英语	物理	化学	生物	总计
	40	90	60	90	70	50	400
	30	90	40	50	50	40	300
	33	78	48	38	55	33	285
2016 届	33	68	63	48	46	31	289

注：2016 届学时是在 2015 年 4 月 20 日统计的，问卷人数共 34 人。本届问卷人数 33 人。

组织参加物理竞赛

2018 年 4 月 25 日

4 月 25 日，物理陈老师反映物理竞赛仅三人报名，我问明此次竞赛的重大意义后，到班级布置，每人交给物理课代表 50 元报名费。有的学生说物理竞赛题偏难，做大部分试题没有思路。

第二天早晨，早会和学生交流。班主任以前没有过问任何竞赛，但是此次参与和形势有关。

一、学习教育部考试中心为高考命题"最新定调"，了解"四个坚持""四个服务"，明确命题方向。

二、熟悉高考历史，认清高考改革形势。2015 年理综试题难在化学学科，据当年高三化学杨老师分析，化学题难度没有加大，而题型变化大，造成考生不适应。当形式影响到内容，形式就变成内容了，题型的变化也是试题改革的一部分，所以我们也有必要见识新题型，熟悉新题型。

三、初中已经走在试题改革前面，高中也应增强意识。4 月份初三模拟考试题，题型变化大，导致学生失分多。以语文为例，五大连池市第一中学超百分只有 3 人，不少学生作文的分数高于非作文题的分数。题型变化大，使学生很难适应。

激励重在适时

2018 年 5 月 20 日

我校聘请某集团给全校学生做励志演讲，题目为《挑战高考极限，梦想成就未来》。我询问峰峰家长及学生听报告情况。

张云龙:峰峰反映咋样?

学生家长:比较淡定。

张云龙:那就对了,模仿传销激励方式,形式上很震撼人,对高一高二学生能够起到促进作用,但对于基本到了临界点的高三学生,怕作用不大。对峰峰而言,应该宠辱不惊了。咱班激动的人很少。

学生家长:他说像传销洗脑。

张云龙:我也反控制,没有掉入催眠术之中。不过点燃激情,这次活动还有积极意义! 理性欠缺,我也不能强求。

对高一高二还算是好事,正能量多,负能量少。对峰峰而言,应该也算多了份经历,长了份见识,洗脑不过如此!

学生家长:但愿明年别再搞了,高三需要平静。

张云龙:马某宇请假了,昨天遇到马某宇的妈妈,她问我解决办法,我暗示她了。云某春老师问我解决办法,我直接告诉她。刘某霞问我怎么办,我说让她自己想办法;我没有提示她! 但是我很反对这种做法,已经和不少主干道教师交流了!

学生家长:不过高一高二听听还行,很多地方新生入学就"洗脑"了。

张云龙:如果对咱们高一孩子起到积极作用,我们就要往这个方向引导!

学生家长:没事,大不了自己不去,不影响别人。

张云龙:入学搞搞效果能好些! 你真是绝顶聪明! 峰峰的情商像你!

学生家长:过奖过奖,不能站在风口浪尖。

张云龙:绝顶聪明的人就这么想和做! 唉,我怎么就做不来呢,有时明知会受伤,还是傻傻地冲锋。不知是天生性格,还是经历使然!

学生家长:那是你有底气,张老师! 很多人想冲锋还冲不上去呢。

张云龙:我能到达王的境界,但总达不到圣的境界。不知是性格、功利心、还是过于强烈的使命感! 白兰洞悉人性、洞察人心太厉害!

学生家长:人以各种姿态存在,这样才有意思,都一个模式就不发展了。

张云龙:对,万紫千红的世界!

学生家长:你适合冲锋!

张云龙:我为园丁重抖擞,不拘一格育人才! 我好好想想晚上怎么利用这个教育资源。有时间再聊!

第二天,找到高三理科实验班班主任刘某霞老师,建议给学生"降温"。

唤起歌声满校园(2)

——张云龙指导学生仿写歌词

师情无私谁可撼

填词:勇勇

烟雨初冉,风波荡处几声叹。桃李枝叶犹缠缠,焚膏回梦裳,蜡炬子夜燃,无愧师名墨尘染。虚空琉璃,落红醉泥情至谊。怎奈眉宇光阴寒,笔墨点,纸砚传,弄梅三千乱。平平亦续繇书传,愿寻九霄重天,何需琼楼玉阁满。百艳阑珊,犹得一枝绽。最是好雨知时,风起云涌青翠蔓,师情足履言万千。

清风朋鉴,五处涟漪似相连。中有一阁百舸前,风啸半阕虚烟,浊云亦难辨。待得初阳烂漫现,无尽光阴似箭,经年已过犹可念。白发苍颜,留情在人间。耕耘百代芬芳,数尽三载轮回前,最是师情怎隔间。可传道,说尽天地归元;亦解惑,分明混沌伴书案。命理无常,不过轮转,却心甘,倾情其间。天涯四海争艳,蔓蔓盘根尽相连。相遇分离,永恒一瞬间。见证朝阳初冉,尽享弦月冰壶换。师情无私谁可撼?师情无私谁可撼?

忆乡赋

曲子:《俘生辞》

填词:勇勇

抚断琴弦,半阕家音怎思念?还记小路尝蜿蜒。是谁执意别,谁留下誓言,只曾漂流天水涧。

何日缱绻,仍啄新泥树梢间。小屋树旁百花艳。几曾梦,不可言,仍念梦中现,方知故土在心田。

不曾记溪水边,几绿新抽病树前。谁人闲渡,谁人新烛添。

只可忆经年前,一支折柳竹篱沿。如今荫庇已方圆。(几樽浊酒赋红笺。)

归

俊俊

凄怆,无言对高冈,明月未照故乡,泪先断人肠。廿载江影沉浮,功名皆作土。无关风月琴霜,孤心向故乡。人道万般最远途,彳亍归乡路,古刹疏钟,声声催客驻。青骢依旧识途,蹄声嗒嗒住,碧落黄泉吾心,扔向料峭春寒处。

故道边上恓惶的垂杨,可曾记得远行的儿郎,那年他背起行囊,行过清溪小冈。故梦中那稚嫩的面庞,可有人带他河边寻蚌,阿姐还坐于西窗,正绣着新嫁裳。

而今儿郎离乡何日长,把酒轻唱谁与相将。未曾忘记春雨迷蒙处,潺潺的故乡,风流意气都作罢,这段归乡路,留待我走完吧!

老　师

曲子:《父亲》

填词:牟某慧

总是和你顶嘴,却不曾说对不起

直到毕业以后,才懂得你不容易

每次上课总是装作,轻松的样子

微笑着说学习吧,却没考虑自己

多想和从前一样,听你讲大道理

可是你真的很忙,托清风捎去安康

时光时光慢些吧,不要太早就毕业了

我愿用我的一切,换你青春永驻

无私奉献的老师,我能为您做些什么

学生时常的关心,收下吧

谢谢你做的一切,为了我们的未来

总是竭尽所有,把知识教给我

我是你的骄傲啊,还在为我担心吗

你牵挂的学生,长大了

肠内仍热

曲子:《烟花易冷》
填词:马某宇

欢笑声,隐于房门,徒留伤心人
梦偏冷,回望经年,坎坷多少恨
如你默认,误会扎根
扎根一次,又一次生分
书桌旁,挪了几分,挪的是我们
笑无痕,间隔几许,隔不断故人
容我再等,桃李封尘
等酒销魂,等你再画回青春
雨纷纷,故人情难再深
我听闻,你仍念往昔人
破旧的书本,印刻着万年春
课桌上留下的是我们
雨纷纷,故人情难再深
我听闻,你仍念往昔人
破旧的书本,印刻着万年春
照片上留下的是我们

致 青 春

曲子:《致青春》
填词:曹某添

飘飞的旗帜像晚霞弥漫
散乱的长发像自由宣言
最后的试卷宣告离别期限
六月的微风是青春盛宴
我考场的手像战场的刀剑
你闪烁的眼像坚定的信念
拼搏的汗水被时间偿还

青春的列车已悄然走远
哭了,累了,痛了
盛宴陶醉
笑了,叫了,走了
青春万岁

生我的黑土养我的河床

曲子:《父亲的草原母亲的河》
填词:陈某洲

父亲说我出生在讷谟尔旁
第一次的哭声伴随着河水流淌
母亲说我成长在黑土之上
奔跑在火山白杨,我的故乡
河水静默无声地流向远方
送走百代人的理想,脚下的黑土
也在吟诵着远古的希望
祖祖辈辈的人们
在辛勤的付出
啊,生我的黑土,啊,养我的河床
头上飘过那一片片洁白的云朵
是不是亘古走来的一缕冰霜
我为我的故乡骄傲啊
祖国的北方
蜿蜒着的苍老的黑龙江雪茫茫

赶 高 考

曲子:《回娘家》
填词:刘某奇

风吹着国旗么,唰啦啦啦啦啦
课桌旁翻书这,哗啦啦啦啦啦

谁家的学郎,他走呀走的忙呀
原来他要进考场
身穿新衣服,拿好准考证
技巧和知识他的脑中想
左手一把汗,右手一支笔
身后还背着一个大书包呀,咿呀咿得儿喂
一道难题来,道道题不会
眼看着时间就要过完啦
做又不会做,蒙又没法蒙
豆大的汗珠从我脸上落啊,咿呀咿得儿喂
辜负了父母心,落得个老师忧
贪玩和懒惰换不出好成绩
送走了同窗,只剩我一家
就等着明年再上考场啦,咿呀咿得儿喂
哎呀,我的脸往哪里放(我怎么白忙活一场)

英 雄 暮 年

曲子:《离人愁》
填词:曹某琛

剪不断的思念在心中流浪
有谁记得当年儿时郎
世人笑我狂,我心不迷惘
眼及之处都是假象
万花飘落我仍不愿出入庙堂
手握寒剑出鞘直至白发苍茫
昔仗剑四方,战天下无双
今人比枯叶瘦花黄
我立在战场肆游,不胜不罢休
闻吾丧胆,快意恩仇
朔风暮雪寒甲胄,也不傲那侯
后人勿使此志蒙羞
曲终人散之后,英雄终离场

赴朝阳山抗联根据地入党宣誓

2018 年 5 月 29 日

学校安排我们预备党员赴朝阳山抗联根据地,接受革命历史和革命传统教育,举行新党员入党宣誓仪式。

今天天气很好,万里无云,微风轻拂,让人感到无比惬意。我在微信朋友圈里发送了这条喜讯,收到很多人的祝贺。黑河的一位同学还发来好多图片,有身着抗联服装的,在树林中行军的,在密林中宿营的,露天用餐的,展示的照片俨然是身经百战的抗联老战士。同学介绍说,这是他前几天到朝阳山参加革命传统再教育活动时留下的珍贵照片,引来群内好多同学点赞。

我对朝阳山很有好感,甚至可以说崇敬而又向往。她是东北抗日联军第三路军的总指挥部,是李兆麟、张兰生、赵敬夫、陈雷、李敏、冯志纲、冯仲云、王明贵、王钧等民族英雄战斗过的地方,其中张兰生和赵敬夫常眠在了这块黑土地上。在中华民族遭遇外敌入侵的危急时刻,总有一大批仁人志士挺身而出,抛头颅、洒热血,力挽狂澜,给后辈留下了这一片锦绣河山。我们做后人的不能忘记。

这里也是我父亲工作和退休的地方,他在这里工作 13 年,经常对我提起,给我讲有关抗联的故事。他曾具体执行朝阳山区"黄牛改良"的项目,对这块热土一片深情。

汽车驶过边河桥,远远望见气势恢宏的牌坊,全车人肃然眺望。到了目的地,我们换上当年抗联战士穿的军装,先参观干部培训基地,再参观博物馆,然后驱车来到朝阳山下的东北抗联烈士纪念碑前,敬献鲜花,深切缅怀革命先烈,又举行庄严的入党宣誓仪式。最后翻山越岭,追寻当年抗联战士的足迹,重走朝阳山抗联路,感受当年的艰难和豪迈,用歌声抒发对他们的赞美之情。

特别难忘的是讲解员的讲解,开阔处大江东去,细腻处小桥流水,激昂时金戈铁马,低沉时泉流冰涩。后来同他交谈得知,他原本就是朝阳山人,怪不得情真意切,对此段历史如数家珍。革命精神依靠革命后代发扬,自然别有教育意义。

回到班级,我向学生讲述东北抗日联军的故事,带领他们走进那"火烤胸前暖,风吹背后寒"的艰难岁月,学习革命先辈的浓厚的爱国主义情怀和大无畏的英雄主义精神,深情地朗读了我写的两篇文章。

林海飞歌(记叙文)

"天大的房子,地大的炕,火是生命,森林是家乡。"

一首嘹亮的歌在林海上空飘荡,一支抗联队伍正行进在雪原上。

以往,顺要是听到这首歌,总会涌动起激情,可今天他却怎么也振作不起来。听刚参加抗联的老乡说,娘病了,病得很重。顺想看看娘,队长批准了。

顺走在回家的路上,他满意地听到脚下发出的咯吱声。清风吹来,雪花拂在顺的脸颊,凉爽而温馨。他举目回望,柔和的月光倾泻在雪地上,这一切好熟悉啊!顺想起来了,那是几年前,也是在这样月光柔和的晚上,他们一家人围坐在炕头,爹吹笛子,娘唱歌,顺和弟、妹围在旁边。歌声从小木屋中传出。"一更里,月牙没出来……"那时日子虽清贫但一家人其乐融融。后来,日本人来了,把爹抓去当劳工;爹逃出来回家和娘见了最后一面。日本兵追来了,在院子里把爹活活捅死。想想爹的惨死,顺不由地攥紧了拳头,加快了脚步。

还是那座熟悉的小木屋,顺轻轻推门进去,一眼看到了躺在炕上的娘。娘的脸好白,娘的手好瘦好凉,顺跪在地上,轻轻地叫了一声"娘"。

娘慢慢睁开眼睛,笑了笑,点点头,又合上了眼睛,似乎在积攒力量。猛地,她又睁开眼,厉声问道:"谁让你回来的!"顺愣住了。还是妹机灵,宽慰娘说:"哥是请假回来的,一会儿就回队伍。"娘又点点头,手颤抖地往枕头下面摸,弟帮助她摸出了一支笛子。娘的眼中噙着泪水:"别忘了你爹是怎么死的。记住,多杀日本兵,给你爹报仇,给咱中国人报仇!"顺重重地点一下头,接过了笛子。

许久,娘说:"给娘唱首歌吧。""一更里,月牙没出来。"娘却摇了摇头。妹妹大声说:"唱咱抗联的歌,娘想听队伍的歌。""天大的房子,地大的炕,火是生命,森林是家乡……"低沉而雄壮的歌声回荡在小屋的角落,娘听到了,她的眼睛睁得大大的、亮亮的。

娘对顺说,"带上你弟一起走"。顺说:"可娘你……"娘说:"我不要紧,有你妹照顾呢,别忘了,多杀日本人,报仇……"

夜半时分,两行脚印从小木屋一直延伸到树林深处。

过了几天,娘走了,妹埋葬了娘,也参加了抗联。

风更猛了,雪更大了,一支人数更多的队伍行进在白山黑水之间,顺和弟、妹走在队伍的最前面,那首更嘹亮雄壮的战歌在林海雪原上空飞荡。

"天大的房子,地大的炕,火是生命,森林是家乡……"

且歌且行,绚丽征程(议论文)

人生总有歌声相伴,我们的歌声的主旋律便是那不灭的真情。人们一路走来,经风沐雨,跌宕起伏,时而溪水潺潺时而急流淙淙。因为有情做内核,歌声飞越时空,具有永恒的穿透力。有的歌声震天动地,却不过眼前云烟,随风而逝;有的真情弥漫,萦绕在人们心中,弥留永远! 情有多深歌就有多长。

温馨的歌温暖人的旅程!

站在文学的堤岸,采撷那一朵朵斑斓的浪花。蒹葭苍苍,白露为霜,因为有在水一方的伊人,旅人漫长的行程不再孤单寂寞。阳关一别,相会的日子遥遥无期,一曲阳关三叠唱湿天下别离之人的衣襟。旅居他乡,思念就像不可触摸的网,总也网不住乡愁,思念是不再决堤的海,却总是淅淅沥沥下着心雨;唯有清歌一曲,让飘飞的心得到片刻慰藉。人生好比一列火车,如果只有车轮与铁轨的撞击声岂不单调? 有歌声为伴,足以照亮漫漫长夜。

豪迈的歌激发人的勇气。翻开史册,感受一次次惊心动魄的撞击。18世纪的欧洲阴云密布,法国革命遭遇前所未有的外国军事干涉,工人革命队伍高唱《马赛曲》像咆哮的海浪扑向敌阵,势不可挡。那曲战歌的强悍音符响彻寰宇、震撼人心,谱写了波澜壮阔的革命史诗。苏联红军战士高唱《喀秋莎》喋血反法西斯战场,中国士兵在《义勇军进行曲》的歌声中勇往直前,激越豪迈的战歌激发起多少斗志。人类文明向前行进,激情就是前进征程上的催化剂,歌声又最能引爆激情。

高飞的灵魂唱响不屈的歌,即便风雨凄迷,群山阻隔,也总能坚持理想不沉沦;同样,腾飞的民族总能唱响团结奋进的歌。那一年让所有的中国人刻骨铭心,带着憧憬走进2008,命运之神却将中国的南方变成风雪的海洋,全国人民手挽手、肩并肩迎击大风雪。天崩地陷,地震肆虐,把红五月撕扯成灰色乃至黑色,中国人民心连心高呼"汶川别哭",不惜一切抗震救灾;河水里烛光点点,人们唱起了《祝你平安》,流淌泪水的脸上刻满坚定。那一刻我们相信,这个民族已经崛起。

吟唱什么样的歌关键在于有什么样的胸怀,白日放歌青春做伴,需关注时事,悲悯苍生,忧国忧民;竹杖芒鞋吟啸徐行,需随缘自适,豁达大度。心中有大爱,歌声自然响彻天地。

贝多芬说:"音乐能使人的精神迸发出火花。"让我们且歌且行,照亮漫漫征程。

赴朝阳山抗联根据地接受教育

读你千遍不厌倦

2018 年 6 月 6 日

学习十九大报告前三部分,板书"五位一体":经济建设、政治建设、文化建设、社会建设、生态文明建设。

晨读时,学生阅读纪弦的《你的名字》,我感觉良好,气氛热烈。我翻出费翔所唱的《读你》,放给学生听,板书歌词:"读你千遍也不厌倦,读你的感觉像三月,浪漫的季节,醉人的诗篇……"师生沉浸在美好的氛围中。

我在黑板上写了"你",又加了一个大括号,让学生填写。范某佳写了"母亲",王某琪写了"朋友",王某宇写了"祖国",邵某雯写了"爱的人",付某千写了"老师",杨某雪写了"爱人"。我点点头,板书了"高考""中国梦""台湾"。用手势把高考、我自己、同学们和倒计时牌画了个圆,在"祖国""中国梦""台湾"上画了圈,竖起大拇指,同学们心领神会,鼓掌。

育人的感觉真美!

第五篇

华山论剑，梦想成真

不断修为,追寻诗和远方

2018 年 6 月 13 日

张爱玲说:"生命是一袭美丽的长袍,上面长满虱子。"理想金光闪闪,现实往往锈迹斑斑。创业也是如此,遇到清平世界,靠实干能创造伟业,其中的过程九曲十八弯,会遇到很多无奈和苟且,我们要不断地超越眼前的苟且,不懈地追寻诗和远方。进入红尘应该入乡随俗,否则曲高和寡,寸步难移;沦落红尘,湮没于芸芸众生之中,又亵渎理想,玷污情怀。以入世之行处事,力争八面玲珑,游刃有余;以出世之心修身,达到冰清玉洁,随缘自适,乐天安命。

在追寻诗和远方的过程中上演一幕幕悲喜剧。想想"胜天半子"但作恶多端的祁同伟,意欲拯救民族资本而折戟沉沙的吴荪甫,不择手段往上爬,最后阴谋败露的于连,披着慈悲外衣贪婪又淫荡的达尔杜弗。再想想历经磨难最后收获幸福的大卫·科波菲尔,为人类盗取天火、精神崇高的普罗米修斯,在《悲惨世界》中灵魂永远不沉沦的冉阿让,不懈追求,最后修成正果的简·爱。悲喜剧交织,构成丰富多彩的人类社会,我们也在不断地修为,体会人之所以为人的真谛。

端午"安康"还是"快乐"

2018 年 6 月 18 日

从来历上考虑,端午节的起源有多种说法:纪念屈原说;吴越民族图腾祭说;三代夏至节说;恶月恶日驱避说;等等。

中国自古有祖先崇拜的传统。如果按祭奠祖先的意义上来讲,祝节日"快乐"也算得上是告慰先祖、诉求晚辈平安快乐的一种方式。祝节日"安康",取平安健康之意,也对祖辈有所交代。

从纪念屈原说来讲,为了表达肃穆当然可以说安康,以示对屈原的纪念。但若说"快乐"也未尝不可,"长太息以掩涕兮,哀民生之多艰"。众民快乐,则屈原无"民生多艰"之哀矣。

从恶月恶日趋避说来讲,"快乐"意义就不合传统,而"安康"则更加契合习俗。

有文章中声称"安康"要好于"快乐",作者以祭奠屈原说作为自己的立论基础,反驳端午快乐的祝贺说法。文章内容还是很有道理的,但是古人也并非只认同安康的说法。《水浒传》中写道:"当日梁中书正在后堂与蔡夫人家宴,庆赏端阳。酒至数杯,食供两套……"欧阳修所做《渔家傲》中:"五月榴花妖艳烘,绿杨带雨垂垂重。五色新丝缠角粽,金盘送,生绡画扇盘双凤。正是浴兰时节动,菖蒲酒美清尊共。叶里黄鹂时一弄,犹矕忪,等闲惊破纱窗梦。"

从古诗文中,也可见到以快乐为基调的文学作品,足见"端午快乐"这一说法并非没有基础,虽说"快乐"一词的历史不如"安康"久远,但无论从节日传统来讲还是从古人习惯来讲,我以为二者难分高下。从现代生活来讲,二者都表示一种祝福,相比于对传统节日的关注,更多的是对自己关注的人的祝愿和关爱,是加强人与人间联系和情感的纽带,不必分出高下。

所以依我之见:谈传统,二者难分高下;谈现代,不比分高下。

他山之石正可攻玉

2018 年 6 月 19 日

我校吴某琼和韩某玉两位老师参加了高考作文阅卷,阅卷结束后他们向我说明了阅卷情况。今年黑龙江省秉承一以贯之的"立意至上、兼顾表达"的阅卷理念,侧重对考生思维能力的考查。高考语文阅卷组确定的复合类材料的立意是:现象与本质,全面与片面,主要矛盾与次要矛盾,惯性思维与逆向思维。立意思维采用由果溯因法。

只从要素出发,不能综合立意肢解材料;侧重"力排众议""事实证明"的,属于偏题作文;但是涉及"怎样力排众议"的可看作符合题意。

他们最大的感受是书写规范很重要,书写不工整的作文很难超过 50 分,书写不美观的作文很难超过 55 分。我校学生在书写方面还有很大的提升空间。平时教学一定要加强书写训练。

他们用二批法批阅一班和六班的作文,结果这两个班的平均分分别是47.4 分和 46 分。从两位老师的赋分来看,两个班既有的作文训练方法是有效的。

明语激励峰峰

2018 年 6 月 21 日

张云龙：你认为老师对你考清华大学有多大信心？

峰峰：百分之百。

张云龙：为什么这么肯定？

峰峰：因为你自信。

张云龙：你认为自己考上清华大学的概率有多大？

峰峰：百分之六七十。

张云龙：我还认为你有希望超过 700 分，很有可能摘取黑龙江省理科状元桂冠。

峰峰：我没有那么大的追求。

张云龙：但是老师有啊！

思人事，练阅读

2018 年 6 月 25 日

新高考题型变化较大，语文变得相对重要，我启动了练习语文阅读题的项目，命名为"思人事"。

印发网络文章《语文为王，你准备好了吗》，分析高考语文试题的特点，公布我校高考部分数据，又公布高二(1)班考 2018 年高考题的分数，学生们认识到了学习语文的重要性。

提高语文成绩关键在于提高阅读能力，如果在课堂没有时间完成，就要加大阅读量，于是启动"思人事"系列训练。语文阅读题人文含量相当高，引导学生关注社会、关注心灵，以期全面提高学生素养，促进学生全面发展。

具体要求：

购买一本高中语文阅读资料，每周完成三篇。

步骤：

1. 选良辰。利用学习效果最佳的自习时间完成试题。

2. 聚精神。排出杂念，全力以赴，拟设高考环境。

3. 限时间。按照阅读题总分设定训练时间，开始训练时可以增加时间。

4.争高满。单位时间内力争得到最多的分数,落实"多答一层"的要求,逼迫自己训练出高分。

5.批分数。按照参考答案批阅,把分数写在试题开头。

6.补遗漏。失分点用红笔批注,用词不准的句子用红笔修改。

7.思人事。感悟作品的深刻意蕴,联系社会生活,思考文本的现实意义,观照自己的生活,设计自己面临相似问题时的应对思路。

8.积素材。广积素材,尤其要记清有关人物,为写作储备材料。

用高考状元成绩激励学生

2018 年 6 月 26 日

早自习,我公布黑河市高考第一名的成绩:语文 120 分,数学 147 分,英语 143 分,理综 278 分,总分 688 分。分析他各科得分情况,以确定本班明年的目标。我说:"可惜查不到黑龙江省理科状元的分数。"峰峰说他知道:"语文 130 分,数学 150 分,英语 141 分,理综 280 分,总分 701 分。"我对峰峰说:"语文和数学成绩高,但是英语和理综偏低,应该各加 3 分和 10 分,状元应达到 714 分。"他看看我,没有说话。我用手指指栋栋:"这个分数你差不多能达到。"示意栋栋查看分数。按科分析,栋栋认为自己状态最好的时候:语文 130 分,数学 145 分,英语 140 分,理综 275 分。我看看峰峰,点点头,峰峰似有所动。

因为高考前我不允许学生查阅原题,在 6 月 16 日和 17 日,我组织学生考试解答高考试题,结果峰峰得 673 分,栋栋得 641 分。印刷题时用文字转换版,理综失真处较多,影响学生答题时心情。峰峰认为他的理综成绩应该比 264 多几分,至少能达到 270 分;栋栋认为该卷影响他的心情,但是没有影响他的成绩,所以我可以预测峰峰在高考时有望达到 680 分。结合峰峰曾经参加本年高三二模考试,比高三最高分多出 20 分。另外在高一时,我已经埋下伏笔,预测他们两个高考分数,峰峰高于栋栋 20 分,如果栋栋能达到 690 分,那么峰峰就能达到 710 分,绝对的高分。

用状元分数激励优生,激发他们的斗志,不啻为一种激励手段。

教师提升自我才是王道

——鼓励年级部教师

2018 年 6 月 26 日

我在微信群向任课老师发送周边学校考试成绩数据。

看别人的成功,想想自己,脚踏实地去努力!习近平总书记指出:"中华民族伟大复兴,绝不是轻轻松松、敲锣打鼓就能实现的,实现伟大梦想必须进行伟大斗争。"我们年级部想培养出好成绩,也要付出极为艰巨、极为艰苦的努力,轻轻松松是培养不出好成绩的!

我们老师的实力不弱,但是与省内名校比较尚有差距。2019 届高三全体教师务必准确定位,提高自己,达到足以傲视同侪的水平,才有可能产生好成绩。真正的尊严不是要脸子装出来的,也不是不玩业务混出来的,更不是死要面子不允许别人当面批评充出来的。你若教出好成绩,胡说都是真理。还有 347 天,我们只能加倍努力。

2016 届我们年级的成绩逐步提升,最后高分超越往届,创造新的历史纪录,我们扬眉吐气。本届,我们和周边学校比较,成绩也逐步上升,欲最后胜出,我们还需付出更多,同志们应该有清醒的认识,行动起来,提升自己!

2016 届我们自己创造的 666 分的纪录,等待我们自己打破。打破这个纪录没有问题,关键是超越多少分。2016 届超越上一届最高分分值 49 分,本届我们还能复制这个分数吗?我们能不能实现"走自己的路,让别人无路可走"的目标,请组内兄弟姐妹回答我!

高考主要考老师,老师有实力,才能吸纳优秀学苗,吸纳来优秀学苗才能培养出更高的成绩,才能形成良性循环。我们在教育教学管理等方面还有较大进步空间,应该理智清醒地认识,把自己培养成名师。成为名师的前提条件是,不抢占其他学科时间,不苛责学生,在规定时间教出高分和高平均分。

校园教育快乐多

2018 年 7 月 1 日

早上我刚到学校,接到学生报告,说三楼走廊遭水浸泡,我马上给有关领导打电话汇报情况。打开三楼办公室,"水漫金山",情不自禁地说出这个词语。

一班学生听到后，都跑过来查看，自动回班取工具收水，有的学生还到其他班级借工具。

我把办公室的电源拔掉，意识到四楼是水的源头，又爬到四楼拔掉电源，部署各个楼层同步收水。这时有关领导赶到，查找跑水原因，原来是导管老化，因压力大而破裂，导致大量泄水。我提醒学生们注意安全，简单规划路线，学生们开始"抗洪"，干得汗流浃背，一楼和二楼的学生也来帮忙，场面很壮观。

我高喊道，"学习伟大的抗洪精神，以实际行动庆祝党的生日"，大家情绪高涨。7点50分，办公室和走廊的水终于处理完毕，我看到大家很累，布置生活委员买来了冰激凌慰劳大家。

第二节课，教唱《没有共产党就没有新中国》，范唱、齐唱再加上听音频，他们越练热情越高涨，节奏音符掌握得越精准，加深了对中国共产党的热爱之情。我还启发学生改动歌词，原词为"他坚持抗战了八年多"，我说这句词和现在的提法不一致，应该改动。学生认为应该改为"他坚持抗战了十四年"更贴切。我还讲解了"八年抗战"改为"十四年抗战"的过程，更加深了学生们对抗战艰难的认识，对来之不易的幸福生活的热爱。

第三节课课间，栋栋等六人帮助六班安窗户，开始时安装不顺利，待上课铃声响起的时候，终于听到"咔嗒"的声音，安装成功，六班学生鼓掌，一班也回应热烈的掌声。

助人为乐，心有灵犀，校园里面快乐多！

课代表大辩论

2018年7月4日

大课间时，我到班级检查，听到数学课代表马某宇诉苦，说物理作业超量，根本做不完。有同学提醒那是两天的作业量，马某宇认为两天也做不完。物理课代表曹某添反驳，数学作业量更大，有时候数学老师布置的作业不多，但数学课代表又硬性增加作业。两个人开始辩论。英语课代表走过来参加论战，三个人辩论得不可开交。

我走过去阻止他们，说："看来应该限定课代表的权限，他们只能减作业，不能加作业。"韩某杰一听马上说："语文作业最多。"我问语文每天就背一页的成语，何以谈多。韩某杰说一页也多，背不下来，又对语文课代表李某萌喊道："你今天应该减作业了，班主任给你权力。"这小子用圈子套我，我说："作业以学科中等生为衡量尺度，韩某杰语文成绩低，不能作为尺度衡量。"张某彤马上接话：

"我的语文成绩在班级中游,我证明语文作业超量。"我反问:"仅仅一页成语作业,还怎么减作业?"韩某杰应声答道:"每天只背一个成语就适量了。"语文课代表接话:"那从现在开始到高考,语文所有作业只背100个的成语。"班级好不热闹!

生物课代表贾某某快步走上讲台,脸色微红,像要和谁吵架,座位上有人说:"别激动,生物老师没留作业。"贾某某拿起粉笔,在黑板上书写生物作业,写了两行。峰峰看到了说:"我也加物理作业。"仓促中写字不规整,又擦掉重写。幸亏化学课代表没在班级,否则更热闹!

这些课代表已经把提高学科成绩当作自己的任务,维护任课教师的尊严,他们个个能负起责任,都是优秀的课代表。劲可鼓不可泄,但是作业量和课代表的权限还应该科学限定。

任命松松为副班长

2018 年 7 月 4 日

因为松松屡屡请病假,她的母亲几乎对松松的学业绝望,打电话向我哭诉面临的困境,还请我和松松的父亲联系,让他承担教育孩子的部分费用问题。这让我很为难,但我想松松的母亲一定是束手无策才向我求援。我向她要出松松的电话,告诉她我做班主任的工作原则,反映学生问题必须事先通知学生本人,以免造成误解。结果松松就是不接我的电话,也不接他母亲的电话。挺愁人!

今天早上3点29分醒来,思考对松松的教育问题。这个孩子智力超群,关心班级,乐于为同学服务,确实是可塑之才。但是他思虑过重,性格敏感,身体孱弱,经常请假;再加上父母离异多年,虽然他的继父对他关爱有加,但是毕竟与亲生父亲所施加的爱有所不同。松松受高一时竞选学生会失败的打击,曾一度消沉。其实当时理科实验班的学生怕影响学习,大都无意参加学生会,而松松主动为学生服务,心情热切。既然他有为同学服务的强烈想法,我就可以给他机会,转变他,希望因材施教这副灵丹妙药会起作用。

早晨找到两个班长,探究转变的办法,他们建议任命松松为副班长。于是我在班会上宣布,松松担任副班长,协助班长工作,主要负责板报宣传、文艺活动、电脑管理以及活动中的文字部分的制作。

松松家长听到消息后很高兴,认为松松一定会有大变化。我又和几个任课教师沟通,请他们多关爱松松,多表扬、巧批评,多给他布置工作,发挥他的特长。(该生最终以600多分的成绩考入名牌大学)

面向全体,培优有术

2018 年 7 月 12 日

有领导建议老师向学差生倾斜,我认为不妥。

1. 向差生倾斜分散教师精力。教师的精力有限,轻易不能让教师分神。我校正在崛起阶段,教师要积累的很多,再有我们的原始积累欠缺,所以动用行政力让教师多头兼顾,理论上做不到。2018 届高三下学期,学校部署实验班教师专门给班级成绩靠后的学生补习弱科,补习效果很好,高考我校取得了 17 个 600 分、理科实验班平均分 595.6 分的成绩。但是由于牵扯精力,培优乏力,我校最高分不理想,没有达到预期的成绩。

2. 向学差生倾斜对学优生不公,违背教育公平的原则。让所有人享受公平的教育是教育公平的口号。我们坚决反对只关注学优生,忽视甚至忽略学差生的做法,也应该坚决反对关注学差生而忽视学优生的行为。真正的教育应该人人平等,恪守因材施教的原则,挖掘学生最大潜能。向学差生倾斜应该控制在一定的范围之内,让他们也能享受到教育者的关注和爱。

3. 面向全体、兼顾两头仍然是教育的基本原则。真正良好的班级在智育上的收获是:有高分,有一批次高分,还有较高的平均分;大多数学生都认为学到了应该具备的知识,掌握了应该掌握的能力。

其实,培优也非一厢情愿,培优也讲科学。

我们必须明白,培优的前提是教师具有丰厚的底蕴,如果教师底蕴不厚,尽心竭力的"培优"效果只能是一厢情愿,甚至南辕北辙。到高三下学期,高水平的学生在单位时间内答题速度和准确率会超过老师,达到青出于蓝而胜于蓝的佳境。有的教师水平不太高,但是也能教出好成绩,因为这类教师了解自己的水平,也明确学生的发展方向,能够正确引导,而不会束缚学生的手脚。最怕教师水平低,又束缚学生手脚,这样做的结果是教不出好成绩,反而把高成绩"教"下去。

以前和不少教师探讨过这类问题,多数人的看法是:基础知识是老师教的,基本技能是老师引导训练的,解答高难度题的能力是学生自己觉悟出来的;600分以下的学生是老师教的,600 分以上的学生是学生自我发展达到的。真正厉害的教师,更擅长引导。对智力特别高超的学生,就像柳宗元的《种树郭橐驼传》所写的"能顺木之天,以致其性焉尔",最终"且硕茂,早实以蕃"。

学校要激发教师的积极性,引导教师施行科学的培优方法,让有绝对实力的教师全程指导,提醒实力不足的教师适当放手。学校出台培优措施要经过反复论证,减少行政干预,增大业务含量。

提升课堂教学水平

2018 年 8 月 5 日

任课教师比照模拟考试中的分数,拾取信心,看到差距,思考提高课堂教学质量策略。课堂教学是综合的系统工程,不是单一方面就能包打天下。会做题不一定能教出好成绩,靠加大作业量获取高分可能会贻误学生。提升课堂教学水平、研透课堂教育规律才是当务之急。

教师主要关注课前准备是否充分、课堂预设是否完备、教师精神是否饱满、教学流程安排是否合理、教学方式是否有效、教学方法是否灵活、课堂气氛是否活而不乱、当堂知识是否掌握、体系是否完备、当堂能力是否得到初步训练、教学姿势是否适当变换以减少学生视觉疲劳、教学语言是否抑扬顿挫能够吸引学生、德育教育是否水到渠成等,而不是一味地讲解枯燥的长篇大论,喋喋不休。

劲头上我们不服任何人,我们尊敬专家,但是不迷信专家,有一天超过了专家,那么我们就是专家。我们要保持头脑清醒,看到优势和不足,找到长处和差距。努力提升自己的课堂教学水平,达到高手的水平,然后共同向名师目标迈进。名师称号是靠真功夫拼出来的,靠真正的好成绩获得的。

德不孤,必有邻

2018 年 8 月 15 日

我到市第一中学校长室送材料,见到王校长,就聊起了峰峰,王校长是峰峰的舅舅。

以前我们见面,话题也大多围绕峰峰。王校长回忆峰峰在一中读书的往事,询问孩子现在的情况,我详细地介绍。

王校长了解我们团队教师的心态,我如实回答。社会各界期盼值高,任课教师面临的压力很大。特别是社会传言省内某私立中学斥巨资挖峰峰,我在家长那里求证属实后,感到压力更大;不能把一流的学苗培养到顶级大学,误人子弟,愧对父老乡亲的信任。

王校长说:“峰峰留在家乡就读,在家长这个层面,我至少起到百分之八十的作用。"我有些吃惊，以前猜到王校长会起到作用，但没想到他的力度和决心这么大，有机会听王校长畅谈作为五大连池市教育工作者的情怀。

王校长的兄弟姐妹深受他们的母亲的影响。老人家轻财重义，她教育子女明大义、尽职责，不要为了金钱丧失做人的准则。她很注重培养孩子的自理、自立能力，认为只要内心有足够的定力，孩子在平常的环境也一样能够健康成长。因此王校长做家族成员工作，不要被金钱控制，给孩子留下阴影，扭曲孩子的世界观和价值观；教育孩子，只要自身有强大的自制力，是金子到哪里都会发光。

五大连池市教育成绩滑坡，择外校就读的学生人数较多，他作为教育人痛心疾首。认为问题不是出在教师层面，广大一线教师兢兢业业、踏实肯干，具备培养优秀学生的能力和潜质。问题出在整个教育系统的不自信上，连教育内部都不相信自己的教师、自己的学校，怎么会得到社会的信任。他认为我们县级学校和省级名校有很大的差距，但是和周边县市没有明显的差距，其他市县能够培养出来成绩优秀的学生，我们也一定能够培养出来。他评价自己的外甥的禀赋确实超过他所教育过的其他孩子，具备冲击顶尖大学的资质；送入实验中学培养，也能考入理想大学。留下峰峰，能为五大连池教育人增添自信，也能带来教育的转机。

听完王校长的话，我感到欣慰。我市的教育要发展，要腾飞，作为教育人，特别是有关教育领导要自信，坚信能够办好让人民满意的教育。有王校长这样具有教育情怀和家乡情怀的校长，教育何愁不兴？

我也有些惭愧，以为凭借我自己及其团队的出色的表现能够留住优秀学苗，其实是自己过于自负和偏激，没有人民群众的支持，没有领导的宏观调控，独木难成林。

我感到肩上的担子更重了，同时自信心也更强了，思维也更开阔了。还要奋斗一年，我们一定能够圆五大连池市人民 25 年的清华北大梦！

高三开学第一课提纲

2018 年 9 月 1 日

一轮复习理念：夯实基础，构建体系，明确考点，选准学法。

核心意识：保强补弱。

激情奋斗 300 天，谈笑已过 600 关。保障安全，调整心态，锻炼身体，增加营养。思考带来灵气，读书滋润底气。课上紧跟老师节奏，适度调整作业量。不犯低级错误，减少非智力因素丢分。人的一生走很多路，但紧要处只有几步。生活不只有眼前的苟且，还有诗和远方；无法回避眼前的苟且，但可以战胜主观上的懈怠，置换成锻炼自己的良机，关键在于设计和坚持。

高三学生应该理解父母，如果父母能够陪读，他们当然欣然前来；如果他们为稻粱谋，即解决养家糊口的问题，不能陪读，我们应该理解；如果条件成熟，但主观上想锻炼孩子，放手培养，我们应该豪情万丈。一如毛泽东选择到闹市学习；又如当年追求进步的革命青年，明知延安艰苦，依然奔赴革命圣地，提升生命价值，实现人生理想。老师希望住宿生以及有类似经历的学生自勉，把自己培养成男子汉、巾帼英雄！

适当布置作业

2018 年 9 月 1 日

这几天有的老师布置的作业超量，导致学生睡眠时间不足。各科调配好时间，以班级中等学生能完成量为宜。语文最多 40 分钟，数学最多 70 分钟，英语最多 50 分钟，物理最多 50 分钟，化学最多 40 分钟，生物最多 30 分钟。不要以优生为基准，像峰峰，按照他的标准，没有几个学生能完成！真正厉害的教师是作业不超量，成绩搞上去。用单科困住学生，不算好老师，也损害我们团队的终极利益。望自查，恰当留作业！

现在正在进行第一轮复习，切忌用高三后期的标准要求学生。课堂完成一轮复习的大多数习题，课下只完成小部分。大家不要认为课下学生完成习题，课上我们只负责讲解，那是老旧思维，那样的教法培养不出好成绩。也就是说，课堂上学生解题时间至少占一半；否则，做法错误，效率低下。

重要的练习题应该在课堂完成，比如类型题、高考原题。如果将其当成作业布置，难以监控学生完成的情况，效果也受限。如果作业量过大，学生疲于应付，他们收获微薄，且耽误其他学科，损失加倍，看似辛辛苦苦、认认真真、好心好意，实则好心办坏事。

这个团队能培养出较高成绩，不是我们讲题的水平高，而是因为我们团队合力产生六个一相加大于六的效果。如果大量布置作业，会让学生崩溃。有些学科看似单科成绩高，恰恰正是总分不高的原因所在！

精心选题，适量留作业，不压堂，高平均分就培养出来了。2016 届，我们所有学科平均分均高，所以，适当布置作业是我们取胜的法宝之一，望同志们全力守护。

呕心沥血学语文

2018 年 9 月 11 日

好作文必经呕心沥血,苦心才能孤诣,耍不了滑头,藏不了假。走捷径也必先经山重水复,才能柳暗花明! 同学们真的应该花最大气力研究作文、练习作文。用心研究,用情写作;站位高境界分析世事,精心思辨深刻的哲学思想,以此体悟人生。

提高语文成绩非一日之功,我们必须努力学习。老师认识的某生,高三下学期意识到语文的重要性,下功夫学习语文,每天至少用半小时背诵文章,研习作文,找语文老师指导;最后高考语文才得了 99 分,没有达到班级平均分。某生的智力很高,我曾经评价过她"冰雪聪明",虽后程发力,但回天无力。因为语文考试没有达到预期的效果,数学也受到影响,最终她的高考总分才得了 610 分,距离老师们预期的 660 分相差很远。

反思这名学生高考失利的原因,还有我教过的某生因语文成绩过低而痛失哈工大的教训,老师在 12 月份提出要加大学习语文力度的倡议。大家知道,国家开始重视语文学习,实施连续加大中、高考语文试题难度的举措。高考语文阅读量,以前卷面大概 7000 字,现在近 9000 字,将来可能增加到 1 万字。今年的题量,不是题目的数量,是你要做完的题的体量,比去年悄悄增加了 5%~8%。

国家有变化,各级学校也随之调整备考策略。2010 年,我去山东昌乐二中,他们实施"大语文"教学,每周增加两节语文阅读课,学校定期举办读书活动,召开论坛,全校语文学习氛围浓。今年 11 月我到江西丰城学习,那里从前几年重视语文,开展"人语文教学模式",结果"大语文教育模式改写了以往我校高考高分考生语文成绩低于 120 分的历史,我校 2018 年高考裸分录取北大清华的 6 位同学的语文成绩都在 125 分以上"。

我校校长也有这方面的意识。2016 年 8 月,他征求我的意见,计划每周给语文加一节阅读课,我没有同意,我的原话是:"我所教的班级不需要,你考虑给其他语文教师加课吧。"后来这一届语文加课也就不了了之。那么我为什么不同意给语文加课呢? 因为我校学生成绩欲整体提高,学习其他学科时间较长,再给语文加课,剥夺其他学科的学习时间。还有我没有同意是基于强烈的自信,凭借我的语文教学实力,最终我所教的学生绝对不会在语文成绩上落后,作为班主任、年级领导要兼顾全局。高一高二不加课,到了高三就应该启动"思人事"的训练项目。

学问分为两类——物理和人事，这两门学问不能完全割裂，物理学家邓稼先，能够团结众多科学家众志成城，研制"两弹一星"，领导能力卓越。现在的诺贝尔奖获得者，靠单打独斗的有几个？大多不都是既发挥自己的聪明才智，又依靠团队力量吗？这些都凭借"人事"的学问和魅力啊！芸芸众生更难离人事。中国古代选拔人才，一篇文章定乾坤，很有道理！一篇文章能考查出一个人的众多方面：政治方向、思想境界、品德修养、思维能力、习惯养成。

研究人的学问一定是世间第一等学问，把人的问题弄明白了，其他问题就弄明白了。社会是一所大学，甚至可以说是最大、最复杂的大学。研究明白社会，你就是智者；顺应潮流勇立潮头，你就是强者。穷尽物理有乐趣，人情练达即文章。阅读文章能察人性，写作文章可思人事，所以我们写好文章，不仅仅为了高考取得高分，它还是提高我们能力的最好捷径。

语文成绩可以快速提升，但是前提是积累必须厚重。我们经过 11 年半的积累，可谓厚重，厚积才能薄发，高三也到了薄发的时候了。理科复习进行大半，体系基本建立，各科能达到多少分数基本清晰。虽然有二轮的重新洗牌，但整体变化不会太大。根据经验，所有考生会意识到语文成绩的重要性；不少考生会重新制订学习语文的计划，但是由于各科训练卷子铺天盖地，临近考试气氛紧张，一些考生无法放松心态，执行语文学习计划受挫，最后徒留遗憾。因此，老师作为班主任，郑重做出增加语文学习时间、加大语文学习力度的部署。

"消除小农意识"系列教育讲座活动提纲

2018 年 9 月 29 日

（一）

1. 消除"小富即安，小进即满，知足常乐"思想。天下大势，浩浩荡荡，顺之者昌，逆之者亡。向前进，我们永远在路上。

2. 消除缺乏自律性意识，严格约束自己。讲政治、守规矩，增强责任感。

3. 改变怯懦、自卑、依赖、软弱性格，形成勇敢、自信、坚强、独立的性格，让自己的心灵强大，让集体由松散变得团结。

4. 要真面子，摒弃假面子；要大面子，抛弃小面子。比品德、比成绩、比贡献、比刻苦。

5. 重公德，抑私德。

（二）

1. 消除保守僵化思想。
2. 消除封闭狭隘思想。
3. 不搞平均主义。
4. 增强民主法治观念。
5. 抛开人情高于一切观念。
6. 增强理性思维。
7. 杜绝"面子"和内耗。
8. 转变安土重迁、重农抑商观念。
9. 消除求同和依赖顺从心理。
10. 加强公共和公德意识。

潮平岸阔风正劲 秋风浩荡日日新

——在十月一日激励男生的话语

2018 年 10 月 1 日

张云龙：比你厉害的人还在努力，你该怎样做，还用说吗？学习"大哥"的效率，学习"二哥"的热情，学习"三哥"的执着，学习"四哥"的灵气。

李某奇：发动机已经启动，就不要让它停下来。转他个飞沙走石无怨无悔。青年才俊展鸿鹄志、重脚下功，让青春飞扬！

韩某杰：面壁十年必破壁，天不枉始，地不亏人，上天垂青奋斗者。

孙某煜：重新洗牌定会脱颖而出，没有悬念；关键底牌能有多硬。坚持，再用三个月时间抓到满手好牌，冲顶时，我们有好运！

曹某琛：日日升，月月强，综合提升喜笑颜开。台上三分钟，台下十年功。我们最擅长的就是耐力！

松松：不做无谓的叹息，不思考无意义的问题；先把最重要的事情做到极致再说。放下包袱，开动智商，保证时间。亲情在呼唤！

王某楠：担千里责，聚英雄气；金子般的年龄，就要有金子般的度过方式。时不我待，飞龙冲天！

峰峰：超越霸气，自存王气，汇聚圣气。飞出黑龙江，笑傲荷塘月。睥睨群英雄，一览众山小。

马某宇:马家千里驹,怀绝世之锋碧霄掌乾坤,激起江宁千重浪,立马吴山第一峰。有仙则山名,有龙则水灵,有君兮则天晴!

陈某鑫:千年老三,真真奇葩。打开窗子,呼吸新鲜空气!

刘某轩:时时刻刻注意他人感受,宁愿自己辛苦,也不愿让同学吃苦。既然我们有缘,就共同扛出灿烂明天。

霍某辉:诸葛一生唯谨慎,吕端大事不糊涂。扬三千佳绩,细处处处落实;抟九万旋风,宏图图图圆满。只起不落,乘风飞扬!

毛某宇:毛家有伟男,清宇自钟情。造化兴安地,志在大连工。凝聚万千力,练好大九重。爆发小宇宙,高唱东方红。

李某鹏:大鹏一日同风起,扶摇而上九万里。神龙抖擞,火力全开。身体上,心理上,我们最高!

梁某宸:沉稳刚毅笃定勤勉,执着奋进大气豪迈。若细处巧雕琢,当成栋梁北辰,非百里才!

彭某野:既然已经寻梦,为何不继续向青草更青处漫溯,流连徜徉。放歌在斑斓里,有父亲的灿烂,母亲的泪花,家族的欢声笑颜。孩子,那不是梦,是你亲手织就的雪莲花!

杨某昊:不看起点看终点;命运吻我以痛,我偏回报以歌。激发千里英雄气,笑拼多年正果成。

栋栋:攀高峰,成栋梁,心潮逐浪高。缩小与目标的差距,小胜月月有。积小胜成大胜,静默流深,厚德载物!

叶某锴:君生双泉里,向阳村长成。立身行楷模,本自重横行。乡梓有真意,枝枝叶叶情。激越龙江水,饮马长春城。本有灵气,潜藏王气,若再散霸气,定能气冲牛斗,运灌未来。

杨某淳:走南闯北,世事变迁,八面来风,近入法眼。抬首看世界,全在法眼中,心思系一念,回报故乡情。

质量立校成就梦想,名师强校勇攀高峰

2018 年 10 月 30 日

教师版:

铸名师,育名生,创名校,

让我们的教师最受社会尊重,

让我们的学生考上名牌大学,

让我们的学校成为省级名校。

新时代教师工作心态（十多十少）：

理解多一些,抱怨少一点;微笑多一些,生气少一点。

赏识多一些,斥责少一点;训练多一些,讲授少一点。

编题多一些,成题少一点;学习多一些,闲聊少一点。

运动多一些,心累少一点;担当多一些,推诿少一点。

合作多一些,竞争少一点;实干多一些,空谈少一点。

教师风采：

细推物理皆是乐,老骥伏枥自奋蹄（李某龄）

手执戒尺不动武,胸怀几何嘉年华（武某华）

通晓语法学娟秀,不让须眉才精英（孙某英）

把握现在时琢美玉,追求最高级披彩霞（刘某霞）

说遗传扬先祖懿行,谈树人励后生远志（杨某芝）

诗文交融春风化雨,劳逸结合画龙点睛（张云龙）

洞晓规律才佳丽,培育英杰满园春（云某春）

纸上乾坤日月短,人生坐标经纬明（张某婧）

过去时清风漫语,将来态海燕翱翔（禹某燕）

小小课堂怀天下,千千世界顺民心（蒋某顺）

数数含辛织锦绣,形形传情照霞光（王某霞）

加减乘除岁月爽,点线面体乾坤长（孙某爽）

洪波涌起推前浪,诗文交融谱新篇（郭某波）

有机无机常做伴,原子分子巧晶莹（彭某莹）

令名芳菲桃李志,佳绩圆润眉宇新（杨某宇）

做功出力彰本色,放电发光树东风（张某东）

峰峰高三上学期期中考试总结反思

2018 年 11 月 5 日

一、各项考试成绩统计

	语文	名次	数学	名次	英语	名次	物理	名次	化学	名次	生物	名次	总分
2018.08	124	2	150	1	136.9	1	100	1	99	1	93	1	697.9

	语文	名次	数学	名次	英语	名次	物理	名次	化学	名次	生物	名次	总分
2018.09	109	16	143	2	138.8	1	94	2	92	3	93	1	669.8
期中	113	1	134	1	140	1	100	1	96	1	96	2	679

二、总体学情分析

整体上,还是以在一轮复习进程中夯实基础,构建体系为基本任务,并没有自己提前进入综合阶段。在高二下学期期末考试后的反思中,我曾提出要进行数学和理综套卷的练习,但经过一次尝试后,发现可行性为零,会花费大量本应用来夯实基础的时间,就算真的提前建成了高楼,也会因地基不牢固而崩塌。同时,训练套卷的意义在于加强知识点间的联系与提高答卷速度,而我在这两方面基本不存在问题。因此,总体上的思路为:在一轮复习过程中化整为零,一轮将结束时再进行综合练习。数学单科的反思中,曾提出要提前进行套卷练习,但从目前来看,是发挥失误做出的缺乏理性的决策,同样不具有可行性,过早进行综合练习,对我而言,同样是弊大于利。因此,我把练习综合训练开始的时间定为:最早为2019年年初,最晚为本学期期末考试结束后。

三、学科学情分析

语文:个人感觉语文一轮复习的成果颇佳,我的解题能力明显提升,已经不存在太过于明显的弱点,但基础仍有需要夯实之处。作文总想突破套路,但每次写出来效果都很一般,仍在套路和反套路间摇摆不定,造成邯郸学步一般的效果。各次考试中默写失分情况严重,确实与个人不够重视有关,但还是觉得星期四的默写作业有超量之嫌!我每次写完再出完题至少用一个小时,导致巩固效果明显打折扣。增分项:默写、作文。

数学:对于数学学科的学习过于自信,导致忽视对细节知识的把握,一味钻研难题导致出现大量基础性、非智力性失分。下一步来讲,还是不能放松对难题的攻克,但应在难题与基础知识间找一个支点。数学考试太依赖于自身状态,状态好时神挡杀神,状态差时随处翻车,这不一定是缺点,但也反映出我的稳定性需要提高。周练宝使用中的满分过多也是造成迷失的原因之一,已将对于调整周练宝难度的建议上报给数学老师。增分项:细节、稳定性、心态。

英语:成绩趋于稳定,仍有提高空间,但应该会很艰难。作文的书写时好时坏,不过最差也能达到20分。单词掌握不够精准,往往似是而非。近期阅读理解的训练偏少,导致对文章内容的理解出现问题。增分项:词汇、阅读理解。

物理：如果不是9月考试中试题数据出现不自洽导致错误，到目前为止的成绩应该是全部满分。目前物理学科的学习状态极佳，体系构建极为全面，易错点梳理清晰，但真正的弱点模块还未复习到，真正的难题所见还不够，因此，仍需努力！增分项：电学、实验、心态。

化学和生物：三个月以来，基本没有进行理综试卷的练习，现在看来，理综的过早练习会导致过于追求速度，导致需要瞻前顾后的化、生两科解题准确率下降。对于生物的重视程度明显高于化学，对自己的化学水平看得过高，又对自己的生物水平看得过低，导致时间上的分配出现不平衡，不过已经有意识改正这一问题。近期的学法上，以教材为主，一轮资料为辅，完成对基础的全面夯实。化学实验的解决能力需要强化，生物记忆内容的必修3内容值得重视。增分项：化学：实验、化学与生活；生物：必修3；共同：教材细节、解题习惯。

四、结束语

调整心态，永远充满自信，但杜绝自负；一步一个脚印，夯实基础；沉得住气，不好高骛远。高考，我们不是要胜利，而是一定胜利！

看似无情却深情

2018年11月11日

彭同学是个男孩，为人善良质朴，积极参加集体活动，酷爱篮球。他的父亲患出血热后遗症，视力能见度不足半米，完全丧失劳动能力。他的爷爷奶奶年事已高，身体不好。家里家外全凭彭同学的母亲一个人操劳。贫困的家庭促成了彭同学不同寻常的性格，他很能理解母亲的艰难，只是有时思虑过重，影响心态和学习。

他的初中班主任多次和我联系，让我特殊关照彭同学，把他培养成才。这位老师还特意交代，关照一定不留痕迹，否则可能导致彭同学状态下滑。彭同学担任体委，组织能力强，乐于为班级服务。我对他关爱有加，没有掌握好关照的度，留下痕迹，结果真的导致他贪玩，学习成绩下滑。

我反思自己没有调控好教育者的站位，决定听从那位初中班主任的建议，扮演黑脸的角色，刺激一下他，使他改正。在班级体育活动中故意晾晒他，剥夺他为同学服务的机会。找到了他的好朋友，表露出对他的不良印象。果然彭同学对我心生不满，还不敢表现出来，颇有微词。

帮扶我校的好心人到学校看望特困生，我这个班主任言语偏激，直接向彭同学施压："改变不了贪玩的习惯，心思不放在学习上，取得不了好成绩，何以回报好心人？何以向父母交代？"他脸色通红，无言以对。说实话，这种极端教育方法我不愿意采用，若使用不当，伤人太深。但采用理解、宽容、耐心呵护的方式不奏效，我只能改变方法。后来彭同学果然意识到自己的不当行为，知道了我的良苦用心，从此以后努力学习，最终以600多分的高考成绩考入名牌大学。

课堂上细节取胜之道

2018 年 11 月 14 日

授课内容随课节科学安排。课节在上午二三四节课和下午二三四节课，把重点和难点布置在 20 分钟前后，课堂前一部分层层导入，后一部分进行有针对性的练习。课节在第一和第五节，或者遇到天气沉闷的课节，学生容易困倦，可以安排激发学生兴奋的内容，比如唱歌、议论时事、讲述故事、高喊口号、升降声音、快速移动位置、设计精彩的导语等，让学生达到兴奋点即可，迅速进入授课状态。

思想教育不强行介入，讲究借题发挥，水到渠成。进行思想政治品德教育是教师的天职，我们反对填鸭式、空洞的口号式灌输，追求春风化雨、滋润心田的教育效果。如果没有合适的素材，宁可不做这方面的教育，直接进入授课程序，给学生留下干净利落的感觉，减少他们的反感情绪，拉近师生之间的距离。上课尽量不使用批评、责怪的语言，不降低期待指数、压抑课堂气氛，对学生进行积极乐观的人生观教育。

讲授和巡视检查交替。教师始终站在一个位置，会给学生带来审美疲劳，教师在每节课授课时应该适当地变换位置。如果讲解内容较多，站在讲台的时间可以长些，如果讲解内容较少，我们可以多巡视巡查。

培优与提升中等生相结合。培优是理科实验班的核心任务，培优也要复习基础强化记忆，这个过程也是面向全体的过程。重心逐渐前移，最后锁定在种子选手身上，种子选手哪里薄弱，我们就加强哪里的教学，种子选手的薄弱点也是班级内中等生的薄弱点，培优也兼顾提升中等生。

与学生真心真情交流。教育是心与心的交融，教学是智与智的碰撞，是一朵云碰撞另一朵云；我们追求以智启人、以情感人。慈爱会赢得爱戴，清醒会唤醒理智，汗水会换来感恩。

科学设计板书。记忆牢固是学习好的前提，记忆的途径有视觉记忆、听觉记忆、触觉记忆、味觉记忆等，要充分使用这些记忆途径。板书停留时间长，可以帮助学生有效完成视觉记忆,应当引起教师重视。重要内容一定要写到黑板上,板书要工整,经常使用彩色粉笔加强版面效果。

开启多种读法。比如读题干,教师范读和学生读相结合,教师范读应突出问题关键词,也可以重复,关键句词反复读,改变读的速度,让课堂节奏有所变化。

提前一周备课。学情不同,课堂会有调整,越接近上课时间,这个调整可能越科学。上课前经过几次备课,课堂效率一定提高。辛苦不会白费。

及时进入课堂。教师要及时进入课堂,最好提前进入课堂,事先做好上课准备,有利于师生提早进入上课状态。

教唱《妈妈我想你》

2018 年 11 月 19 日

今天的语文阅读题中正好有一篇歌颂母爱、感恩母亲的文章,同学们深受触动,为了调控课堂节奏,更好地抢抓教育良机,我教唱学生《妈妈我想你》,设计如下引导词。

在春晚的一个小品中,主持人对冯巩说:"巩哥,你都人到中年了,还有老母亲惦记,你多幸福啊!"有母亲惦记是儿女最大的幸福,而有母亲而不能赡养,应该是这世上最大的不幸。《郑伯克段于鄢》中郑庄公对颍考叔慨叹"尔有母遗,繄我独无",好在颍考叔进献巧计,"遂为母子如初",成就一段佳话。《巴黎圣母院》中隐修女以丑陋狠毒的面目出现,但是当她认出艾丝美拉达是自己的女儿时,母性瞬间弥漫天地,为保护女儿无所畏惧,丑美转化刺破制度藩篱,令人叹惋钦佩。为人儿女,应感受母爱、尊敬母亲、感恩母亲。

高站位引领高考

2018 年 11 月 22 日

高考考查点变化:第一阶段考知识,考查记忆力;第二阶段考能力,考查思维能力;第三阶段考素养,考查经验和品质。我们发现,考查内容逐渐增多,考点难度层层加深,知识能力品质并重。如果只把知识点作为备考大目标,可能导致培养思路狭窄,很难应对现在的高考。因此我们一定要高定位!

高考题始终在政治化和去政治化之间变化。近几年又强调政治化,强化指挥棒功能，明确提出高考为社会主义建设服务，所以我们在备考时也要遵循政治化方向。当然这主要体现在文科上，但是理科也会有所涉及。适当引导学生关注政治，我们必须行动起来！

在与家长交流时适当讨论此方面话题，引导家长做好准备，不要求语出惊人震人心魄，也不强求有所见地、领人方向、启人智慧，至少要提供生活素材，供孩子选择思考。网上不少评论挺精彩，筛选出来，供孩子们使用，至少在态度上，引导孩子们有序良性前进。

理性帮助同学培养高分策略

2018 年 11 月 24 日

早自习找峰峰和栋栋交流，谈论正确处理发展自我和帮助同学的矛盾问题。

高中教育的目标要为国家培养和输送人才。人才和人不是一个概念，一个学生只有具备足够资质，经过培养和自我发展才有可能成为国家需要的人才。高中招生按照中考分数录取，我们实验中学录取五大连池市中考前 240 名的学生，没有考入 240 名的学生就没有资格进入实验中学。我校升学目标定位到二本以上，现在百分之六十多能够考入一本；而我们理科实验班就是要培养优生，培养不出优生就没有完成国家交给我们的办学任务。

基本知识主要依靠老师教授，拔高部分靠学生自学自悟。老师能够教授到 600 分左右，600 分以上依靠学生自学自悟。学生发展自我需要足够的时间，学生本人要有自觉意识，班主任也要给予保证。

发展自我是本分，帮助同学属情分；本分为基础，情分可兼顾；本分先做好，情分后兼顾，发展自己才能帮好同学。如果这种帮助让他们养成依赖心理，反而会阻碍他们成长。

自习课不允许问问题，这里班级管理的需要。就我校而言，实践证明自习课老师辅导部分学生，难以控制课堂；允许学生讨论问题会导致课堂纪律混乱，反而影响学习和教育效果。再有学生之间的讨论对学差生帮助意义有限，同学讲解毕竟不如老师辅导效果明显，占用优生学习时间，打乱规划安排，影响优生提高。所以应该让自习课名副其实，安静的自习课对各类学生都有好处。

梯度设置问题。遵循因材施教原则，推行分层教学，提高课堂教学效率，老师设计问题有针对性，保证学差生吃得着，学优生吃得饱。

严格控制同学讨论问题的时间，规范讨论问题的方式。只允许同学在课间探讨,并且探讨之前一定反复思考,精练提出,绝不允许拖泥带水。

想方设法调控课堂气氛

2018 年 11 月 26 日

11 月份,白天时间减少,气温逐渐变低,学生进入疲劳期。教师要想办法调控课堂气氛。特别是早课,想方设法活跃课堂气氛。我的做法是,星期日或星期六的语文早自习安排学生互批诗歌作业,再讲解一小段幽默故事,点燃他们的兴奋之火,驱赶困倦。等他们达到兴奋点后再讲解本节课重点,证明效果很好。如果任务量小,可以让学生整理归纳。教师要注重板书以加强学生视觉记忆。

登龙塔,邀下联

2018 年 12 月 2 日

我到哈尔滨市学习,抽空登上龙塔,顿感心旷神怡。就利用这个教育资源加强与学生家长的沟通,达成一致目标,形成教育合力。我出上联:云龙登龙塔,插云端,腾龙运。我将其发到家长群,邀请家长对出下联。家长积极响应,对联如下。

宇轩坐轩中,观宇宙,荐轩辕。（刘宇轩）

嘉琛游嘉陵,孕尘生,迎嘉庆。（曹嘉琛）

李萌游葭荫,享醴泉,驾艨艟。（李萌）

韶峰游韶山,闻韶乐,攀峰巅。（丁韶峰）

秋野望田野,收金秋,拓视野。（彭秋野）

明辉游爱辉,明远志,展丹辉。（霍明辉）

锦鹏游锦江,披锦绣,展鹏程。（李锦鹏）

东鑫游东川,驾东风,揽鑫光。（陈东鑫）

丽宇奋丽志,奋丽志,壮宇行。（张丽宇）

代静赏鉴湖,饮流觞,应自如。（代静）

曹添望天门,渡碧水,过天堑。（曹添）

世栋闯世界,开盛世,成栋梁。（刘世栋）

杨杨下扬州,赏杨柳,始扬帆。（杨杨）

浩楠望终南,荡浩气,醉南山。(王浩楠)

清宇荡寰宇,澄宇内,凌清风。(毛清宇)

宗慧攀岱宗,耀宗亲,存慧心。(牟宗慧)

连煜驾渔舟,赏莲子,叹誉为。(孙连煜)

馨悦攀西岳,致馨德,得禅悦。(张馨悦)

绮彤过潼关,披绮霞,登彤銮。(张绮彤)

希奇游四方,看希有,赏奇景。(李希奇)

新宇考新科,执新笔,攀宇寰。(马新宇)

雨淳过淳安,游千岛,广淳德。(杨雨淳)

杨昊翱昊天,飞杨柳,越昊天。(杨昊)

梁宸访吕梁,攀梁峰,揽星辰。(梁宸)

金晗过函谷,展荆棘,踏函宇。(金晗)

刘波赏波涛,浪滔天,载风雪。(刘波)

宇琦谱奇音,看奇瑰,磨瑀玉。(魏宇奇)

明杰望明月,待明日,成豪杰。(韩明杰)

梁婧思良境,淬良体,振竞心。(梁婧)

立锴镇海圩,立峰年,凯旋归。(叶立锴)

宏超登红门,立宏志,享超拔。(解宏超)

绳跃释书悯,毽舞竞辉煌

2018 年 12 月 13 日

12 月 13 日下午第五节课,高三全体同学齐集"聚义厅",举办踢毽子和跳绳比赛,赛程紧张,气氛热烈。

13 时 30 分,在张副校长所踢的第一个毽子升空时,比赛正式开始。比赛由兰主任组织,郭副主任主持,高老师、王老师担任裁判,分别进行踢毽子、个人跳绳、团体跳绳比赛,比赛按照比例计入总分,统计出班级分数。最后高三年(4)班获得总分第一名,高三(1)班获得总分第二名。

踢毽子和跳绳比赛要求每班各选出 20 名队员,再加上任课教师,计时一分钟,点数所踢毽子和所跳绳的个数,然后算出平均值,计入总分。团队跳绳每班各派出 8 名队员,2 名学生摇绳,3 名学生跳绳,两组所跳的个数直接计入总分。

场面气氛相当热烈,同学们都在为本班鼓劲,加油声此起彼伏,特别是对有老师参赛的项目,掌声雷动,群情激昂。禹老师踢毽子达到 67 个,超过了学生所踢的平均值,赢来一片喝彩声。团队跳绳比赛前,不少学生研究摇绳技巧,寻找取胜诀窍。

此次活动,锻炼了体魄,凝聚了人心,增进了团结,舒缓了学习压力,对备考产生了积极作用。

高三(1)班全体同学积极参与,取得了总分第二的好成绩,获得最具活力奖。亮点如下:组织有力,体育委员了解比赛程序,熟悉规则,有的放矢安排,参与比赛有条不紊。同学们积极参加比赛,赛出活力,赛出斗志。代同学踢毽子、跳绳动作熟练,梁同学跳绳每分钟高达170多次。霍某辉等同学寻找捷径,提高活动质量,热心大会服务,马某宇、牟某慧等同学积极帮助整理核对分数。

请教李教授

2018 年 12 月 21 日

我校曾经聘请佳木斯大学李教授给上一轮学生做报告,各方面反响良好。我们强烈要求学校请李教授给本届学生做考前辅导。李教授的《规划人生》很精彩,让我受益良多。我听说李教授在佳木斯一中兼职,就借机向她了解一些情况。

佳木斯一中在培优上有自己的一套打法。在高考结束后,学校会组织高二学生考高考原题,每届 660 分及以上成绩大约有 50 人,学校把这些学苗作为冲击清华北大的种子选手加以培养,最终大约有 15 人考上这两所大学。评卷时把这些学生的模考分数控制在 680 分以下,因为如果学生分数在 680 分以上,就容易导致教师、学生及家长心理失衡,社会期盼过高,对高考不利。调控学科主要用语文,因为这些学苗非常优秀,数学和理综批得过严,引起他们的反感,也容易导致他们对考试标准拿捏不准,影响解题思维。所以对其作文分数控制在 45 分以下,特别优秀的学生的作文分数大多在及格线附近。

我产生了强烈的“井底之蛙”的感觉,峰峰在这种类型的考试中取得 673 分,其中作文 54 分,按照佳木斯一中的做法换算,他最多得 664 分,虽然在清华北大的种子选手行列中,但总分不算高。看来要把他培养到清华大学,我们要做的还有很多。

接受记者采访

2018 年 12 月 22 日

2018 年令我最难忘的是对学生开展的"消除小农意识"系列班会活动。到了高三,一些学生不再担心被调离实验班,因此存在"小进即满、知足常乐"的心理,自我要求变低,班风积极向上势头渐弱。我冥思苦想,打了一套教育管理组合拳,利用班会、早会和语文课,对他们进行了"消除小农意识"教育活动。此次活动消除了学生自满心理,让他们变得理智、进取、勇敢,班级风气也更加昂扬向上。

我和任课教师积极沟通,设定共同奋斗目标:做超一流教师,把一流学子送到名校之巅,立志在 2019 年高考中,圆五大连池市人民的清华北大梦!

录完音频后,记者问我:"我在前几年采访您时,就发现您的站位非常高。"我笑了:"您的意思是我有点不知天高地厚,思考问题总是超越普通教师的身份?"她赶紧解释:"不,不,就发现您特别有责任感。"我回答:"我把培养优生当作自己的责任。"

美书提格,"字"润未来

2018 年 12 月 24 日

书写美观能让高考增分,能让我们人生的各次考试增分,能修炼我们的人格,让我们的未来滋润硬朗。练好字是目前有效的备考内容,所以老师发出"美书提格,'字'润未来"的倡议。阐述理由和要求如下。

衡水中学 2018 年考生有 7000 人,超过 600 分 4000 人,我班 32 人,预计达到 600 分能有 20 人。从人数上看,大体相当,所以他们认为急需做的事,也是我们急需做的事。衡水老师建议狠抓练字,他说练字能让学生整体增分,我们应该照做。高一高二我也部署过,11 月考还观看了字迹图片,老师帮助同学们分析字体和练字方向,有一些效果。理科实验班的学生是从 1000 多中考考生选拔出来的,是人中俊杰,整体素养高,我们能够做实做好任何分内之事。

要求:

1. 在常用的 3000 汉字中选出 1500 字,每天精写 10 个字,每个字练习 15 遍,每天共书写 150 个字。

2. 用高考专用纸和笔练习,同学们自己设计练字时间,可以利用间操后的空余时间,第五节课和晚自习之前的时间。几个同学可以组织起来统一安排时间比学赶超。

3. 不追求新颖奇特,只追求清晰美观,整体赏心悦目;横平竖直,大小适宜,粗细得当。

4. 同学们牢固树立练为所用意识,平时练习,时时用到所练的字,写作文一定使用。(前三个月如果考试时间紧张,可以考虑写好第一段和最后一段)

5. 每天早自习上交作业,由班主任批阅。

6. 非住宿生每周把所练习的字呈给家长评阅,家长签上日期。

蓝图绘制,画卷徐徐展开,"字"润未来,靠我们踏实践行。

厚积薄发,百日亮剑

——峰峰高三上学期期末总结反思

2019 年 1 月 20 日

一、总体学情考情分析

本学期共进行 5 次考试,统计如下:

	2018.8	2018.9	期中	2018.11	期末
语文	124	109	113	109	114
名次	2	16	1	1	2
数学	150	143	134	150	142
名次	1	2	1	1	1
英语	136.9	138.8	140	145	140
名次	1	1	1	1	1
物理	100	94	100	100	96
名次	1	2	1	1	3
化学	94	92	96	92	99
名次	1	3	1	2	1
生物	93	93	96	97	98
名次	1	1	2	1	1
理综	287	279	292	289	293
名次	1	2	1	1	1
总分	697.9	669.8	679	693	689

从整体上看,语文除开学考试因批卷因素成绩较高外,其余几次考试成绩都在112分左右,已能反映实际水平。数学成绩起伏较大。英语学科稳定,在较高水平。物理本应全部满分,但分别由于试题错误和批卷误差而未达成。化学成绩经历稳定期后有较大提升。生物学科成绩一路走高。目前,一轮复习临近尾声,个人的综合性训练将拉开序幕,这也是决定理综学科能否取得突破的重要时期。个人决定在综合训练中穿插基础知识的回顾与专题式的练习,以进一步完善基础知识,防止高考"阴沟里翻船"。

二、分学科学情分析

语文学科:

1. 在思人事或者说整个语文学习的进程中,过于重视答案而忽视思维路径,导致分数提升受限;

2. 作文素材虽有一定积累量,但仍显不足,主流媒体的新闻评论观看不足。针对这些问题,提出的对策为:

1. 适当增加语文学习时间,除完成作业之外,针对弱点进行20分钟左右的补足训练;

2. 减少民间新闻评论阅读量,关注新华网主流媒体,加强时事性作文素材的积累。

物理学科:个人对近两次考试的试题不是很满意,试题缺乏必要难度,对高分段区分不明显,无法检验优生的学习水平。目前我的知识体系较为完善,但对于力学部分的高阶思维与解题方法存在遗忘的现象,在电学方面高阶思维未完全形成。我计划利用一轮复习的时间对力学两大主线进行进一步强化,争取在一模理综的物理部分能取得105分以上的成绩。

化学学科:期末考试成绩很高,标志着我对瓶颈的突破取得了一定成效,但并未完全突破,遇到其他类型题还是会回落到93分左右。学习的困难有两个方面:一是对化学与生活方面知识掌握不够细致,虽然面上全会但细节处存在漏洞;二是对实验部分的解答仍然存在困难。不过我相信随着二轮复习的进行,两个方面都能得到解决。目标就是在第一次模拟考试中成绩不下滑,维持在92分左右。

生物学科:成绩看似很高,但由于一轮复习特性使然,并不能完全表明生物学科备考达到了很高的水平。我在研究完2018年全国三套高考卷后发现,花费一个小时看教材比用一个小时做题收获大很多。但到目前为止,我们的复习还是以习题训练为主,这也使我们的学习出现了难以解决的矛盾:做题不看书,收获不大;看书不做题,跟不上老师节奏;既看书又做题,消耗过多时间。迫切需要一个平衡点。一模目标为 80 分。

数学学科:高考数学试题难度下降,因此个人觉得不用在我现有的基础上对解析几何进行大量的训练,但对于导数与其他部分的训练我绝对不能放松。近阶段我对数学投入较多时间,采用难度高于高考题的模拟题进行训练,目的一是训练速度,二是强化心态,以防对我在考试中受心态影响而失分。

英语学科:目前,英语学科主要的提分点已从书写转向对词汇含义的精准掌握与作文中高级词汇和句式的应用上。个人决定不再追求课堂的听写加分,在训练时有时因纠结无意义的问题纯粹是对时间的浪费。将这部分一半以上的时间转移到深入掌握 3500 词汇(热词生义)与对作文范文的背诵上。

三、结束语

长征接近尾声,百日内绝对不懈怠。心中有千日所积累,手里剑才能于百日中展现锋芒。四次模考寻找问题,调整心态,高考一览众山小!

来自校长的鼓励和鞭策

2019 年 2 月 28 日

校长在大会上公布高考目标,对于我而言,既是鼓励,也是鞭策。我听完以后,感受到前所未有的压力,但也更激发我带领优秀学生冲击顶级大学的热望。在本校会议上,校长做出以下指导:

1. 吃透考纲和课标,把控、研判命题走向,把握考题变化的内涵和实质。
2. 对学科核心素养做深入细致的分析,它是高考命题的重点。
3. 对近年来高考真题至少训练两遍,感悟奥秘所在。
4. 有效组卷,练有所指,训有所获,高效利用时间。
5. 做好非治理因素规范与训练,做到不丢分、少丢分。

温柔是父母最好的教育态度

2019 年 3 月 2 日

一模之后,孩子心理压力陡然增大,焦虑、困惑、内疚、悔恨、愤怒等心理问题可能爆发,做父母的就要理解担待。只要孩子言行不突破道德底线,我们都要默默承受。少唠叨,多呈现笑脸。如果孩子感兴趣,多和他们谈论学习之外的话题,让孩子平安度过困难期,在他的成长道路上留下温暖回忆。我作为过来人,真正体会到温柔是父母对子女最好的教育态度,是最伟大的爱。

孩子有时可以不懂事,因为他是孩子。我们不能不懂事,我们是成年人。陪孩子成长,需要信心和耐心。

经过两年半的共处,我掌握了咱班孩子的成长特点,我激励则成绩下降,我鞭策则成绩上升。看来这几个月我要唱黑脸了,请理解和支持。你们多唱红脸,有张有弛,严爱结合。把倒霉差事留给姓张的班主任吧。昨天班会约定:班主任每天6:30到班签到,签到簿设在班长处,迟到一次罚款200元,充当班费。指导孩子:不突破道德底线,绝不影响他人;轻易不要问同学题,不要让同学为难,给你讲解是情分,不讲解是本分;有问题问老师;有意识地提升题与题之间的转换能力。

调控答题节奏

2019 年 3 月 5 日

上午给峰峰的母亲白兰打电话,了解学生在家的情况。白兰说峰峰进入高三,在家心态放松,对数学充满自信,但也为偶尔的失误而沮丧。白兰特意询问我峰峰的语文情况,我请她放心,语文学科绝不会误事。

我提出三个问题:峰峰在考试中是否存在放水留缺示弱的心理;能否意识到数学学科的失误之处;是否把控答题节奏。

中午白兰回微信表示,峰峰不存在放水流缺示弱的心理;数学考试偶尔有闪失,但可以弥补;有调控答题节奏的情况,还请张老师指导。

白兰说:"峰峰整体学习都在提高,令人欣慰,我对他有绝对的信心。我了解他,即使可能出现一点闪失,我也相信他的水平。咱们再多帮助他,让他避开可能出现的失误。"

我说:"听你反馈的信息,我心里更有数了,合作愉快!"

做超一流教师,圆学子的理想大学梦

——在高三一模质量分析会上的讲话

2019 年 3 月 8 日

我发言的题目是:做超一流教师,圆学子的理想大学梦。

再次推出橄榄型复习理念,我在第一轮复习之前论述过。橄榄型复习理念由近几年高考题切入,然后选择使用其他省的高考题和优秀的模拟题充实延伸,第二轮复习之后用全国高考原题聚焦,高考前用精选的两套试卷微扬创新点。

高考命题的原则明确,纳入课程标准,在一定时期内保持稳定性。用高考原题切入,使学生的感觉和思维与高考命题原则同步,解答试题能够得心应手。选择其他省的高考题和优秀的模拟题是在范围上扩大,从内容上充实,从而完成量的积累,达到质的提升,选择试题时要注意其前瞻性和与全国二卷试题的互补性。第二轮复习之后用全国高考原题聚焦是再次巩固这种感觉和思维,加入学生个体的理解,争取达到质的提升。微扬创新点包含教师对高考形势的预测,也是吹响学生向广阔思维空间前进的号角。做好这些的前提要求教师解答足够量的试题,只有如此,才能精心选择出切合高考方向的试题。

第二轮复习理念:巩固理论,完善体系,调整学法,训练时间。核心词:冲强济弱。在第一轮复习中学生适应多种题型,构建较完整的理论体系。第二轮复习在此基础上巩固理论,完善体系,做到"理论先行"。理论先行在解题时能走捷径,消除学生的考场紧张情绪,减少失误,对学生解答常规题型大有益处。根据高考方向和学生特点,教师帮助学生调整学法。训练时间可按照考试科目时段和记忆解答类型题所用时间进行训练。冲强济弱与第一轮复习的补弱保强互补,先后顺序不能颠倒;补弱保强指在第一轮复习时,暂时减少对优势学科的复习,增加对弱势学科的学习时间;冲强济弱要冲击强科,用强科成绩补充弱科不足。

第三轮复习理念:完善细节,消除盲点,研透真题,调好节奏。核心词:冲强补弱。天下大事,必作于细,答题亦如此,完善细节,注意解题步骤,消除盲点不失误,就是正常发挥。如果试题难度不大,学生的竞争优势在于细节,细节完善才会取得理想成绩。即使高考题难度增大,只要基础题不出现失误,细节不遗漏,才能保住基本盘。研透真题指在足量的训练之后,再次用高考原题校正,不束缚悟性高的学生有创意的理解。调好节奏,成熟考生应该有自己的解题顺序和时间,快慢自如,收放有度,教师有意识地提出并训练这些方面,学生有意识地遵循平日习惯,不被带节奏,才能达到理想目标。

保持自信。自信包括情怀上自信和业务上自信。我们处于实验中学快速发展期,作为五大连池人,我们希望它是一个高峰期,而不是巅峰期。以我指导的高考作文为例,高考作文是代表国家考查考生的人品和学品,考查他们的政治思想、道德品质、思维能力和行为习惯,而学生的人品受教师的影响,教师具有浓厚的家国情怀,学生在耳濡目染、潜移默化中也加深了家国情怀。

坚定业务自信。与名师相比我们可能存在某些不足,但是彼名师为彼学校服务,不能为我们的学生提供帮助。我们向名师学习,针对我们学生的特点备考,指导针对性最强,也最有效。自信能够爆发小宇宙,引发大能量,感染和激励学生,圆他们理想的大学梦。

适量布置作业。各科的作业时间以班级中等学生能完成为宜。语文 40 分钟、数学 60 分钟、英语 50 分钟、物理 50 分钟、化学 40 分钟、生物 30 分钟,5 月 1 日还要减少作业量,每一科作业控制在 30 分钟之内,给学生留出更多时间冲击强科。重要的练习题应该在课堂完成,比如类型题、高考原题,如果把它们当成作业布置,学生难以保证完成,效果也受限。按照惯例,一模考试成绩公布后,有的老师会加大作业量,这样会导致学生疲于应付,睡眠时间不足,进而收获甚微,甚至引发他们的反感情绪。用单科作业困住学生,不算好老师,也损害我们团队和学生的终极利益。

"狠批"作业。想取得高平均分,精心选择习题是前提,批改作业是必由之路。所谓"人勤地不懒",教师勤劳,才能了解学生掌握知识的情况,才能有针对性地讲解练习。及时详细批改作业,既能激励学生、感动学生,又能取得好的教育效果。有的教师不批作业,完全依靠课堂讲授。对于备考而言,讲得好只是教得好的一个方面,不能包打天下,了解学生的答题情况,才能明确辅导重点,教学才能有的放矢,才能高效,从而获取好成绩。讲得好又能及时批改作业,既是雪中送炭,又是锦上添花。

五月份会有很多卷子铺天盖地而来,我们要慎重使用。希望年级部全体教师勇于担当、全力以赴,做超一流教师,圆五大连池市学子的理想大学梦。

请名师指导学生作文

2019 年 3 月 25 日

我给哈师大附中的时老师打电话,请他指导我学生写的两篇作文,时老师欣然应允。很快我就收到了时老师的回复,他的点评独到,评论精练,既能发现作文优点,指出作文存在的问题,又能指明训练的方向,让我受益匪浅。名师确实名不虚传,助人为乐的品质也令人敬佩。时老师今年也教高三,还身兼数职,繁忙辛苦自不待言,百忙中能抽出时间,帮助我指导学生作文,其风格之高值得学习。

高考见分晓

2019 年 5 月 15 日

我校理科实验班三模成绩不高,领导很关注,特意找我分析原因,寻找解决办法。

我分析成绩低的主要原因是:我们所进行的教研活动针对的是高考成绩而不是模考成绩;使用橄榄型复习方法还不到最后,因此成绩提升不明显;待最后阶段,学生学会整体贯通,好成绩就会显现。2016 届我们使用这个套路,获得了成功。模考成绩只能作为参考,不能用来评价教师,更不能扰乱教师备考节奏。

我也请教过资深老师,他分析峰峰三次模考的成绩都在 680 分以上,并且成绩渐次提升,难能可贵。峰峰高一高二成绩始终靠前,积淀深厚,应该会在考查高中三年乃至 12 年知识积累的高考中最终胜出。他的数学和理综是强科,只要他选择填空没有失误,获取高分问题不大。即便是高端题他得不了满分,失分也不会不多,依靠强势的英语学科也能胜出。

我们有三个依靠:一靠峰峰的天资,他的智力在黑河市考生中还能拔得头筹,我们应该相信他;二靠班主任的宏观和微观调控,培养学生的勇敢品质和淡定情怀,提炼并贯彻科学的冲刺理念;三靠团队教师在冲刺阶段的科学指导。

我已经部署好冲刺路径和理念,希望各位教师能够领悟并执行。

与团队教师交心

2019 年 5 月 30 日

兄弟姐妹,在这个群里我把我复习的理念、流程以及使用试卷的情况做了说明。对于你们而言,可能会产生较大的压力,因为我的想法、思路和大家不完全一致。我们想要学生取得好成绩,就必须统一思想,即使你们可能私下里不太同意我的想法,但是在行动上应该遵循我的思路,这样我们才能步调一致,步调一致才能形成合力,形成合力才能圆学子的理想大学梦。我也知道,我这样的做法是一种张扬,是要负责任的。想取得好成绩,这种张扬是必要的,不吭声、不布置,靠自然而然的发展,那是不可能取得好成绩的。我比你们年龄大,经历也比你们复杂,我觉得兄弟姐妹能理解我的心情。咱们这个团队取得好成绩,功劳是大家的,当然包括领导,包括全体教职员工,我们乐于和他们分享。

关于这一轮复习，我从 2016 年高考成绩公布之后就开始思考，运作三年，权当作五大连池人在高中教育上的一次探索，成功了那是经验，失败了就是教训。成功我们分享，当然主要是我们六个人的；不成功，张云龙一个人承担。

想干好事业，就要有思想，敢打敢冲、敢于尝试、敢于创新。缩头缩脑永远没有出息，永远没有发展。明哲保身，我也不屑于那样做；明哲保不了身，只能往前冲。只要我们坚定为国家培养人才的方向，遵循考试规律，这种尝试、这种创新多少会取得较好的效果。

我们期盼学生能出高分，圆五大连池市人民 25 年的清华北大梦，把学生送入理想大学。

无怨无悔育英才

2019 年 6 月 7 日

昨天 19 时休息，今晨 5 时醒来，足足睡了 10 个小时。6 年以来，只要我的学生上课，我基本上每天 22 时入睡，清晨 3 时 30 分醒来。

头脑清醒，眼睛明亮，估计血压很正常。更高兴的是，看到 2016 届的学生们闹群和我尊敬的于良同志的祝福，瞬间幸福感爆棚！

积淀 30 年，境界、精神、理念、知识都融入管理、教育、教学和生活中，没有遗憾，静等果实到来。在高中任教 18 年，为回报五大连池市的父老乡亲，为感谢高中的厚爱，为了圆自己的名师梦，呕心沥血 18 年，回忆起来幸福满满。充实的岁月抽走茂密的黑发，脸上留下一道道沧桑的褶皱。为国家培养和输送人才无怨无悔，我甘愿倾情付出，换来学生和家长的岁月静好。承担和奉献能够创造和享受幸福！

特别感谢各位领导，感谢刘老师、武老师、禹老师、陈老师、彭老师、张老师、兰主任，还有我的妻子。有你们的支持和鼓励，岁月才真正静好！

展望高考愿景，与 2016 届孩子交流

2019 年 6 月 13 日

昨天和刘老师、禹老师说，峰峰会给我们惊喜，孩子们会给我们惊喜，同志们拭目以待！

站在职业梦想即将实现的康庄大道，感谢陪伴和帮助过我的人。2016 年 2

月份书写的那个目标很有可能实现,我写完两组数据(700分),当年同学们都很疑惑,李某凤苦笑着摇摇头,说我定的目标太高了,做不到,锐锐也说目标定得太高了。

请原谅老师的执着,人间正道是沧桑,我为我的教育梦想奋斗了18年,感谢你们陪伴我3年,陪伴我走在第12年到第15年的道路上。我和我的团队2016年设定的目标是,把五大连池市的高考耻辱甩进讷谟尔河。2019年的目标是让五大连池市高中教育腾飞。孩子们,再过12天就见分晓了。

这样执着究竟为什么?漫漫人生路上下求索,心中渴望真诚的生活。不用别人告诉我对与错,无悔奉献,创造幸福才能享受幸福!

2019年学校领导与峰峰等合影
(左起郭洪波副主任、张云龙主任兼班主任、栋栋、王校长、峰峰、陈某鑫、兰志鹏主任)

数学老师的"委屈"和豪迈

2019年8月20日

新学期上班的第一天,刘老师到教研信息处找我,我笑眯眯地站起来迎她,"状元的师傅来了",刘老师抿嘴笑,故作严肃的表情说:"哎呀,得了,你别忽悠我,你都忽悠我三年了。"对着办公室的那两位副校长倒苦水说:"张校长、李校长,你们给评评理,我教他班三年,受了他三年的气。他各种找我谈话,咱们学校的这些教室和实验室,没用过的不多。三年可给我累坏了,也上火坏了。"张

192

校长看着刘老师笑："你可没白挨累，数学 4 个 140 分培养出来了，创造五大连池高考纪录。"李校长也说："三年还有多少白挨累的，峰峰 147 分，绝对的高分，你立了大功。"刘老师露出开心的笑容。我打趣道："刘老师不来，清华不出。"刘老师反应很快："打住，你可不要忽悠我了，这三年遭多少罪，张大主任给我多少压力，我得少活好几年。"我接过话题："折寿两年，但是你为五大连池市教育事业贡献巨大，加寿三年，正负相抵，刘老师还能增寿一年。"刘老师指指我笑了。

她把我叫到走廊，说："领导，事先和你提个要求，我不想教实验班了，压力大，也累。"我看着她笑，回答："我可不是什么领导，咱俩是同事、战友。你不想教实验班，可能吗？教出高分和高平均分的老师弃之不用，领导不能同意，家长也不能答应。你那么上进，教普通班也用心，也挨累，还不如教实验班踏实。"她说："你和校长们谈谈，不要让我跨进度，太劳神。另外我女儿上高三，我想好好陪陪她。"我点点头，"你女儿是个用功懂事的孩子，到高三你是应该好好陪陪。你的想法我理解，可是你教的这个班级马上升入高三了，这个时候换数学教师，还换掉你这个名师，学生和家长能同意吗？再说你教高三，和你的女儿同步，辅导起来更顺畅。至于高一理科实验班，数学非你莫属，我需要数学高分支撑，更需要志同道合的老师协作。有困难你想办法克服，等你把你女儿送到大学，我协调让你教一个年段。"刘老师很无奈："早就知道找你也是徒劳，我还要忙碌一年。"我赶紧安慰她，过了这一年我负责协调，让她只教一个年段。

2019 届教师合影
（前排左二刘芬，右一张云龙；中排左二彭莹莹，
左四禹海燕；后排左三武华，左六张淼，左九 陈康大 ）

清华大学是教育部教育的具有高等学历教育和研究生资格的普通高等学校

清华大学
TSINGHUA UNIVERSITY

录取通知书

___峰 同学：

兹录取你入我校 ___计算机类___

专业类学习。请凭本通知书来校报到，具体时间、地点见《新生入学须知》。

No.

附：新生入学须知一份。

二〇一九年七月十九日

峰峰考取清华大学录取通知书

北京航空航天大学
BEIHANG UNIVERSITY

录取通知书

编号：___

___栋___ 同学：（考生号：___）

祝贺你被北京航空航天大学本科 ___工科试验班类(信息类)___

专业录取，请于二〇一九年 ___九月三日___ 凭本录取通知书到 北航学院路校区 办理入学报到。

校长：

本校是教育部批准的具有高等学历教育招生资格的普通高等学校

北京航空航天大学　　二〇一九年七月

栋栋考取北京航空航天大学录取通知书

唤起学子英雄梦

——通过英雄主义教育增强高中生责任感的实践研究

2019 年 9 月 1 日

教育的根本任务是立德树人，这就要求在教育过程中，教师要唤起和培养学生的担当精神与责任感，不断提高学生的社会参与度。然而由于长期受"应试教育"思想的影响，普通高中教育多以分数、试题为基准点。为了踏入大学的门槛甚至是考上名校，学生们在室内埋头苦读，无暇关注国家、社会、人民的现实问题。很多教师不断强化学生的解题技巧，往往忽视了对学生责任意识和担当精神的培养，只看重升学的教学价值意义，忽视了更为长远的教育目标。针对学生的缺乏责任与担当，一些教育者做了不少努力，但问题始终没有得到根本解决。而进行英雄主义教育是解决问题的一条十分有效的途径。本次讲座通过分析课程标准、查阅文献、调查学情、阐述校园英雄主义教育模式，打破教育途径唯一、方式单一的局面，触碰和涵养学生的心灵及灵魂，力求提升学生的责任意识，从而提升立德树人效果。

校园英雄主义是成全小我、成就大我、服务社会、坚韧不拔、无形中折服一群人的爱国主义精神品质，是始终坚持为人民服务，坚定的、忠诚的、杰出的突出精神品质的信念。责任感是能自觉做好分内事的精神状态，小事讲风格，大事讲担当。教育途径包括课堂教学、课间活动、班会、团会、早会、劳动、节日、大型活动、标语、板报等。英雄主义教育指在日常教育中开展的讲授、引导、渗透与实践，这种教育是随时随地、全方位立体的。

英雄主义教育，首先需要辨析和批判解构先烈、调侃英雄、丑化英雄的行为，消除无所担当的负面影响。这从小处看，可以帮助学生形成正确的观念；从大处看，能净化学校的言论与风气，形成良好校风。校园英雄主义教育与素质教育宗旨一致，英雄主义所折射的无私奉献、勇于担当、保家卫国的精神与新时代弘扬社会主义核心价值观一脉相承，有利于新课程标准的实施。

中国的英雄文化诞生于混沌时期，盘古开天、精卫填海、夸父追日以及三皇五帝的传说都包含着浓烈的英雄主义的色彩。中华民族五千年的文明发展史，从某种视角来看是由英雄推动的历史。中华文明是世界上唯一没有间断的文明，而中华英雄所起的作用很大，因为在中华文明遭遇断代灭绝危险的紧要关头，总有英雄人物力挽狂澜，赓续文明。

当然，西方教育对英雄的歌颂传承也很久，《荷马史诗》中的英雄以其勇敢和强壮使人产生英雄感。罗马英雄的体格蛮鲁强壮,增加人们对形体高大威猛的遐思,产生崇拜感。到文艺复兴时期,英雄感增加了心理和意志的内容。但随着资本主义经济的发展,金钱关系逐渐取代道德,西方英雄主义逐渐平庸化、平民化。

马克思主义的英雄史观为我们树立崇高的典范。而习近平总书记关于英雄的一系列论述,尤其是党的十八大以来,他在多个场合强调,全社会应当"崇尚英雄、捍卫英雄、学习英雄、关爱英雄",为实现中华民族伟大复兴的中国梦而砥砺奋斗,这些论述既彰显了时代特色,又反映了时代所需。

问卷调查发现,高中学生对英雄主义和责任感的认知很有限。学理工的学生和学文史的学生对二者的认识还存在着较大差异,理科生由于学科局限,他们更多的是从语文课堂、班会、板报等途径来了解英雄主义和责任感的知识;而文科生了解的途径可能更广泛,比如历史课、政治课、地理课等。其实所有的学生都应该接受更广泛的英雄主义教育。

高中学生对中国文化中的传统节日,往往只知道有这样的节日,对其由来、内涵和意义却了解甚少。然而中国传统节日却镌刻着深深的民族印记,寄托了中华民族的情感和希冀,体现了中华儿女对民族共同价值观的追求和坚守,形成了内涵丰富的中国传统节日文化。故此我们可以通过专题讲座来增强学生对传统节日的深入了解,从而加强学生对传统节日中英雄文化的了解,以便于学生更有激情地传承中国文化,加深民族情感认同和思想认同。例如探寻端午节的由来,了解屈原忠诚爱国、舍生取义的民族精神,摒弃网络上的悲观消极情绪以及利己主义等思想。

要充分利用本土红色资源,让学生感受革命烈士、英雄主义就在我们身边,还可以使学生产生心灵震撼。带领学生来到青山公园,瞻仰人民英雄纪念碑及赵青山烈士雕像,追寻英雄足迹,传承民族精神。这种活动让学生了解我们身边的革命烈士赵青山,了解革命精神,珍惜我们今天来之不易的幸福生活,铭记历史、报效祖国。还可以带领学生观看五大连池朝阳山抗联遗址视频以增强学生责任感。之前布置学生查阅资料,老师为他们介绍当时抗日战争的背景。同学们在观看视频后了解了李兆麟、张兰生、陈雷、冯仲云、冯志刚等民族英雄的事迹,感受到这些民族英雄的英勇气概和宁死不屈的精神,真切认识到哪有岁月静好,只是有人负重前行的道理,认识到责任担当的重要性。教师阅读范文,满怀深情地回顾东北抗日联军 14 年里在白山黑水艰苦抗战的岁月,重温了东北抗联精神,组织学生开展讨论。同学们学习和理解英雄身上的大无畏精神,充分领会东北抗联精神,激发他们为实现中华民族伟大复兴贡献力量的豪迈情怀。审视身边淡漠民族英雄、奉行利己主义、缺乏社会责任感、缺乏文化认同和民族认同的行为,认识到时代需要英雄、国家需要英雄、民族需要英雄,所以我们要崇尚英雄。

通过召开主题班会,学生们了解了中国革命史、民族伟人,认识到今天的幸福生活是革命英雄前辈们抛头颅、洒热血换来的,我们应该珍惜,从而为学生树立崇高的学习榜样。同时为了让学生理性认识自身弱点,改变不良习惯,摒弃和消除不足,清醒前进,特意举办了消除小农意识讲座,增强了学生的责任感。当今时代,一些人只强调个人得失,人与人之间的距离越来越远,缺少真诚和友情,而在学生生活的小环境中,也存在种种不良表现,凡事以自我为中心,毫无责任感。针对以上问题,开展以"认清责任,圆英雄梦"为主题的班会,让学生提前搜集有关责任方面的资料,并且注意观察身边同学做事负责或不负责的现象,寻找生活中的"无名英雄"。列举身边成功校友的事例,关注成功经验和细节,请考入哈工大的同学做报告,介绍经验,让学生学习榜样有迹可循。

挖掘校内外资源,形成合力,激励学生考入理想大学,圆英雄梦。让学生感受到领导、老师、家长、社会和学长的期盼,激发其责任感和英雄担当意识,把它们转化成前进的动力。布置学生及时总结反思,促其理智清醒成长。关注教育过程,每个月设立主题词,主题词的确立秉持班主任确立与学生确立相结合。明确三个轮次复习备考理念和关键词,把握要点,认清备考方向。大型考试后总结反思,其内容包括目标、成绩、身体和心态,总结经验,反思不足。运动会后寻找亮点,发扬优点;学生自发设计跑操口号,提出喊号标准。这些教育资源立体、系统,时时刻刻触动学生心灵,使学生的担当意识溢满心怀。

观看英雄主义影片也可以增强学生的责任感。在调查过程中发现,多数学生对中国历史上的英雄人物只知其名,而不了解这些英雄当时是在怎样艰辛的环境下、在多长时间里创造出固国助防、震惊世界的成果,还有少数同学根本不知道这些人物和事迹。有鉴于此,先让学生回家查阅资料,再让学生观看科普视频,让学生充分了解到当时历史背景和英雄们付出的艰辛。如果是现场观看,效果会更显著。这种渗透式教育和情景式教育,让英雄形象在学生心中根深蒂固。看过《战狼2》后,学生写的观后感中的两句话给人留下了深刻的印象。"你看,平凡里也可以长出茂盛的英雄主义,因为他是最勇敢的中国人。""这个世界会不会好我不知道,但能够和平地活在这个国家,一定是很多人付出了很多努力,因为有这些人的存在,我真的觉得很自豪。"不定期带领学生观看英雄主义主题影片,在缓解学生学业压力的同时,让学生受到了爱国主义和英雄主义的熏陶。

开展小组讨论,激发学生的英雄情怀。高中的学习内容对于探索欲望强烈的学生而言比较乏味单一,而在教学中融合英雄情怀教育、开展小组讨论可以有效改变这一现状。在课堂中采用小组讨论的教学手段,充分发挥小组讨论的优势,学生可以在规定的时间内充分表达自己的看法和学习心得,激发其浓厚的英雄情怀。

将音乐文化和英雄主义教育相结合,赓续英雄精神血脉。充分发挥音乐文化的美育功能,把它和德育工作相结合,筑牢学生的理想和信念之魂。紧抓"致敬英雄",精选华夏文明中具有民族精神和英雄情怀的歌曲,利用音乐课、班会课、早会或重大节日,通过让学生对音乐作品的聆听、赏析和演唱深入理解其精神内涵,启智润心,唤醒学生血脉深处的爱国情怀。在精神亢奋的五、六月份,可以欣赏舒缓的协奏曲、小夜曲、钢琴曲,民族音乐方面可以听笛子、箫、芦笙、葫芦丝、二胡等演奏的乐曲,可以欣赏的歌曲如《隐形的翅膀》《星辰大海》《阳光总在风雨后》《奔跑》。在沉闷的十一、十二月份,可以欣赏交响曲、进行曲、奏鸣曲等,民族音乐方面可以听唢呐、琵琶、鼓等演奏的乐曲,可以欣赏的歌曲如《真心英雄》《男儿当自强》《怒放的生命》《壮志在我胸》。这些歌曲励志感恩,起到很好的教育效果。

精心设计板报内容,让英雄文化走进校园。如高一板报主题是"缅怀先烈,勿忘国耻",以"九一八"事件为契机,让学生学习抗日英雄的精神品质,铭记国耻,勿忘先烈,强我中华。通过此次活动,学生明确表示他们以自己是中国人而自豪,要以实际行动报效祖国,因为"天下兴亡,匹夫有责""苟利国家生死以,岂因祸福避趋之"。板报内容可谓是激发了学生骨子里的英雄情结和担当意识。

挖掘语文学科中有关英雄的资源,增强学生的学习欲望。高中生面对大量篇幅长、文字多、形式变化多样的语文阅读材料时,往往会出现厌倦和抵触心理,这在一定程度上削弱了语文本身的学习乐趣,降低了学生的学习欲望。而在融入了英雄情怀教育的高中语文教学中,学生常常可以跳出对语文技巧和知识的学习,在教师的引导下进入英雄的世界,了解他们的生平和事迹,和他们产生强烈的情感共鸣,从而学习和传承他们身上高尚的英雄品质和精神。学生再带着崇敬的心情去阅读文章,其学习欲望就会大大提升。培养学生的家国情怀,高中语文教学更具有独特的教育作用,能够有效培育学生的家国情怀,激发高中生"为中华之崛起而读书"的决心、为党和人民努力奋斗的决心,并充分认识到自己和英雄之间的差距,做到正确认识自我、纠正自我、改正自我。在英雄情怀感召下,学生的学习目的不再局限于提升成绩、找一个更好的出路,而升华至努力以所学知识为社会创造价值。为此我们努力探索高中语文教学与英雄情怀教育的融合路径。仿写颁奖词、歌词,拟写对联,书写自我励志话语,自编拜年短信,既提升文采,又涵养精神。这些教育活动可以激发学生激情,深刻把握英雄情怀教育的内核,把同英雄浓烈的情感共鸣转化为自己实实在在优秀品德和具体行动,能够在生活中切实传承英雄精神品质,弘扬英雄情怀。

在实践研究中,我有很多的感悟与收获。

时势造英雄,英雄引潮流,要用英雄主义精神助力"中国梦"的实现。任何时代的英雄主义精神都拥有强大的道德感召力、情感感染力和时代号召力,可以引领社会创造价值,树立时代精神标杆。弘扬英雄主义,有助于学生丰富精神内涵,塑造正确三观,增强责任感、使命感。

时代需要英雄,国家需要英雄,民族需要英雄,所以我们要崇尚英雄。习近平总书记曾指出:"一个有希望的民族不能没有英雄,一个有前途的国家不能没有先锋"有的人淡漠民族英雄,奉行利己主义,缺乏社会责任感,缺乏文化认同和民族认同,甚至有的人以价值观扭曲的方式消费英雄,以戏谑的形式不尊重和抹黑英雄,我们要坚决与之斗争。

英雄来自人民,人民孕育英雄。受到人民的拥护和爱戴,英雄才能开创伟业。新时代的今天,我们学习英雄,就是要立足本职岗位,就是要做好本职工作。英雄来自人民,也来自平凡。把平凡的工作做到精致,就是不平凡;把平凡的工作上升到事业的高度,就是爱岗敬业;把平凡的工作做到精益求精,就是具备工匠精神。这正是我们今天学习英雄精神的现实意义,也正是我们实现民族复兴的不竭动力。

加强英雄主义教育,厚植爱国情怀,提升学生的民族责任感。爱国主义是中华民族的光荣传统,是中华民族奋勇向前的强大精神动力,是心之所系,是情之所归。英雄主义教育是青少年成长过程中的必修课,也是实现爱国主义教育的最有效、最能激励、最有情绪感染力的途径,符合高中生的年龄特点和心理特征。加强对学生的英雄主义教育,有利于激发学生自觉维护民族独立、民族尊严的责任感,有利于培养学生主动为国担当、为国分忧的家国情怀,有利于培养学生的国际视野、开放胸怀,也有利于帮助学生树立正确的人生观和价值观。英雄主义教育不仅仅是一种教育方式,更是一种精神追求。加强英雄主义教育,厚植爱国情怀,怀揣英雄主义者的梦想,永远付出现实主义者的努力,让爱国主义精神在学生心中牢牢扎根。

让英雄精神观照现实,让英雄主义走入生活。自中国共产党建党以来,涌现出无数为革命抛头颅、洒热血的英雄人物,他们为我们留下了一个个英勇悲壮的故事,也为我们开展英雄主义教育活动提供了极好的素材。大量英雄人物的事迹具有广泛的典型性和代表性,但对于出身本土的青少年来说有些过于遥远,缺少一定的感性认知。因此,更要充分利用本土红色资源,让学生认识到革命先烈实际上距离我们并不遥远,真实事件就曾发生在我们身边,他们的革命事迹展现了红色乡土文化刚强不屈、朴实无华的民族风格。同时英雄主义具有时代性,英雄既可以是惊天动地的先烈,也可以是春风化雨的凡人。青少年学生加入时代洪流之中,会产生强烈的情境感与参与感,与英雄榜样之间的时空距离也随之打破。英雄不在天边,而在身边;英雄不再遥远,而是随处可见。社会现实就是很好的课堂,英雄事迹就是鲜活生动的教材。

当代英雄主义教育必须要和现代生活有机结合,把榜样的力量融入学生切身的生活和学习中去;在给学生树立榜样的时候,要注意英雄标杆、榜样教育的亲和力与吸引力,太过于完美的榜样形象可能会引发学生的质疑与抵触;杜绝偃旗息鼓、走马观花式的应景式教育;在选取英雄和榜样时,要注意学生的身心发展和时代特点,有针对性地面向学生选取对象;创新常规英雄主义教育,不能将英雄的定义固化,活动单一化,作为教育工作者要潜移默化,多重教育,完成红色基因的薪火相传。合理运用多种教学方法,借助网络拓展英雄主义教育资源,深化英雄主义教育和学生生活的有机结合,确保学生在快乐、高效的学习体验中实现英雄主义教育。语文教学中渗透英雄主义教育的常见教学方法包括情境法、合作法、角色扮演法、多媒体法等,不同教学方法的适用性及优势存在明显差异,需要在实践中灵活选择,以确保实际教学效果。

让英雄文化走进校园。习近平总书记指出,实现中国梦必须弘扬中国精神。英雄文化是中华民族的宝贵精神财富,更是中国精神的力量源泉,传承给年轻的一代是教育工作者义不容辞的历史责任。弘扬英雄精神,培育学生的家国情怀,必须让英雄人物、英雄事迹走进校园,让英雄文化成为校园文化的主题之一。青春与奋斗前行,"走得再远,走到再光辉的未来,也不能忘记走过的过去"。

觅英雄足迹,做英雄传人。追寻历史,讲述鸦片战争林则徐、抗日战争杨靖宇、抗美援朝黄继光、建国初期王进喜、和平年代袁隆平等英雄事迹,让学生明白时代从不缺少英雄精神。新时代的中国,英雄同样无处不在。默默钻研数十载的科研人员、坚守脱贫攻坚第一线的基层干部、累倒在手术台旁的医生、对每个孩子都关怀备至的教师,只要脚踏实地自强不息,每个人都可以成为自己的英雄、时代的英雄。

增强教育者的英雄情结和责任感。教师是学生健康成长的引路人,教育者本身的世界观和气质对学生有很大的影响。教师必须身为世范、严于律己,以自己高尚的情操和良好的思想道德风范教育和感染学生。"一个老师如果在是非曲直、善恶、毅力、得失等方面老出问题,怎么能担起立德树人的责任?因此,要求教师必须以身作则,率先垂范,引导和帮助学生把握好人生方向,特别是引导和帮助青少年学生扣好人生第一粒扣子。"教师"正"起来,学生才能"正"起来;教师"雄"起来,学生才能"雄"起来。以英气推动英气,英气才能满校园,做有红色信仰的教育应该成为中国教育工作者的崇高追求。只有这样,教师才能达成以自己高尚的情操和良好的思想道德风范教育和感染学生。

创新英雄主义教育模式，利用情景式教育和渗透式教育，丰富课程资源，实现英雄教育的传承。情景式教学，要充分利用文字、图片、影像创设典型场景，激起学生的学习热情，把认知活动和情感活动结合起来。渗透式教育，强调学生在学习过程中的主动性与参与性，通过将知识渗透到学生的生活中，让学生在实践中学习，从而达到更好的教育效果。英雄生活的年代大多离今天比较远，学生很难对英雄的生活、英雄的事迹产生认同，因此很难体会英雄的情感与理想。针对高中生，可以将弘扬英雄烈士精神与语文课、历史课、政治课、英语课等相结合，主动适应新时代的学生学习的习惯特点，推行可视化、沉浸式、互动式等教学方式，以生动可感的方式让红色文化入脑入心，让崇尚英雄成为一种意识、一种习惯、一种自觉、一种责任，让崇尚英雄形成一种文化加以传承。

我作为班主任，积极参加学校举办的活动，充分利用好教育资源。

重走抗联路，重温抗联情。"天大的房子，地大的炕，火是生命，森林是家乡"，东北抗日联军战斗在白山黑水间 14 年，挺立起中华儿女的铮铮脊梁，抵御外侮。我校师生重走抗联道路，再拾阳刚雄风，重温了以"勇赴国难、自觉担当、顽强苦斗、舍生取义、团结御侮"为主要内涵的东北抗联精神。东北抗联精神是东北青少年成长的一门必修课，重走抗联路对青少年精神的洗礼具有重要的作用。

锤炼坚强意志，树立国防意识。为了增进集体主义观念和国防意识，我校对全体高一新生进行了为期一周的军训，其中队列训练和军营歌曲环节的开展，不仅强健了他们的体魄，磨炼了他们顽强的意志，而且强化了他们的国防意识。尤为重要的是，此次严格的军事训练，也提高了学生的政治觉悟，激发了他们战胜一切困难的革命英雄主义气概。

缅怀消防英烈，致敬逆行勇士。我校每年都会开展两次消防军事演练活动，让学生们树立安全防火的意识，增强全体师生应对突发事件自救能力。同时，学生们会近距离与"逆行勇士"接触，聆听消防英烈的事迹。此项实践活动的开展，有利于全校师生学习恪尽职守、舍生忘死、英勇顽强、无私奉献的消防精神，有利于增进学生爱祖国、爱家乡、爱人民的真挚情感。

追思革命先烈，赓续红色基因。"南北山头多墓田，清明祭扫各纷然。"清明节是中华民族重要的传统节日之一，是悼念逝者、缅怀先人的重要日子。我校开展了清明节陵园祭扫活动，全体师生庄严肃穆，穿着整洁，向先烈敬献花圈，默哀，聆听革命英烈的事迹。此项实践活动的开展，有利于学生继承革命意志，增进学习英雄的情结。爱国主义是时代永恒的主旋律，学校组织开展以"致敬青春，爱我中华"为主题的演讲活动，班级组织学习习近平总书记《在纪念五四运动100周年大会上的讲话》。这些丰富的活动帮助同学们重温革命历史,缅怀革命先烈,赓续红色基因,他们用青春歌颂着伟大的新时代。

知行合一,乐于实践。英雄主义教育的开展,强化了学生的责任意识和担当意识。学风改善,上课消除打瞌睡的现象。学生课下自觉捡拾垃圾,维护校园环境;他们在节假日积极投身志愿服务活动,免费给游客做旅游指导。学生在周日做义工,从利己到利他,从胆怯到勇敢,从小家到大家的思维转变,用自己的实际行动将"小善"汇积成"大爱"。学生已把爱国主义作为成才之本,将英雄主义作为成才之基,继而把英雄主义教育成果转化为爱国报国的实际行动。

英雄主义教育达到较好的效果。润物无声,英雄主义教育在潜移默化中让学生积蓄了"愿得此身长报国"的精神力量。自英雄主义教育开展以来,它最大的成效就是唤醒了学生沉睡的心灵,引导学生树立正确的人生观和价值观,同样也影响了学生的人生选择。在高考志愿的选择上,学生"立志到祖国最艰苦的地方去,立志到祖国最需要的地方去",选择标准不再是利益至上、金钱至上,报考时咨询如航空航天、船舶等国防类专业的学生明显增多,考取国防大学、警察大学的学生明显增多,这反映出学生已将英雄情怀内化于心、外化于行。

对唤起学生英雄梦以增强学生责任感的再思索。

厘清英雄主义教育与责任感的关系。英雄主义教育是增强学生责任感的有效方式,但不是唯一途径,还有感恩教育、诚信教育等教育途径。高中生的责任感也需要从多角度去培养。一般来说,感恩唤醒人心中最真实的情愫,英雄主义教育激荡最炽烈的情怀;良善教育有温度,爱国教育有高度;敬业教育有现实针对性,自强不息教育有内在冲击力。这些都能从不同角度增强学生的责任感,让责任感厚重深广。但由于高中生阅历和眼界的局限、学习与运用的分离,使得英雄主义教育还不能完全转化为学生的责任感,他们瘦弱的肩膀不能够完全扛起时代的重任,尚需生活的洗礼、社会的历练。由此可见,英雄主义教育内化于心、外化于行,必然是长期工作,而学生接受经过时代洪流洗礼的责任感教育才是真正的英雄主义教育。

与时俱进,讲好时代英雄故事。学生勇担爱国之责,实践爱国之行,迈向新征程。"未来属于青年,希望寄予青年"。英雄主义的内核就是爱国主义,加强英雄主义教育是实现教育强国的重要内容。用英雄之美、英雄之义、英雄之责为思想的洗礼注入无尽的能量,激发青年的向上向善向美之心,用一个又一个既定的事实和鲜活素材去影响和感召青年,教育引领青年信英雄、爱英雄、做英雄,从内到外,从知到行,从历史到现实,让青春的绚丽之花绽放在伟大复兴的征程上,不松懈、不掉队。与时俱进,赓续时代薪火,唤起学子的英雄梦,学生正在讲述着属于他们那个时代的英雄故事。

—— 附　录 ——

执着的追求,无悔的选择

执着的追求，无悔的选择

——记黑龙江省五大连池市实验中学教师张云龙

张云龙，现年55岁。五大连池市实验中学教务处主任、语文教师。曾经从事过小学、初中、高中教育教学工作。

2001年，因为课堂教学功夫过硬，张老师被借调到高中。他十分珍惜这次机会，立志通过努力工作回馈领导厚爱，回报家乡关怀，立下一定要培养出清华、北大学生的宏愿。

他设计出清晰的圆梦思路，执行思路18年，矢志不渝。在五大连池市教育春风的吹拂下，在各级领导的亲切关怀下，终于与团队教师在2019年圆梦，也圆了五大连池市人民25年的清北梦。

教育的根本任务在于立德树人，教师的言传身教格外重要。他强烈要求进步，具有很高的政治觉悟。2014年，45岁的张老师郑重地向党组织递交了入党申请书，并于2017年11月成为中国共产党党员，用实际行动践行了自己的成长誓言，也为学生做出表率。

他的政治思想品德教育管理成体系、计划性强，实施总体教育理念为"懂感恩立大志，明国耻立壮志"。每学年教育内容都能针对学生年龄特点、时代风貌和班级实情，设计书写阐释主题词：高一时强调用好早餐、锻炼身体、制订计划、励志感恩、务实求实、严谨认真、团结合作、自强担当；高二时突出热爱祖国、严明自信、提高效率、忠实稳健、精细养气；高三时强调关注社会、面向未来、理智清醒、勇敢淡定、调控节奏、适应考场、思辨创新。充分利用节日文化，"九一八"事变纪念日、国庆节、南京大屠杀死难者国家公祭日、端午节、党的生日等，发扬民族优点，组织"继承勤劳俭朴美德""畅想大国崛起""消除马虎""消除小农意识"等系列讲座。他还善于对学生进行爱国主义教育、乡土教育和励志教育，打造班级特色文化，用先进的文化滋养人。他自己填写歌词，组织学生学唱《矿泉人》《高三（1）班向太阳》《我要去清华》等歌曲，也组织学生填写歌词，其教育形式新颖，效果突出。

张老师坚持以德立身、以德施教，对学生始终怀着爱心，只思付出，不计回报。文科班一名学生的父母离异，母亲又因车祸突然离世，只留下该学生和妹妹相依为命。张老师组织本班学生捐款，他带头捐资500元，班级学生积极响应，总共捐款1900元。这样的事例还有很多。

他善于调整学生心态，帮助学生树立信心。有学生受成长烦恼的牵绊，迷失方向，张老师与团队教师设计执行挽救措施。高考前24天，俊俊同学患急性肝炎，张老师精心设计有效的思想工作方案，每天亲自探望，与家长、班级学生合作,保证了该同学思想没有波动。峰峰同学高一期末考试失利,他沮丧地说:"我独自躲在角落里瑟瑟发抖。"张老师引导他计算整个高一四次考试的综合成绩,重建该同学的信心。栋栋同学长期排在第二名,始终无法超越峰峰,备感苦恼,张老师用其他学校的成绩单,让他准确定位,重拾信心。

他善于培养和激发优生的斗志。峰峰同学基础厚、天分高,张老师为了能够使他长久保持斗志,又调控他理智清醒,预测或及时消除学生成长中的不利倾向。高一第二学期峰峰沉迷游戏,张老师及时进行思想教育,协同家长有效阻止;高二时峰峰存在自主招生的困惑和烦恼,张老师协同家长及时疏导消除,设定四级目标,规划凭借裸分考入清华的蓝图;高三时各学科发展不均衡,张老师协调任课教师为他设计最佳方案。

他善于激发教师斗志,调控教师工作情绪,团结团队教师协作共赢。张老师本人激情澎湃,起到良好的引领和示范作用,"把高考成绩的耻辱甩进讷谟尔河""让五大连池市高考成绩腾飞""让五大连池市高中教师有尊严地工作和生活""希望子女遇到什么样的老师,就把自己打造成什么样的老师",这些话他常提常讲。他用心整理五大连池市近十年的高考成绩数据,用五大连池市各届学生的高考成绩和自己的切身体验鞭策团队教师;他多方搜集考试信息,对比周边市县高中,引领教师和学生及时总结反思;他既勇敢冲锋,又讲究工作方法,为平衡作业量,他限定各科作业时间,定期抽查,组织学生监督执行,他率先垂范,在自己所教的语文学科中不折不扣地执行;他加大与教师的沟通力度,高三下学期,仅微信沟通就近万字,开展批评和自我批评,形成"团结-批评-团结"的良好局面。他所带的各届团队,科科收获巨大,班级总分、最高分、单科高分均创造了五大连池市的纪录。他也能借助领导和家长资源,因势利导,借力助力。

他所带的班级、所教的学科高考成绩优异。2012届理科普通班7班二表上线人数20人,打破这所学校普通班二表上线人数13人的纪录;张同学成绩名列全校第二;语文120分8人,最高分130分。2016届理科实验班600分人数达到12人,是五大连池市前7年的总和;俊俊同学考取666分,名列黑河市第三,其中语文成绩名列全区第二。2019届峰峰同学考取699分,名列全省前十,考入清华大学自主选择专业;栋栋同学的668分、陈同学的655分,都是领先历届的绝对高分;语文120分及以上达到13人,优秀率40.6%,最高分130分。

35年的风雨沧桑,他始终站在教育这块精神高地上,用高尚的师德成就着孩子们的梦想,用无悔的追求谱写了一曲平凡而动人的人生乐章。

(五大连池市电视台,有改动)